Gottesgedanken

Herausgegeben von
Reinhard Feldmeier und Monika Winet

Gottesgedanken

Erkenntnis, Eschatologie und Ethik in Religionen der Spätantike und des frühen Mittelalters

herausgegeben von

Reinhard Feldmeier und Monika Winet

unter Mitarbeit von

Isabel Toral-Niehoff

Mohr Siebeck

Reinhard Feldmeier, geboren 1952; Studium der Theologie in Neuendettelsau, München und Tübingen. Von 1984–1992 Pfarrer der Bayerischen Landeskirche, von 1992–1995 Professor für Altes und Neues Testament an der Universität Koblenz, 1995–2002 Professor für biblische Theologie an der Universität Bayreuth. Seit 2002 Inhaber des Lehrstuhls für Neues Testament in Göttingen, Mitglied der Akademie der Wissenschaften zu Göttingen. Principal Investigator und seit 2014 Sprecher des Courant Forschungszentrums „Bildung und Religion" (EDRIS) der Georg-August-Universität Göttingen.

Monika Winet, geboren 1963; Studium der Islamwissenschaft und Iberoromanischen Sprach- und Literaturwissenschaft an den Universitäten Zürich, Basel und Freiburg i. Br.; 2001 Promotion; 1996–2009 Assistenz und Oberassistenz am Orientalischen Seminar der Universität Basel sowie 2009 Geschäftsleitung ad interim des Seminars. 2001–2002 Wissenschaftliche Mitarbeiterin an der Universität Freiburg i. Br.; 2009–2015 Koordinatorin / Wissenschaftliche Mitarbeiterin am Courant Forschungszentrum „Bildung und Religion" (EDRIS) der Georg-August-Universität Göttingen.

Bildnachweis für den Umschlag:

Osmanische Astronomen stellen den Neumond fest. Manuskript vom 17. Jahrhundert. Istanbul University Library, Gianni Degli Orti [The Art Archive].

Rabban Gamaliel lehrt. Ca. 1350, Sarajevo Haggadah, Spanien, folio 25r. Mit Genehmigung des National Museum of Bosnia and Herzegovina, Sarajevo.

Innozence IV. Apparatus super V libros Decretalium, 296 ff. Paris, Bibliothèque de la Sorbonne, ms. 31, f. 278. Copyright: Bibliothèque de la Sorbonne, Département des manuscrits et livres anciens.

Römische Schule. Relief Neumagen-Drohn, ca. 4. Jahrhundert. Quelle: Wikipedia.

ISBN 978-3-16-154607-5

Die Deutsche Nationalbibliothek verzeichnet diese Publikation in der Deutschen Nationalbibliographie; detaillierte bibliographische Daten sind im Internet über *http://dnb.dnb.de* abrufbar.

Das Buch wurde von Martin Fischer in Tübingen aus der Janson gesetzt, von Gulde-Druck in Tübingen auf alterungsbeständiges Werkdruckpapier gedruckt und gebunden.

Hinführung

Was kann ich wissen?
Was soll ich tun?
Was darf ich hoffen?
Was ist der Mensch?

– diese vier Fragen stehen für Immanuel Kant im Zentrum der Philosophie (Akademie-Textausgabe 9, 25). Dass gerade sie die Grundfragen der Philosophie bilden, ist für den großen Denker der Aufklärung darin begründet, dass sie unmittelbar mit dem Menschsein des Menschen zusammenhängen: Als Vernunftwesen will dieser sich selbst und seine Welt verstehen (was für Kant wesentlich auch die Gottesfrage einschloss), er sucht nach einer verbindlichen ethischen Richtschnur für sein gegenwärtiges Leben und nach einer begründeten Perspektive für eine Hoffnung über dessen Ende hinaus.

Die Auseinandersetzung mit diesen Fragen ist freilich nicht auf die Philosophie beschränkt. Viele (wenn nicht sogar letztlich alle) Betätigungen des menschlichen Geistes haben auf die eine oder andere Weise damit zu tun – auch die Kunst, auch die Wissenschaft, auch das Recht, die Literatur und die Politik. In vorzüglicher Weise ist es aber neben der Philosophie die Religion, die sich mit den Fragen nach dem Wie, Woher und Wohin der menschlichen Existenz auseinandersetzt, sofern sie sich darum bemüht, dem fragenden und suchenden Menschen die eigenen Überlieferungen und Überzeugungen als Hilfe zum Leben verständlich zu machen. Insofern ist reflektierende Religion notwendig an den Diskurs mit der sie umgebenden Kultur im Allgemeinen und mit der Philosophie im Besonderen verwiesen. Die Formen solcher Bezugnahmen sind vielfältig, sie können von der Abgrenzung über den Dialog und von der Kooperation bis zur Vereinnahmung des anderen reichen. Aber wie immer der Bezug geschieht – immer leistet das Gegenüber einen konstitutiven Beitrag für die eigene Selbstbestimmung, denn selbst bei der schroffsten Abgrenzung bleibt das Ausgeschlossene nie nur äußerlich, die Negation eines Anderen hat auch immer Auswirkungen auf die eigene Position.

Um diese vielfältigen Interaktionen von Religion und Bildung und deren Implikationen und Konsequenzen ging es im international und interdisziplinär angelegten Courant Forschungszentrum „Bildung und Religion“ (EDRIS) der Universität Göttingen. Sechs Jahre lang, von 2009 bis 2016, haben Professoren und Professorinnen der Philosophischen und der Theologischen Fakultät zusammen mit drei Juniorprofessoren und ihren Nachwuchsforschergruppen sowie unterstützt von den Professoren und Professorinnen des Wissenschaftlichen Beirats, erfolgreich zusammen geforscht, Kongresse durchgeführt und publiziert. Das Ende der Erfolgsgeschichte des Courant Forschungszentrums EDRIS ist zugleich der Beginn des aus ihm hervorgegangenen Sonderforschungsbereichs 1136 „Bildung und Religion in den Kulturen des Mittelmeerraumes und seiner Umwelt von der Antike bis zum Mittelalter und zum klassischen Islam“. Der lange Titel des SFB führt aus, was das Akronym EDRIS andeutet: *EDucation and Religion: From Early Imperial Roman Times to the Classical Period of ISlam*. Klassische Philologen, Historiker und Religionswissenschaftler, christliche Theologen, Judaisten, Islamwissenschaftler und Arabisten haben hier in interdisziplinärer Zusammenarbeit die verschiedenen Formen der Interaktion von Bildung und Religion für den Zeitraum der späteren und späten Antike, d.h. von der Zeitenwende bis zum Frühmittelalter untersucht. Das dabei Erreichte hat bereits in zahlreichen wissenschaftlichen Veröffentlichungen seinen Niederschlag gefunden.

Für den Abschluss des Courant Forschungszentrums und den Übergang zur neuen Kooperation im SFB haben deshalb die Mitglieder von EDRIS beschlossen, auf eine weitere Spezialuntersuchung zu verzichten und stattdessen den Versuch zu unternehmen, ihren Forschungsgegenstand einer breiteren Öffentlichkeit in möglichst knapper und verständlicher Form zugänglich zu machen. Die Gliederung des dabei entstandenen Bandes orientiert sich an den eingangs formulierten Grundfragen Kants, was der Mensch über Gott wissen kann, mit welcher Hoffnung er sein Leben führen darf und was ihm deshalb zu tun aufgetragen ist. Es sind philosophische Grundfragen, wie sie in vergleichbarer Weise auch in der Religion wiederkehren, etwa in der neutestamentlichen Trias „Glaube, Hoffnung, Liebe“ (1 Kor 13,13).

Die Entscheidung für diese Form der abschließenden Veröffentlichung hat nicht zuletzt mit einer wachen Zeitgenossenschaft zu tun, der sich auch die wissenschaftliche Arbeit der philologisch-historisch arbeitenden Disziplinen verpflichtet weiß. Die in diesem Band präsentierten 24 Miniaturen sollen dazu dienen, mit maßgeblichen Überlieferungen der Anderen vertraut zu machen. Dies ist gerade in Zeiten wie diesen von zentraler Bedeutung, in denen das interreligiöse Gespräch aufgrund der gesellschaftlichen Verunsicherung durch die Begegnung mit dem Fremden in Gestalt derjenigen, die vor Gewalt und Mord nach Europa fliehen, wieder schwieriger wird. Dem wachsenden Misstrauen zwischen den Kulturen und Religionen und der zunehmend in Frage gestellten Möglichkeit friedlicher Koexistenz aufgrund eines sich religiös gebenden Terrorismus kann nur mit einem besseren Verständnis des jeweils Anderen – vor allem auch vor dem Hintergrund der gemeinsamen Vergangenheit – begegnet werden.

Dabei geht es – das sei betont – nicht um oberflächliche Gleichmacherei, die mehr schadet als nützt. Gerade die hier untersuchte Verbindung von Religion und Bildung bot ja schon in der Vergangenheit immer wieder auch die Chance zu einem Dialog – einem Dialog, der im Anderen nicht nur den Gegensatz zur eigenen Überzeugung sieht, sondern auch Möglichkeiten der Verständigung sucht und entdeckt und so selbst bereichert wird.

Göttingen im Mai 2016

Reinhard Feldmeier
Monika Winet

Inhaltsverzeichnis

Eschatologie

Ethik

Gotteserkenntnis

Gotteserfahrung im rabbinischen Judentum

Günter Stemberger

Abstract: Für die Rabbinen haben die Israeliten direkt von Gott und ohne Vermittlung die Tora erhalten und verstanden; Mose wird erst später als Mittler wichtig. Die Propheten haben im Vergleich zu ihm nur eine unvollkommene Erkenntnis; ihre Aufgabe ist die Auslegung der Tora Moses. Viele rabbinische Aussagen zum Thema versteht man am besten als Abwehr von Aussagen des Neuen Testaments.

Kein Text der Bibel schildert eindrücklicher als die Erzählung von der Offenbarung am Sinai, wie Gott mit Israel direkt in Verbindung tritt und mit ihm einen Bund schließt. Umso erstaunlicher ist es, wenn das Neue Testament wiederholt betont, das Gesetz sei „durch Engel erlassen und durch einen Mittler bekannt gegeben" worden (Gal 3,19; vgl. Apg 7,53; Hebr 2,2–3). Der Schleier, den sich Mose über das Gesicht legte, weil seine Haut nach der Begegnung mit Gott so sehr strahlte, dass sich die Israeliten fürchteten, in seine Nähe zu kommen (Ex 34,29–34), wird für Paulus die „Hülle auf dem Alten Bund", eine Hülle auf den Herzen, die es den Israeliten unmöglich macht, den wahren Sinn der Schriften zu verstehen (2 Kor 3,13–16). Gegen diese christliche Relativierung und Abwertung der göttlichen Offenbarung an Israel betonen die Rabbinen umso mehr die Unmittelbarkeit der Begegnung Israels mit Gott am Sinai.

Israel begegnet Gott

Am Sinai erlebt Israel die direkte Anrede durch Gott. In der Einheitsübersetzung heißt es nach der Verkündigung des Zehnworts: „Das ganze Volk erlebte, wie es donnerte und blitzte" (Ex 20,18). Wörtlich müsste man den hebräischen Text wiedergeben: „Und das ganze Volk sah(en) die Stimmen und die Blitze". Der frühe rabbinische Kommentar zu Exodus, die *Mekhilta de-Rabbi Jischmael* (3. Jh.), versteht die eigenartige Wendung „die Stimmen sehen" so:

Sie sahen das Sichtbare und hörten das Hörbare – Worte des Rabbi Jischmael. Rabbi Aqiva sagt: Sie sahen und hörten das Sichtbare. Sie sahen das feurige Wort, wie es aus dem Mund des Allmächtigen kam und sich auf den Tafeln einschlug. Es heißt ja: ‚Die Stimme des Herrn schlägt feurige Flammen aus' (Ps 29,7) (Midrasch Mekhilta *Bachodesch* 9).

Sie hören nicht nur das Wort Gottes, sondern sehen zugleich, wie es sich auf den Tafeln eingraviert. Nicht nur mit dem Ohr nimmt Israel die Ansprache Gottes wahr, sondern erlebt sie ganzheitlich, mit allen Sinnen. In der Fortsetzung deutet man den Wechsel von Singular („das ganze Volk") und Plural („sahen die Stimmen"), dass jeder einzelne entsprechend seinen persönlichen Fähigkeiten Gottes Stimme hörte, Gottes Wort also für jeden persönliche Ansprache war, wie man in Ps 29,4 angedeutet findet: „die Stimme des Herrn in Kraft, die Stimme des Herrn voll Majestät". So weiß jeder einzelne Israelit das Gotteswort auch zu deuten, ist auf keinen Ausleger angewiesen. Auch ist diese direkte Offenbarung nicht auf den Dekalog beschränkt. Wie es im rabbinischen Kommentar zu Dtn 33,2 heißt, hat Israel am Sinai „die Tora mit ihrer Erklärung und ihren Details" angenommen, also in ihrem vollen Umfang einschließlich der mündlichen Tora, durch die sie die schriftliche Fassung voll verstehen konnten (Midrasch *Sifre* Dtn § 343).

Mose braucht man nicht als Instanz zwischen Gott und seinem Volk:

Haben wir denn von Mose die Tora? Es haben sie doch schon unsere Väter verdient, wie es heißt: ‚ein Erbbesitz für die Gemeinde Jakobs' (Dtn 33,4). Ich könnte meinen, sie sei ein Erbbesitz nur für die Söhne von Königen. Erbbesitz auch für einfache Leute? Die Schrift lehrt: ‚Ihr alle, die ihr heute dasteht' (Dtn 29,9) (Midrasch *Sifre* Dtn § 345).

Doch bleibt es leider nicht dabei. Wie es in Ex 20,19 heißt, bekam das Volk Angst, es könnte sterben, wenn Gott direkt mit ihm redet, und bittet daher Mose, er solle Mittler zwischen Gott und dem Volk sein. Im Midrasch zum Hohenlied 1,2.4 (6. Jh.) heißt es: „Als die Israeliten hörten: ‚Ich bin der Herr, dein Gott' (Ex 20,2), setzte sich die Lehre der Tora in ihrem Herzen fest; sie lernten und sie vergaßen nicht". Doch sobald Mose auf ihre Bitte als Mittler eintrat, „lernten sie und vergaßen". Und sie bekommen Angst, was nach Moses Tod sein werde, wenn sie ihn nicht mehr als Lehrer bei sich hätten. So bitten sie Mose, Gott möge es ihnen ein zweites Mal offenbaren „und mögen sich doch die Worte der Tora in unserem Herzen festsetzen wie zuvor". Doch gibt es kein Zurück mehr zum direkten Erleben der Offenbarung

Gottes. Erst in der kommenden Zeit der Erlösung wird es wieder so weit sein: „Ich lege meine Tora in ihr Herz und auf ihr Herz werde ich sie schreiben" (Jer 31,33).

Während hier schon die plötzliche Angst vor der direkten Begegnung mit Gott und die Bitte um einen Mittler dazu führt, dass die Israeliten auf Dauer ihre Unmittelbarkeit zu Gott und seinem Wort verlieren, ist es nach einer anderen verbreiteten Tradition die Sünde mit dem goldenen Kalb (Ex 32). Mose zerbricht die von Gott selbst beschriebenen Tafeln des Bundes, den Ehevertrag zwischen Gott und Israel. Solange Israel die Vertragsurkunde nicht angenommen hat, kann es auch nicht als Ehebrecherin verurteilt werden. Später tritt der Vertrag mit den zweiten Tafeln doch noch in Kraft, doch diese sind nicht mehr das Werk Gottes, sondern von Mose zurechtgehauen, wenn auch dann von Gott beschrieben (Ex 34,1). Die volle Unmittelbarkeit lässt sich nicht mehr herstellen. Denn es findet sich in jeder Generation zumindest eine Unze vom goldenen Kalb, diese „Ursünde" wirkt irgendwie auf Dauer nach (Jerusalemer Talmud, Traktat *Taanit* 4, 6 [8], 68b–c).

Die Tora ist nunmehr immer in Gefahr, vergessen zu werden: „Was bedeutet: ‚Auf den Tafeln eingegraben' (Ex 32,16)? Wären die ersten Tafeln nicht zerbrochen worden, wäre die Tora in Israel nie vergessen worden" (Babylonischer Talmud, Traktat *Eruvin* 54a)! Dazu kommt, dass als Folge des goldenen Kalbs Israel die Tora nicht mehr genügt:

> Rabbi Adda bar Chanina sagte: Hätte Israel nicht gesündigt, wären ihm nur die fünf Fünftel der Tora und das Buch Josua gegeben worden, das die Aufteilung des Landes Israel enthält. Was ist der Beleg? ‚Denn viel Weisheit geht aus viel Ärger hervor' (Koh 1,18) (Babylonischer Talmud, Traktat *Nedarim* 22b).

Wie das Zitat von Koh 1,18 hier besagt, sieht man die übrigen Bücher der Bibel, die durch die Sünde notwendig geworden sind, sehr wohl als Gewinn, als zusätzliche Weisheit für Israel. Doch es bleibt dabei, dass ohne die Sünde das direkte Wort Gottes in der Tora genügt hätte.

Und dennoch hat Israel auch weiter die Möglichkeit, die Gegenwart Gottes zu erfahren. Zwar gibt es den Tempel nicht mehr, in dem man zu den Wallfahrtsfesten sich vor Gott sehen lassen, zugleich auch Gott sehen konnte (so Midrasch *Sifre* Dtn § 143 mit der zweifach möglichen Lesung von *yr'h* als *yera'eh* oder *yir'eh* in Dtn 16,16). Doch erfährt man die Wesensgegenwart Gottes, seine Schekhina, besonders im Studium seines Wortes in der Tora: „Wenn zehn beisammen sitzen und sich mit den Worten der Tora befassen, ist die Schekhina unter ihnen; denn es heißt: ‚Gott steht in der Versammlung Gottes' (Ps 82,1)" (Mischna, Traktat *Avot* 3,6). Mit anderen Bibelstellen belegt man dann, dass dies auch für fünf, drei oder zwei gilt, ja sogar für einen allein; denn „an jedem Ort, an dem ich meinen Namen erwähnen lasse, will ich zu dir kommen und dich segnen" (Ex 20,24). Aber auch wer das „Höre Israel" rezitiert, kann sicher sein, dass die Schekhina auf ihm ruht (Babylonischer Talmud, Traktat *Berakhot* 57a), ebenso jeder, der sich im täglichen Leben würdig verhält, etwa Mann und Frau, die sich würdig erweisen (Babylonischer Talmud, Traktat *Sota* 17a). Man kann Gott überall begegnen, wie ein Rabbi einem Heiden auf die Frage antwortet, warum Gott Mose im Dornbusch erschienen sei: „Kein Ort auf der Erde ist frei von der Schekhina" (Midrasch *Pesiqta de-Rav Kahana* 1).

Mose sieht Gott von Angesicht zu Angesicht

Wie schon gesagt, betonen die Rabbinen, dass Israel Gott direkt begegnet ist, erst sein Verlangen nach Vermittlung durch Mose ihm den direkten Zugang zum Wort Gottes genommen habe. Doch im Einklang mit der Bibel kann man nicht an der besonderen Rolle Moses vorbeigehen. Gegen die Aussagen des Neuen Testaments betonen sie immer wieder, dass Gott direkt mit Mose sprach: „‚Von Mund zu Mund rede ich mit ihm, von Angesicht zu Angesicht, nicht in Rätseln. Er darf die Gestalt des Herrn sehen' (Num 12,8): Das lehrt, dass seine Prophetie nicht durch einen Engel erfolgte" (*Sifre Zutta* zur Stelle). Ebenso liest man in *Avot de-Rabbi Natan* B 1,9: „Mose empfing Tora vom Sinai nicht durch einen Engel und nicht durch einen Seraph, sondern durch den Mund des Königs der Könige der Könige, des Heiligen, gepriesen sei er" (belegt mit Lev 26,46).

Frühe Texte betonen vor allem die Mühe, die Mose auf sich nahm, als er Israel die Tora brachte.

Die Weisen sagen: Unser Meister Mose sagte zu Israel: Wisst ihr denn nicht, wieviel Bedrängnis ich wegen der Tora ertragen, wieviel Mühe ich dafür auf mich genommen und mit wieviel Anstrengungen ich mich für sie angestrengt habe? […]. ‚Ich blieb auf dem Berg vierzig Tage und Nächte, aß kein Brot und trank kein Wasser' (Dtn 9,9). Ich ging hinein zwischen die Engel, ich ging hinein zwischen die Lebewesen, ich ging hinein zwischen die Seraphine, von denen ein einziger die ganze Welt mit ihren Bewohnern verbrennen kann, wie es heißt: ‚Seraphim standen über ihm' (Jes 6,2). Mein Leben habe ich für dich gegeben, mein Blut habe ich für dich gegeben. So wie ich sie in Bedrängnis gelernt habe, so sollt auch ihr sie unter in Bedrängnis lernen. (Midrasch *Sifre* Dtn 306,6).

Hier ist keine Rede von der besonderen Gotteserfahrung, die Mose auszeichnet, nur von der Bedrängnis, die Mose mit dem Sinai-Erlebnis verbindet. Rabbi Jose wird sogar die Aussage zugeschrieben: „‚Der Himmel ist der Himmel des Herrn, (die Erde aber gab er den Menschen)' (Ps 115,16). Nicht stiegen Mose und Elija hinauf noch kam die Herrlichkeit (Gottes) herunter" (Mekhilta *Bachodesch* 4). Vielmehr habe Gott einfach Mose auf den Berg gerufen (Ex 19,20); Himmel und Erde bleiben hier klar getrennt. Anders im zuvor zitierten Text von Sifre, der wohl voraussetzt, dass Mose im Himmel war, vor den Lebewesen, die den Thron Gottes tragen (Ez 1). Doch vermeiden die frühen Texte alles, was Mose zu sehr hervorheben könnte; das Volk Israel als ganzes bleibt im Vordergrund.

Was in Sifre nur angedeutet wird, findet man später im babylonischen Talmud (Traktat *Schabbat* 88b–89a) voll ausgestaltet. Wenn auch erst später im Text explizit zitiert, ist doch von Beginn an Ps 68,19 seine Voraussetzung: „Du stiegst hinauf zur Höhe, führtest Gefangenschaft mit, du nahmst Gaben entgegen für den Menschen"; diesen Vers versteht man von Mose beim Empfang der Tora.

Es sagte Rabbi Joschua ben Levi: Zur Stunde, als Mose in die Höhe aufstieg, sagten die Dienstengel vor dem Heiligen, gepriesen sei er: Herr der Welt, was (macht) ein von einer Frau Geborener unter uns? Er antwortete ihnen: Die Tora zu empfangen ist er gekommen.

Die Engel wehren sich dagegen – wie kann man den verborgenen Schatz der Tora Menschen übergeben? „Was ist der Mensch, dass du an ihn denkst, des Menschen Kind, dass du dich seiner annimmst?" (Ps 8,5). Die Tora gehört in den Himmel: „Über den Himmel breitest du deine Hoheit aus" (Ps 8,2).

Gott fordert Mose zur Disputation mit den Engeln auf, was Mose erst wagt, da Gott ihn vor dem Feuerhauch der Engel schützt, indem er ihn sich an seinem Thron festhalten lässt (so gestützt auf Hiob 26,9). So unter dem persönlichen Schutz Gottes konfrontiert Mose die Engel mit dem Dekalog – keines dieser Gebote passt auf sie. Die Engel geben sich geschlagen, und geben Mose als Zeichen der Freundschaft Geschenke; auch der Todesengel macht mit – zugleich eine Gutmachung dafür, dass sie Mose zuerst einen Menschen genannt haben (Ps 8,5 *ben adam* wird so mit 8,19 *ba-adam* verknüpft, Einzahl! Somit nicht „Geschenke von den Menschen“ oder „für die Menschen“).

Es liegt nahe, diesen Talmudtext in Verbindung mit Eph 4,7–9 zu lesen: „Aber jeder von uns empfing die Gnade in dem Maß, wie Christus sie ihm geschenkt hat. Deshalb heißt es: ‚Er stieg hinauf zur Höhe und erbeutete Gefangene, er gab den Menschen Geschenke‘. Wenn er aber hinaufstieg, was bedeutet dies anderes, als dass er zur Erde herabstieg?“ Der Psalmvers wird nicht nach der Septuaginta zitiert, sondern bewusst angepasst, um eine Aussage über Jesus zu machen. „Er nahm die Gefangenschaft gefangen“ so wörtlich auch bei Paulus in der Einzahl, der dazu aber nichts weiter sagt, weil er auf die „Geschenke für die Menschen“ abzielt, nämlich die Gnade. Dagegen kontern die Rabbinen: Nicht die Gnade, sondern die Tora ist im Zentrum; die einst von den Engeln gleichsam in Gefangenschaft gehaltene Tora wird von Mose herabgebracht; Geschenke (Plural und nicht Einzahl wie „Gnade“) gibt es außerdem. Dass dem Aufstieg ein Abstieg vorausging, wie Paulus meint, ist durch den Psalmvers nirgends gedeckt; dieser spricht für die Rabbinen somit klar von Mose und kann nicht auf Christus gedeutet werden.

Was bleibt den Propheten?

Mose kann nicht von den Propheten überholt werden. Er selbst ist „der Vater der Propheten“ (Midrasch *Sifre* Num § 134). Er ist der Meister Elijas (Tosefta, Traktat *Sota* 4,7) und aller Propheten nach ihm, die alle Mose an Gotteserkenntnis weit nachstehen:

Was ist der Unterschied zwischen Mose und allen Propheten? […] Rabbi Jehuda sagte: Alle Propheten sahen durch neun Spiegel, wie es heißt: ‚Die Erscheinung, die ich damals sah, war wie die Erscheinung, die ich damals sah […]‘ (Ez 43,3). Mose aber sah durch einen einzigen Spiegel, ‚sichtbar und nicht in Rätseln‘ (Num 12,8). Und die Rabbinen sagen: Alle Propheten sahen durch einen schmutzigen Spiegel, wie es heißt: ‚Ich rede zu den Propheten, ich lasse sie viele Visionen sehen‘ (Hos 12,11). Mose aber sah durch einen polierten Spiegel, wie es heißt: ‚Er darf die Gestalt des Herrn sehen‘ (Num 12,8) (Midrasch *Levitikus Rabba* 1,14).

Die Rabbinen nehmen Dtn 34,10 ernst:

„Niemals wieder ist in Israel ein Prophet wie Mose aufgetreten“; einen Propheten wie Mose (Dtn 18,18) gab es nie mehr. Auch haben die Propheten kein Recht, über Mose hinauszugehen: „Das sind die Gebote, die der Herr Mose für die Israeliten auf dem Sinai gegeben hat" (Lev 27,34). „Das sind die Gebote": denn kein Prophet wird von da an etwas erneuern" (Ende von Midrasch *Sifra*).

Es gibt also nur die Gebote, die auf Mose zurückgehen. Die Propheten haben keine eigene Autorität. Ihre wesentliche Aufgabe besteht darin, die Tora Moses authentisch auszulegen, eine Aufgabe, die erst durch den Sündenfall Israels notwendig geworden ist. Darin erweisen sie sich wie schon Elija als Schüler Moses, bis in späterer Zeit die Rabbinen ihre Aufgabe als befugte Ausleger der Tora übernehmen.

Literaturverzeichnis

Stemberger, Günter: *Mose in der rabbinischen Tradition*. Freiburg i. Br. 2016.

Der Gott des Gottessohnes

Jesu Glaube und das Bekenntnis der frühen Christen

Reinhard Feldmeier

Abstract: Der Beitrag zeigt, wie Jesus gerade in der Auseinandersetzung mit Leiden und Tod an der Einheit von Güte und Macht in Gott festhält. Im Bekenntnis zum Auferstandenen wird das dann von den frühchristlichen Theologen so präzisiert, dass der Gott Israels der ‚Vater' ist, der sich im ‚Sohn' als die schöpferische Macht der Liebe offenbart.

„Abba, Vater, alles ist dir möglich" – mit diesen Worten ruft im ältesten Evangelium der Gottessohn seinen Gott an (Mk 14,36). Damit werden nicht nur zwei zentrale Aspekte des Gottesglaubens – Güte und Macht – unmittelbar miteinander verbunden, sondern sie werden auch durch die persönliche Anrede „Abba" und die dem Vater zugeschriebene Allmacht aufs äußerste zugespitzt. Diese doppelte Zuspitzung sowohl der Personalität Gottes wie seiner Universalität dürfte eine auf Jesus selbst zurückgehende Radikalisierung des Gottesglaubens sein, mit der er gleichwohl beanspruchte, nicht einen neuen Gott zu verkündigen, sondern das Zeugnis der Heiligen Schriften Israels in deren ureigener Intention zur Geltung zu bringen.

Deutlich wird das in einem Streitgespräch, das Jesus zwei Kapitel zuvor mit den Sadduzäern geführt hat, den Vertretern der Priesteraristokratie (Mk 12,18–27). Diese leugneten die Auferstehung und versuchten durch einen bizarr konstruierten Fall nachzuweisen, dass eine solche Hoffnung dem Zeugnis der Bibel widerspricht. In seiner Antwort wirft ihnen Jesus vor, dass sie weder die „Schriften" kennen, auf die sie sich berufen, noch die „Macht Gottes". Ersteres begründet er mit Ex 3,6, wo Gott sich dem Mose auf die Frage, wer er sei, als der „Gott Abrahams und Gott Isaaks und Gott Jakobs" vorstellt. Der Sinn dieses zunächst enigmatischen Zitates erschließt sich aus dem alttestamentlichen Prätext. Dort leitet die Selbstvorstellung Gottes als Gott der Väter die Zusage der Rettung ein, weil er das Leiden von deren Nachkommen erkannt und deren Schreien gehört hat. Der Gott der Schriften definiert sich also zunächst durch seine Verbundenheit mit einem menschlichen Gegenüber, ehe er sich dann mit seinem Eigennamen JHWH vorstellt (Ex 3,14f). Von daher gewinnt auch die berühmte Deutung des Eigennamens als „ich bin, der ich bin" (Ex 3,14) ihren Sinn: Es geht nicht um eine abgrenzende Selbstbezogenheit, wie sie etwa im bayerischen *mia san mia* zum Ausdruck kommt, sondern um die Beständigkeit und Treue dessen, der sich als „Gott eurer Väter" (Ex 3,13) auch an deren Nachkommen bindet, die er hier auch zum ersten Mal „mein Volk" nennt (Ex 3,7f). Der Auszug aus Ägypten, das die Existenz des Gottesvolkes konstituierende Ereignis verdankt sich also – so ist Jesu Zitat zu verstehen – dem Beziehungswillen des Gottes Israels. Diese theologische Einsicht kombiniert er mit einer zweiten, nämlich der axiomatischen Aussage, dass der Gott der Schriften ein „Gott der Lebenden und nicht der Toten" ist. Der in der Heilsgeschichte erfahrene Retter des Volkes ist also zugleich der im Kosmos erfahrbare Schöpfer und Erhalter des Lebens. Weil der Gott Israels so personale Bindung und schöpferische Macht in sich vereint, gibt es für die Menschen, die zu ihm gehören, eine Hoffnung über den Tod hinaus, was sich an den Erzvätern zeigt, deren irdisches Ableben für die biblische Tradition außer Frage steht (Gen 25,8; 35,28f; 59,33) und die dennoch bei Gott leben (vgl. Mt 8,11; Lk 13,28; 16,22ff).

Diese Argumentation Jesu wäre freilich nur abstrakte Schriftgelehrsamkeit, wenn die aus der Schrift erhobenen Wesenszüge Gottes nicht zugleich lebendig erfahrene Wirklichkeit wären. Eben darauf zielt der zweite Vorwurf Jesu, dass seine Gegner nicht nur von den Schriften keine Ahnung haben, sondern auch die Macht Gottes nicht kennen (Mk 12,24). Diese Macht Gottes hat Jesu gesamtes Auftreten von Anfang an bestimmt. Wenn er nach dem ältesten Evangelium sein Auftreten mit der Ansage beginnt, dass mit ihm die Herrschaft Gottes nahe gekommen ist (Mk 1,14f), so ist dies das Vorzeichen, unter dem sein Leben gelesen werden will, das voll von Worten und Werken ist, die „in (von Gott verliehener) Vollmacht" geschehen (Mk 1,27 vgl. Mk 1,22; 2.10 3,15 parr.); nach dem Zeugnis der Evangelien hat Jesus in seinen Heilungen, seinen Exorzismen und sogar in Totenauferweckungen die Macht des Gottes zur Geltung gebracht, der Leben retten und nicht zerstören will (Mk 3,4 par.). Dieser „Gott des Himmels und der Erde", dessen schöpferische Lebensmacht sich in Jesus zur Geltung bringt, ist zugleich aufs engste mit ihm verbunden, so dass er diesen Gott „Vater“ und sich selbst im Gegenüber zu diesem „Sohn“ nennen kann (Lk 10,21f par. Mt 11,25–27).

Der Gottesglaube Jesu speist sich also aus zwei Quellen, die einander gegenseitig erhellen und bestätigen: dem Zeugnis der Schrift vom Schöpfer des Lebens und Retter seines Volkes auf der einen und der Erfahrung der machtvollen Gegenwart des „Herrn des Himmels und der Erde“ als Vater im Leben Jesu auf der anderen Seite. Das fasst dann die eingangs zitierte Gebetsanrede Jesu zusammen: „Abba, Vater, alles ist dir möglich“. Als Sohn dieses Vaters, als der von Gottes Heiligem Geist getriebene „Heilige Gottes“ (Mk 1,24 vgl. 1,12) bringt er diesen Gott und seinen Machtanspruch zur Geltung, nicht nur als Zuspruch in seinen Taten, die Menschen aus ihren physischen und psychischen Nöten befreien, sondern auch als Anspruch in seiner Verkündigung, wenn er völlige Neuorientierung fordert (vgl. Mk 1,15 par.) und dabei auch gesellschaftliche Hierarchien auf den Kopf stellen kann (vgl. Lk 6,20–26 par.). Dieser Gott prägt auch Jesu Verhalten, wenn er mit Sündern und Zöllnern zu Tisch sitzt (vgl. Mk 2,15 par; Lk 15,1f u.ö.) und so im Widerspruch zur Ab- und Ausgrenzung der Pharisäer dessen Barmherzigkeit vergegenwärtigt (vgl. Lk 6,36). Aus dem von ihm in Bildworten gepredigten und durch seine Wanderexistenz vorgelebten Vertrauen in die Güte dieses himmlischen Vaters folgt dann ein völlig neues Verhältnis zur Sorge um das Lebensnotwendige und damit auch zum Besitz (vgl. Mt 6,19–34 par.), aber auch ein neues Verhalten zum Mitmenschen – bis hin zum Feind (vgl. Mt 5,21–48 par.).

Mit dieser Verkündigung eines bedingungslose Liebe gewährenden (vgl. Lk 15,20–24) und ebenso bedingungslose Liebe verlangenden Gottes (vgl. Mt 5,43–48 par.; 18,21–35) mutet Jesus den Menschen etwas zu, das auf Unverständnis und zunehmend auch auf Widerstand stößt – bis in den engsten Anhängerkreis hinein! Er ist ein Außenseiter und Ausgestoßener, der „nicht hat, wo er sein Haupt hinlegen kann“ (Lk 9,58 par.). Die Verblendung der Frommen, die Wankelmütigkeit der Masse, die Korruption der Regierenden und das Unverständnis der eigenen Anhänger bilden zusammen einen Strudel des Bösen, welcher den Gottessohn zu verschlingen und seinen von der Gegenwart Gottes bestimmten Weg zu widerlegen droht. In diesem Zusammenhang steht die eingangs zitierte Vertrauensäußerung „Abba, Vater, alles ist dir möglich“. Mit ihr leitet der ‚zu Tode betrübte‘ Gottessohn ein Gebet ein, mit dem er in Gethsemani in höchster Anfechtung dreimal darum bittet, dass der Kelch des Kreuzes und damit das Scheitern seiner Vergegenwärtigung von Gottes Herrschaft an ihm vorübergehe. Doch der Himmel bleibt stumm. Auf dem Hintergrund der einzigartigen Gottesnähe, welche bisher Jesu Weg bestimmt hat, kann dieses Schweigen nur als ein höchst beredtes Verstummen Gottes verstanden werden: „Preisgegeben wird der Menschensohn in die Hände der Sünder" (Mk 14,41) – mit diesen im ‚göttlichen Passiv' formulierten Worten deutet Jesus sein Geschick und geht als der vom Vater Preisgegebene seinen Weg zu Ende, um zuletzt mit dem in die klagend-anklagenden Worte von Ps 22,2 gefassten Gebetsruf zu sterben: „Mein Gott, mein Gott, warum hast du mich verlassen?" (Mk 15,34).

Die beiden einzigen Gebete, die Markus von Jesus zitiert, sind also in Situationen gesprochen, die den Gottesglauben Jesu, sein Vertrauen in die Güte und Macht des Vaters zu widerlegen scheinen. Und doch hat das frühe Christentum solche negativen Erfahrungen nicht unterdrückt und ausgeblendet, sondern es hat das „Wort vom Kreuz" (1 Kor 1,18) geradezu in den Mittelpunkt seiner Botschaft gestellt. Das hat einen doppelten theologischen Grund. Der eine liegt bei Jesus: Als Mensch teilte dieser die urmenschliche Erfahrung einer Verborgenheit Gottes, dessen Nähe nicht mehr gespürt und dessen Macht fraglich wird. Er teilt sie und insistiert doch auch und gerade in der Nacht der Gottesfinsternis auf der Ansprechbarkeit und Nähe Gottes als Vater, hält also gegen den Augenschein an dessen Güte und Macht fest. In diesem vollkommenen Vertrauen hat sich der Mensch Jesus als der Sohn Gottes bewährt. Dieses Vertrauen aber, das ist der zweite, korrespondierende Grund, ist nach dem Zeugnis des Evangeliums nicht ohne Antwort geblieben. Die Erscheinungen des Auferstandenen wurden von den Jüngerinnen und Jüngern als Bestätigung des Sohnes durch den Vater verstanden. Das heißt, das Kreuz und alles, was es an Erfahrung von Gottferne einschloss, musste nicht mehr als die Widerlegung von Jesu Botschaft verstanden werden, sondern als integraler Bestandteil des Weges, auf dem Gott seine Herrschaft aufrichtet. Dem Anliegen, dies zu deuten, verdankt sich die Gattung der Evangelien, die den Gottessohn nicht in Gestalt eines triumphalen Heldenepos bezeugt und auch keine geschönte *success story* bietet; vielmehr sind sie ‚Passionsgeschichten mit verlängerter Einleitung'.

Gerade so aber bezeugen sie einen Gott, der als der „Vater in den Himmeln" (Mt 6,9) nicht fernab in einer himmlischen Sphäre wohnt und sich einer Seligkeit erfreut, die Friedrich Hölderlin in Hyperions

Schicksalslied in klagender Antithese zum Elend der *conditio humana* besingt: „Ihr wandelt droben im Licht / Auf weichem Boden, selige Genien! / Glänzende Götterlüfte / Rühren euch leicht, / Wie die Finger der Künstlerin / Heilige Saiten.“ Der Gott des Gottessohnes – so sagt es Paulus – „war in Christus, als er die Welt mit sich versöhnte“ (2 Kor 5,19). Das heißt ja: In der Verbundenheit mit dem „geliebten Sohn“ hat sich der göttliche Vater in die Finsternis der gefallenen Schöpfung hineinbegeben, hat er auf dem harten Boden dieser Wirklichkeit um die Herzen seiner aufbegehrenden Geschöpfe gerungen und ihren Widerstand ertragen, um so wieder Frieden zwischen sich und den Menschen zu stiften (vgl. Röm 5,1–10).

In den synoptischen Evangelien wird das durch zwei Szenen narrativ dargestellt: In Jesu Taufe und in seiner Verklärung. Nur in diesen mythischen Erzählungen hören wir eine himmlische Stimme, wird also die verborgene Dimension Gottes explizit zur Darstellung gebracht, aber dies dient bezeichnenderweise einzig und allein dem Ziel, die Verbundenheit, ja Einheit Gottes mit diesem Menschen Jesus zu unterstreichen. Dies geschieht in planvoller Steigerung, wie gerade das älteste Evangelium klar erkennen lässt. Am Beginn des ersten Hauptteiles, der vor allem das vollmächtige Auftreten des Gottessohnes schildert, zerreißt bei Jesu Taufe der Himmel, der Geist kommt auf ihn herab und eine himmlische Stimme erklärt: „Du bist mein geliebter Sohn, an dir habe ich Wohlgefallen gefunden“ (Mk 1,11 par.). Diese göttliche Zusage wird nun aber im zweiten Teil, der den Weg in die Passion und damit das scheinbare Scheitern Jesu schildert, nicht etwa zurückgenommen, sondern sogar noch gesteigert: Nun wird nicht nur Jesus vor den drei anwesenden Jüngern als der „geliebte Sohn“ proklamiert, sondern er wird zugleich, gerahmt von den himmlischen Gestalten Mose und Elia, ‚verklärt‘, d.h. proleptisch in die Gestalt seiner künftigen Erhöhung verwandelt (Mk 9,2–8 par.). Gott zieht sich also gerade dort, wo der „Menschensohn“ am Widerstand der Menschen zerbricht, nicht zurück, sondern er bleibt mit Jesus als seinem „geliebten Sohn“ verbunden. Das macht deutlich, dass das Evangelium im tiefsten eine Liebesgeschichte ist, die Geschichte der Liebe zwischen Vater und Sohn, welche die Menschheit nicht aus-, sondern einschließt. Im Leiden des Gekreuzigten spiegelt sich deshalb nicht die Grausamkeit des Schicksals, sondern das Mitleiden des Vaters, eine göttliche Verletzlichkeit, deren ‚Schwäche‘ sich gleichwohl in der Auferweckung Jesu als mächtiger erwiesen hat als alle Stärke der Menschen (1 Kor 1,25).

In diesem Sinn haben dann die beiden größten Theologen des Neuen Testaments, der Apostel Paulus und der Evangelist Johannes, in ihren Aussagen über den Gott des Gottessohnes bei der Deutung der Passion ihren Ausgangspunkt genommen. Für sie erweist Gott gerade in der Hingabe seines Sohnes seine Liebe (Joh 3,16; Röm 8,31–39), so dass Paulus ihn einen „Gott der Liebe" nennt (2 Kor 13,11) und der 1. Johannesbrief sogar zweimal den Spitzensatz formuliert: „Gott ist Liebe" (1 Joh 4,8.16). Der Satz will nicht einer Vergöttlichung der Liebe das Wort reden, er ist nicht umkehrbar im Sinne eines ‚die Liebe ist göttlich'. Als theologisches Resümee der Passion besagt er vielmehr, dass der Vater nicht Gleiches mit Gleichem vergolten, sondern in der Hingabe seines Sohnes der tödlichen Feindschaft gegen sich seine schöpferisch-verwandelnde Liebe entgegengesetzt hat (Röm 5,8–10). So hat er die verblendeten Geschöpfe zu seinen Kindern gemacht, zu „Erben", welchen er an seiner Gerechtigkeit, Ewigkeit und Herrlichkeit Anteil geben will (Röm 8,12–17 vgl. Gal 4,4–7); als „von neuem / oben Geborene" (Joh 3,3 vgl. 1,12f) sollen sie „ewiges Leben haben", wie Johannes es nennt (Joh 3,16 vgl. 1 Joh 5,11 u.ö.).

In summa: Gottes Güte ist darin erkennbar, dass er von den durch Christus berufenen „Geliebten Gottes" (Röm 1,6f) nun auch als ihr „Vater" angerufen werden kann (vgl. Lk 11,2 par. Mt 6,9; Gal 4,6f; Röm 8,15–17), und Gottes Macht besteht darin, dass sie den Leidenden zugute kommt (vgl. Mk 9,23 par.; 10,45 par.) und die Schwachen ermächtigt (vgl. 2 Kor 12,6–10; Röm 8,26). Dass nur durch die gütige Macht des göttlichen Vaters eine von Gier und Gewalt korrumpierte Welt erneuert werden kann, bringt auf seine Weise noch einmal das letzte Buch der Bibel zum Ausdruck, wenn es dort nicht der angekündigte Löwe ist, welcher das Buch mit den sieben Siegeln öffnen und damit die Vollendung der Schöpfung einleiten kann, sondern das „geschlachtete Lamm" (Apk 5,5f). Nicht das vom Leben der anderen lebende Raubtier, das in diversen Umstürzen religiöser und säkularer Provenienz mit seinem Versprechen der erlösenden Gewalt das Elend dieser Welt nur noch steigert, sondern allein das sein Leben für andere hingebende Opfertier taugt als Symbol einer Hoffnung, die sich auf den „Gott des Gottessohnes" gründet.

Literaturverzeichnis

Feldmeier, Reinhard / Spieckermann, Hermann: *Der Gott der Lebendigen. Eine biblische Gotteslehre*. Tübingen 2011.

Zimmermann, Christiane: *Die Namen des Vaters. Studien zu ausgewählten neutestamentlichen Gottesbezeichnungen vor ihrem frühjüdischen und paganen Sprachhorizont*. Leiden / Boston 2007.

Zwei Wundertäter im Vergleich: Jesus und Dionysos

Anna Lefteratou

Abstract: Der christliche Dichter Nonnos beschrieb in zwei Gedichten unterschiedliche Versionen des Wunders der Blindenheilung. Das eine Gedicht hat einen heidnischen Kontext, das andere ist eine Übertragung des Johannesevangeliums. Am Beispiel dieser beiden Gedichte soll gezeigt werden, dass es dem Autor dabei weniger um den Kampf oder Antagonismus zwischen Heiden und Christen ging, sondern dass diese Gedichte auf einen bewussten Dialog zwischen dem Heidentum und dem Christentum hinweisen.

Der christliche Dichter Nonnos, der in der Mitte des 5. Jahrhunderts im antiken Panopolis (heute Akhmim) in Oberägypten lebte, beschrieb in zwei unterschiedlichen Gedichten zwei einander ähnliche Wunder. Das eine – im heidnischen Kontext anzusiedelnde – Gedicht aus dem Epos *Dionysiaka* beschreibt die wundersame Heilung eines Blinden, die von Dionysos vollbracht wurde. Das zweite Gedicht über die Heilung eines blind geborenen Mannes stammt aus Nonnos' *Paraphrasis*, einer Übertragung des Johannesevangeliums in epische, Homer-ähnliche Verse. Am Beispiel dieser beiden Gedichte soll gezeigt werden, dass Nonnos' Bearbeitung eines ähnlichen Wunders sowohl in seiner heidnischen als auch seiner christlichen Dichtung weniger den Kampf oder Antagonismus zwischen Heiden und Christen illustriert, als vielmehr auf einen bewussten Dialog zwischen dem Heidentum und dem Christentum hinweist und dass Nonnos damit beide Gedichte einem breiten Publikum, sei es heidnisch oder christlich, zugänglich macht.

Religiöser Synkretismus, d.h. die Übertragung gewisser Charakteristika einer Gottheit auf eine andere und / oder die Verschmelzung von Charakteristika beider hin zu einer einzigen Gottheit, war während der gesamten Antike und besonders zur Zeit des Imperium Romanum verbreitet: So führte beispielsweise der Kaiser Marcus Aurelius Antoninus (mit Beinamen Elagabal), nachdem er 218 n. Chr. Kaiser geworden war, die Verehrung des aus seinem Kulturkreis stammenden syrischen

Gottes *sol elegabalus* in Rom ein und verband ihn mit dem Römischen Kult des *sol invictus* (‚unbesiegte Sonne') und demjenigen des griechischen Apoll. Die Lage änderte sich 380 n. Chr. dadurch, dass Theodosios I. das Christentum zur offiziellen Religion des Reiches machte. In der Mitte des 5. Jahrhunderts, der Zeit der schriftstellerischen Tätigkeit von Nonnos, kann schon von einem christlichen Oströmischen Reich gesprochen werden, das sich auf dem Weg befand, byzantinisch zu werden. Allerdings führte der Prozess der Christianisierung nicht zum automatischen Untergang des Heidentums oder zur Beseitigung der klassischen literarischen Vorbilder. Die Christen lernten nach wie vor anhand von Homers *Ilias* und *Odyssee* lesen und schreiben. Dies führte zu unterschiedlichen Versuchen, den vermeintlichen Widerspruch zwischen der Liebe zum christlichen Gott und der Liebe zu den klassischen Autoren zu überwinden: Die beiden epischen Gedichte von Nonnos', eines mit Jesus im Mittelpunkt, die *Paraphrasis*, und das andere, mit Dionysos als Hauptfigur, die *Dionysiaka*, sind bezeichnend für diesen Trend.

Bereits im 2. Jahrhundert nach Christus bemerkten der christliche Apologet Justin (1 *Apologie* 21) und der griechische Philosoph Celsus (*Wahre Lehre* 1, 39) Ähnlichkeiten zwischen den beiden Gottheiten Jesus und Dionysos und sprachen sich für den einen oder den anderen aus. Beide, sowohl Dionysos als auch Jesus, versprachen ihren Anhängern ein glücklicheres Leben nach dem Tod, und Wein war hierbei sowohl für die heidnische als auch für die christliche Religion ein wichtiges Symbol der Wiederkehr. Gemeinsam war Jesus und Dionysos auch, dass sie sterbende Gottheiten waren, geboren durch göttliche Intervention von einer sterblichen Frau; während Jesus am Kreuz starb und drei Tage später auferstand, wurde Dionysos dreimal wiedergeboren. Damit Dionysos, ein Halbgott, in den Olymp gelangen konnte, musste er verschiedene heroische Aufgaben bewältigen, wovon eine der Kampf gegen die unzivilisierten Inder war.

Zur Zeit des Nonnos nun war es infolge der Christianisierung des Reiches erforderlich, dass Dionysos nicht nur heroische Taten sondern – wie Jesus – auch Wunder vollbrachte: zum Beispiel eben wundersame Heilungen. Herkömmlicherweise war es aber nicht Dionysos, sondern Asklepios, der besonders berühmt dafür war, wundersame Heilungen – auch die Heilung von Blindheit – zu vollbringen. So berichtete beispielsweise der blinde Alcetas von Halieis auf einer Inschrift aus dem Jahr 320 v. Chr.: Als er im Heiligtum des Gottes schlief, träumte er, dass er Gott sah, der ihm mit seinen Fingern die Augen öffnete; als Alcetas erwachte, war er geheilt. Das spätantike Publikum hatte eine Vorliebe für solche wundersamen Heilungen und Dionysos wurde das Privileg nicht vorenthalten, ebenfalls einige davon zu vollbringen.

Die im Johannesevangelium beschriebene Heilung war jedoch die wundersamste von allen, denn Jesus heilt nicht irgendeinen Blinden, d.h. einen durch Krankheit oder Unfall blind gewordenen, sondern einen blind geborenen Menschen. Dieser Mann sitzt bettelnd am Straßenrand und im Unterschied zu anderen Blinden, die bei den Evangelien von Markus (8: 22–26, 10: 46–52), Matthäus (9:27–31, 20:29, 34) und Lukas (18: 35–43) in Erscheinung treten, bittet der Mann Jesus nicht ausdrücklich darum, ihn zu heilen. Jesus kommt zu ihm, reibt, nachdem er seine Spucke mit Lehm vermischt hat, damit die Augen des Mannes ein und trägt ihm auf, sie in der Nähe, im Teich von Siloah, auszuspülen. Nach diesem symbolischen Taufakt erhält dieser dann das Augenlicht. Erst ganz am Ende des neunten Buches trifft dieser Mann Jesus (wieder), verbeugt sich vor ihm und erkennt ihn als den „Herrn“ an:

> Jesus hatte gehört, dass die Pharisäer den geheilten Blinden ausgestoßen hatten, und als er ihn traf, fragte er ihn: „Glaubst du an den Menschensohn?“ Der Geheilte fragte zurück: „Wer ist das, Herr, an den ich glauben soll?“ Jesus antwortete: „Du hast ihn schon gesehen und er spricht gerade mit dir.“ Da sagte der geheilte Blinde: „Herr, ich glaube!“ und fiel vor ihm nieder. Daraufhin sagte Jesus: „Ich bin als Richter in diese Welt gesandt worden. Denn die Blinden soll ich sehend machen, und, die sehen, sollen blind werden“. (Joh 9: 35–41, übersetzt von K. Berger und C. Nord).

Diese wundersame Heilung berührte die Menschen und hatte eine tiefe symbolische Bedeutung für die Christen, da der blind geborene Mann als Repräsentant der Heiden angesehen wurde. Dieses Wunder wurde nun erweitert und detailiert von Nonnos in einem Gedicht seiner *Paraphrasis* beschrieben; sein Augenmerk lag besonders auf dem Bekenntnis des Mannes und seiner Verehrung von Jesus:

> Jesus hörte [...] über den Blinden, dass die arroganten Hohe-Priester ihn hinausgejagt hatten; und Er fand ihn und sagte: „Ehrst du und glaubst du an den Sohn des Königs im Himmel?“ Der Mann stieß folgende Äußerung aus: „Herr, wer ist dieser Mann, über den du gesprochen hast, damit ich Ihn ehren kann?“ Jesus antwortete: „Freilich hast du Ihn mit deinen eigenen Augen gesehen und Er ist derjenige, der gerade zu dir spricht.“ Und der Mann sagte: „Herr,

ich glaube", und sein Haupt auf den Boden richtend und seinen gekrümmten Hals zu den unsterblichen Füßen beugend umschlang er fest die leuchtenden Sohlen Seiner wohl-genähten Sandalen. Jesus antwortete, der besonnenen Rede zuhörend: „Des Urteils wegen bin ich in diese sinn-lose, sündige Welt gekommen, für das doppelte Urteil unterschiedlicher Art bin ich gekommen, sodass diese beiden, die zuvor nicht das Licht des Tages erblickt haben, von ihnen ungesehen, ihr Augenlicht wiedererlangen können – die Blinden sehend mit ihren Augen – und die mit scharfem Blick mögen ihr Licht verlieren." (Nonnos, *Paraphrasis*, 9, 165–180).

Sowohl das Evangelium als auch Nonnos' *Paraphrasis* stellen hier eine Epiphanie („Erscheinung", „Erscheinen Gottes") von Jesus vor den Augen des Mannes dar. Im Unterschied zu Alcetas' Fall sieht der geheilte Mann des Evangeliums Jesus nicht in seinem Traum, sondern in wachem Zustand. Dies macht das Wunder umso plausibler und verstärkt dadurch die Wirkung auf den Glauben des Mannes. Die aufeinanderfolgenden Äußerungen von Jesus betreffend seiner Mission als „Retter der Welt" sind ebenfalls sehr charakteristisch für ihn insofern, als er die Heilung dazu nutzt, seine Mission auf Erden voranzubringen. Diejenigen, die gläubig sind, sagt Jesus, werden sehen, auch wenn sie blind sind, während die anderen, die zwar sehen können, aber durch Stolz und Mangel an Frömmigkeit geblendet sind, ihr Augenlicht verlieren werden. Aufbauend auf seinem Vorbild, dem Johannesevangelium, baut Nonnos die Geschichte aus, indem er hinzufügt, dass die Welt, in die Jesus gekommen ist, „sinn-los" und „sündig" sei: damit deutet er sie als spirituelle Blindheit in einer führungslosen Welt für all diejenigen, die nicht an Jesus glauben. Dadurch wird die wundersame Heilung des blind geborenen Mannes zu einem bedeutungsvollen Akt, wobei der Blinde die sündige Menschheit symbolisiert, die ihren Orientierungssinn verlieren wird, wenn sie nicht Jesus, den Menschensohn, den Messias, anerkennt.

Etwas anders stellt sich der Fall des Blinden im heidnischen Epos *Dionysiaka* von Nonnos dar. In den Büchern 14 und 15 tötet Dionysos so viele seiner Gegner, dass das Wasser des Flusses Indus rot vor Blut wird. Dann verwandelt er das blutige Wasser in Wein und die übrig gebliebenen Gegner werden betrunken: Diese Geschichte folgt einem bekannten mythischen Muster, nach dem Dionysos als Gott des Weins auch der Gott der Halluzinationen ist. Zudem war Dionysos auch dafür bekannt, Nymphen zu täuschen, um mit ihnen den Beischlaf zu vollziehen. Dazu gehört die bekannte Geschichte der Nymphe Nikaia, welche die Liebe des Gottes Dionysos zurückwies. Dieser verwandelte daraufhin das Wasser eines Teiches in Wein, woraufhin Nikaia davon im Glauben trank, es handle sich um Wasser. Sie schlief ein und stellte nach dem Aufwachen fest, dass sie vom von ihr verschmähten Dionysos vergewaltigt worden war. Es ist vor allem die Umwandlung des Wassers in Wein, die Nonnos' christliches Publikum unvermeidlich an Jesus' Umwandlung des Wassers in Wein bei der Hochzeit von Kanaa denken liess.

Der Fall des alten Blinden in folgenden Beispiel ist näher an den christlichen Vorbildern, weil bei der Konvertierung des Mannes zu den Dionysischen Mysterien keine Täuschung oder Halluzination vorkommt:

Dort besprengte ein Alter in breitem Barte, der langsam
Nur sich schleppte, weil Blindheit den Armen finster umhüllte,
Mit dem gelben Naß des kummerlösenden Saftes
Seine verschlossen Augen. Und wie die Tropfen des Weines
Sein Gesicht benetzten, da öffneten sich seine Augen;
Fröhlich erhob sich der Greis und tanzte und pries im Gesange
Diesen purpurnen Saft des unheilwehrenden Stromes.
Schöpfend mit greisen Händen das dichtgeballte Gewässer,
Füllte er mit dem purpurnen Trank wohlduftende Schläuche
Und entzündete Zeus und dem weinausgießenden Bakchos
Einen Altar, wie er spät nun wieder die Sonne erblickte.
(*Dionysiaka* 25.281–291, übersetzt von T. Scheffer, München 1929–33).

In der *Dionysiaka* liegt der Fokus der Erzählung – bis auf zehn Verse – nicht auf der Blindheilung: im Unterschied zum blind geborenen Mann des Evangeliums ist der blinde Inder vergessen, sobald der nächste Kampf zwischen Dionysos und den Indern beginnt. Dennoch ist diese kurze Episode sehr aufschlussreich weil sie zeigt, welche Erwartungen des Publikums Nonnos mit seinem mythologischen Gedicht erfüllen möchte: So wie Jesus soll auch Dionysos Wunder vollbringen können. Und in der Tat zeigt ein genauer Blick auf die Passage, dass der alte blinde Inder, genauso wie der blind geborene Mann im Evangelium, seine Augen im wundersamen Wasser/Wein wäscht und daraufhin sehen kann. Als Folge davon wird er ein Anhänger des Bacchus, lässt ihm einen Altar errichten und preist Zeus und Dionysos.

Es ist jedoch keine Menschenmenge Zeuge seiner Heilung und Bekehrung, und der Heilung folgt keine unmittelbare Epiphanie des Dionysos, – im Gegensatz zur Geschichte im Johannesevangelium und in der *Paraphrasis*; ebenso fehlt eine Epiphanie im Traum wie beim oben erwähnten Alcetas, wie es in einem heidnischen Kontext zu erwarten gewesen wäre. Dem Leser wird jedoch Anlass gegeben, zu zweifeln: Handelt es sich tatsächlich um ein wahres Wunder oder nur um die Illusion eines betrunkenen alten Mannes am helllichten Tage? Impliziert der Dichter hier, dass – im Unterschied zum christlichen Gott – Heilungen, die von heidnischen Göttern wie Dionysos vollbracht werden, unbedeutend sein sollen und die Hinwirkung auf die Konvertierung nicht erfolgt, jedoch die von Jesus vollbrachten Wunder diese erzielen? Ist der christliche Dichter Nonnos leicht tendenziös, wenn er die beiden Heilungen mit einem solch gewichtigen Unterschied darstellt? Gibt es ein wahres und ein falsches Wunder, ersteres von Jesus vollbracht, und letzteres von Dionysos?

Die Antwort auf diese Fragen ist relevant für das Verständnis der Spätantike als einer Periode des Übergangs und des religiösen und literarischen Synkretismus. Die Forschung hat aufgezeigt, dass die Passage in den *Dionysiaka* tatsächlich von Johannes' neuntem Kapitel inspiriert ist und nicht andersherum, und dass das Wunder von Dionysos tatsächlich weniger ausgearbeitet ist, wenn man die Hochzeit von Kanaa in der *Paraphrasis* oder die Heilung des blind geborenen Mannes diesem gegenübergestellt. Dennoch bedingt die Projektion des hauptsächlich christlichen Wunders auf ein mythologisches Epos nicht notwendigerweise die Konversion oder die Unterordnung des heidnischen Materials. Eher lässt es Rückschlüsse auf die Erwartungshaltung von Nonnos' Publikum zu: Nonnos richtete sich als christlicher Dichter wohl vor allem an ein christliches Publikum. Dieses Publikum akzeptierte ein Gedicht über Jesus' vermeintlichen Rivalen, Dionysos, und wäre auch nicht überrascht gewesen, wenn eine wundersame Heilung, die in eine Konversion mündet, in der mythischen Welt der Dionysiaka enthalten wäre. Dass Dionysos nicht explizit in der indischen Episode erscheint, und auch nicht in einer Traum-ähnlichen Epiphanie, unterscheidet den Charakter dieses Wunders nicht nur von den wohl bekannten heidnischen Wundern, die von Asklepios vollbracht wurden, sondern erlaubt es auch, dass Dionysos, nicht unmittelbar mit Jesus verglichen wird. Die Episode erhält zudem dadurch eine eigentümliche Färbung, dass sie sich nicht auf Dionysos, sondern vor allem auf den Wein konzentriert, welcher das gemeinsame Symbol von Dionysos und Jesus ist. Folglich ist es der Wein, der heilt, und nicht Dionysos. Der Wein ist das gemeinsame christliche und pagane Medium, welches für die Erlösung sowohl in der Erzählung von Dionysos als auch derjenigen von Jesus verwendet wird. Es scheint, als ob die Geschichte von Dionysos diejenige von Jesus vorwegnimmt und auf diese hindeutet. Dies gilt nicht nur bezüglich der Hauptereignisse – wie es aufgrund des in der Spätantike synkretistischen Ansatzes üblich war – wie beispielsweise die wundersame Geburt, die Verbindung zum Wein oder die Auferstehung, sondern auch in Hinblick auf Details, wie hier die Heilung von blinden Menschen. Wenn Dionysos nun als Vorgänger von Jesus gilt, kann das mythische Universum, das in den *Dionysiaka* dargestellt wird, als Vorläufer des christlichen Universums betrachtet werden, das in der *Paraphrasis* geschildert wird. Beide Universen können so problemlos koexistieren, indem die *Dionysiaka* auf die Ereignisse vorausdeuten, die im dann Johannesevangelium erzählt und später in der *Paraphrasis* wiederaufgegriffen werden.

Zurückkehrend auf die Ausgangsfrage betreffend der Authentizität der beiden Wunder, von denen das eine durch den Wein von Dionysos in Indien und das andere von Jesus in Jerusalem vollbracht wurde, fällt die Antwort in beiden Fällen positiv aus: Beide Wunder sind so konzipiert, dass die Leserschaft den Gesamtkontext berücksichtigen muss. Für den blinden Inder war Dionysos' Wein die einzige ihm verfügbare Erleuchtung. Wie bei dem blind geborenen Mann der *Paraphrasis* hatte er gewissermaßen Glück, zur Zeit Jesu geboren zu sein und von dem Menschensohn geheilt zu werden. Es ist daher die Frage des rechten Zeitpunktes. Wie P. Chuvin, ein führender Wissenschaftler zu Nonnos, folgert: „Letztlich ist Wein notwendig für die Eucharistie“. Letztendlich werden bei Nonnos keine Wunder von heiligem Wein vollbracht, die falsch sind, sondern es handelt sich lediglich um unglaubwürdige Zeugen, die die weitreichende Bedeutung nicht fassen und nicht erleben können.

Insofern dient eine angemessene und umfassende *paideia* ‚Bildung‘ nicht nur zum besseren Verständnis von Literatur, sondern sie hilft auch zur vertieften Erkenntnis des göttlichen Plans; dies gilt sowohl für die klassische wie auch für die christliche Bildung, hilft sie doch, Bedeutungszusammenhänge, Bezüge und Anspielungen zu verstehen. *Paideia* wirkt Wunder!

Literaturverzeichnis

Chuvin, Pierre: „Revisiting Old Problems: Literature and Religion in the *Dionysiaca*". In: Konstantinos Spanoudakis (Hg.): *Nonnus of Panopolis in Context*. Berlin, 1–18.

Leppin, Hartmut (Hg.): *Antike Mythologie in christlichen Kontexten der Spätantike*. Berlin 2015.

Shorrock, Robert: *The Myth of Paganism: Nonnus, Dionysus and the World of Late Antiquity*. Bristol 2011.

„Gott hat niemand je gesehen" (Joh 1,18)

Zur Wahrnehmbarkeit des ‚unbekannten Gottes'

Rainer Hirsch-Luipold

Abstract: Kann man den transzendenten Gott mit den körperlichen Sinnen wahrnehmen? Wer von Gott reden und sich zu ihm in Beziehung zu setzen möchte, muss sich zunächst eine Vorstellung von ihm bilden. Dies aber ist dem sinnlich veranlagten Menschen nur über die Sinne möglich. Aber kann es wirklich Gott sein, von dem er sich so eine Vorstellung bildet? Für dieses Paradox war der Gedanke der Inkarnation nur eine der Antworten innerhalb des Platonismus der frühen Kaiserzeit.

Ist Gott sichtbar? In der Antike jedenfalls sind Götter vielerorts sichtbar. Ihre durch Größe, künstlerische Gestaltung und Ausstattung vielfach eindrucksvollen Statuen zieren Plätze und Gebäude. In den Tempeln leihen sie den Menschen durch ihre Götterstatuen ihr Ohr – mit ihrer Erhabenheit, Schönheit und Würde lassen die Kultbilder die Größe und bisweilen auch die väterliche oder mütterliche Zuwendung der Gottheit erfahrbar werden, wie Dion von Prusa es in seiner Olympischen Rede von der berühmten chryselephantinen Zeusstatue des Phidias ausführt. Die Götter zeigen sich den Helden Homers in Epiphanien – in menschlicher Gestalt und manches Mal von göttlichem Wohlgeruch begleitet. Wo Übermenschliches in die alltägliche Welt einbricht, da erkennt der antike Mensch die Gegenwart des Göttlichen. Als Paulus in Apg 14 in Begleitung des Barnabas einen von Geburt an Gelähmten heilt, geht die Menge deshalb selbstverständlich davon aus, dass hier ein Gott in Menschengestalt auf die Erde gekommen ist: sie legt Paulus den Namen „Hermes" und Barnabas den Namen „Zeus" bei (14,11f). Der Priester des Zeus bereitet unmittelbar Opfer vor, um den körperlich erschienenen Göttern Ehre zu erweisen.

Mit einem grundsätzlichen Einspruch gegen die Vorstellung einer Sichtbarkeit Gottes beschließt dagegen das Johannesevangelium in jüdischer Tradition seinen Prolog: „Gott hat niemand je gesehen" (Joh 1,18). Zwei konträre Sichten von Welt und Gott und entsprechend zwei Frömmigkeitsformen prallen hier aufeinander, wenn die Vorstellung einer sichtbaren Gegenwart der Gottheit in ihren Kultbildern auf die Vorstellung von Gott als dem völlig anderen, dem „unbekannten Gott" (Apg 17,23) trifft, von dem sich ein Bild zu machen weder möglich noch zulässig ist. Paulus und Barnabas zerreissen deshalb ihre Kleider: sie sind keine Götter, sondern verkündigen mit der machtvollen Tat der Heilung den „lebendigen Gott [...], der den Himmel und die Erde und das Meer und alles, was darin ist, geschaffen hat" (Apg 14,15). Ein solcher Gott „wohnt nicht in Tempeln, die von Menschenhand gemacht sind", wie Paulus etwas später auf dem Areopag in Athen im Gespräch mit griechischen Philosophen sagen wird (Apg 17,24).

Der johanneische Satz formuliert nicht Verbot oder Kritik, sondern die fundamentale Grenze menschlicher Wahrnehmungs- und Erkenntnisfähigkeit, die in 1 Tim 6,16 noch zugespitzt erscheint: „Kein Mensch hat Gott je gesehen noch *kann* ihn jemals sehen." Nicht auf einem Verbot liegt also der Ton: „Du sollst Dir keine Bildnis von Gott machen" (Ex 20,4), weil jede Visualisierung Gott verendlicht und verfügbar macht. Der Ton liegt auch nicht auf der Kritik menschlicher Visualisierung von Göttern, wie wir sie klassisch bei dem Vorsokratiker Xenophanes (6./5. Jh. v. Chr.) formuliert finden, der sich über unsinnige Gottesvorstellungen mokiert, die den Göttern menschliche Züge, Schwächen oder gar Laster andichten und dabei nur in einen Spiegel ihrer eigenen Existenz blicken („Wenn Ochsen und Rosse und Löwen Hände hätten oder malen könnten mit ihren Händen und Werke bilden wie die Menschen, so würden die Pferde pferdeähnliche, die Ochsen ochsenähnliche Göttergestalten malen und deren Körper gestalten entsprechend der Gestalt, die sie jeweils selbst haben"; Diels/Kranz 21B15). Über die lächerliche Materialität menschlicher Darstellung von Göttern in Gold und Holz spottet in ganz ähnlicher Weise die biblische Tradition (Jes 40,19f; Jer 10,3–5; Weish 13,10–15,19), aber auch der scharfzüngige Spötter Lukian, der in seinem *Jupiter tragoedus* griechische und ‚barbarische' Götter in ihrer materialen Gestalt in Gold oder Holz auftreten und die Würde der Gottheiten nach ihrem jeweiligen Materialwert bestimmt sein lässt. Der johanneische Satz greift auch nicht den Gedanken auf, dass die Reinheit und Macht Gottes den Menschen in der unmittelbaren Begegnung vernichten würde, sobald er ihn sähe, weshalb Gott seine Hand vor das Antlitz des Mose legt, als er an ihm vorbeizieht, denn: „kein Mensch wird leben, der mich sieht" (Ex 33,20; vgl. Jes 6,5) – ein Gedanke, der im Grunde impliziert, dass Gott durchaus sichtbar wäre. Und schließlich formuliert dieser Satz auch nicht eine Wesenslehre des unbegreiflichen Gottes im Sinne einer apophatischen Theologie, wie wir sie bei dem jüdischen Schriftausleger Philon, bei Alkinoos, dem Verfasser des Handbuchs mittelplatonischer Philosophie (*Didaskalikos* X), oder später bei Ps.-Dionysios Areopagita finden, eine Theologie also, die Gott lediglich negativ als unsichtbar, unvergänglich, unberührbar und somit im Gegensatz zu allem Weltlichen zu definieren wagt.

Es geht vielmehr um die Unfähigkeit des Menschen, Gott zu sehen oder allgemeiner: Gott wahrzunehmen, also um eine Problemanalyse, die auf eine Lösung zielt. Der johanneische Satz formuliert, das muss heute kaum eigens betont werden, ein fundamentales Problem für jeden Versuch der Rede über Realitäten, die jenseits des körperlich Erfassbaren stehen: Wir nehmen als Menschen nur wahr, was unseren Wahrnehmungsorganen analog ist. Wir verstehen und glauben, was uns unsere Augen und Ohren sagen (oder die wissenschaftlichen Geräte, die unsere natürlichen Sinnesorgane verfeinern), wir glauben, was wir mit unseren Händen betasten. Wir leben methodisch nach dem Thomas-Prinzip: „Wenn ich es nicht sehen und mit meinen Händen betasten kann, dann will ich es nicht glauben!" (frei nach Joh 20,25). Der Platoniker betrachtet die Dinge genau umgekehrt: Für ihn ist allein das wahrhaft seiend, was die körperliche Welt transzendiert. Nur dieser Bereich des reinen Denkens, die Welt der Ideen gewährt gesicherte Erkenntnis und ermöglicht entsprechend verlässliche Aussagen. Die körperlich-sinnliche Welt ist nur ein Abbild und Schatten jener Welt. Die skeptische Tradition innerhalb des Platonismus, die sich auf das berühmte Wissen des Nichtwissens bei Sokrates zurückführen lässt (Plato, *Apologie des Sokrates*, 21d–22a), folgert daraus, dass dem Menschen Aussagen mit letzter Gewissheit grundsätzlich nicht möglich sind, weil ihm der Zugang zur Welt der Wahrheit und des wirklichen Seins mit seinen Erkenntnismöglichkeiten verschlossen ist.

Die Verbindung der akademischen Skepsis zu dem zitierten Programmsatz am Ende des Johannesprologs stellt eine weitere Entwicklung dar, die sich im kaiserzeitlichen Platonismus nicht nur jüdischer und christlicher, sondern auch paganer Provenienz abgespielt hat: in Aufnahme von Gedanken Platons insbesondere aus dem *Timaios* und den Gesetzen wird im kaiserzeitlichen Platonismus die überkörperliche

Welt der Ideen zunehmend mit dem Gottesgedanken verknüpft oder gar weitgehend durch diesen ersetzt. Erkenntnis Gottes und Erkenntnis der Wahrheit fallen dadurch gleichsam in eins.

Diese Interpretation der Ideenwelt durch den Gottesgedanken schafft zudem einen Neuansatz zu einer positiven Erkenntnistheorie, die zugleich mit einer Höherwertung der körperlichen Welt einhergeht.

Dies geschieht in doppelter Weise: zum einen, indem durch die Einführung eines persönlichen Gotteskonzepts, wie es der jüdischen Tradition selbstverständlich ist, in das philosophische Denken anstelle einer abstrakt-statischen Ideenwelt eine aktive Größe gewonnen ist, die auf den sterblichen Menschen zugeht, um ihn auf Gott selbst hin- und auf diese Weise aus der sterblichen Existenz herauszuführen. Die Erkenntnisthematik ist damit eingeordnet in die zunehmend virulent werdende Frage nach der Überwindung, ein Thema, das im Denken der Zeit, sei es nun in der *Sapientia Salomonios* (Kap. 1–2) oder im ps.-platonischen Dialog *Axiochos oder „Über den Tod"* eine besondere Prominenz erlangt. Der Erkenntis kommt Heilsrelevanz zu, insofern Erkenntnis nun Kontakt mit dem lebendigen Gott bedeutet. „Dies ist das ewige Leben, dass sie von dir als dem wahren Gott Kenntnis haben" (Joh 17,3). Diese existentielle Bedeutung der Gotteserkenntnis für *das Heil* erklärt die Dringlichkeit, die eine Vielzahl von Schriften unterschiedlicher Traditionen in dieser Zeit dem Programm religiösphilosophischer Bildung beimessen.

Zum anderen geschieht dieser Neuansatz, indem auch in paganphilosophischen Texten die Offenbarung als Mittel des Göttlichen zum Thema wird, um sich zu den Menschen in Kontakt zu setzen. Indem die Philosophie in der frühen Kaiserzeit in Reaktion auf die Überlegungen der erkenntnistheoretischen Skepsis axiomatisch voraussetzt, dass in den Traditionen der gelebten Religion das Göttliche Spuren seines ewigen Seins in die körperliche Welt eingezeichnet hat, die dadurch der Erkenntnisfähigkeit des Menschen analog werden, versucht sie ein neues Fundamt gesicherten Wissens aufzubauen. Auf diese Weise tritt neben die philosophische Tradition (insbesondere Platon) die Überlieferung der gelebten Religion als zweiter Erkenntnisgrund und damit als Quelle philosophischen Denkens. Ihre Weisheit führt über eine sich absolut setzende menschliche Rationalität hinaus, die jetzt nicht selten als sophistische Klügelei, als „Weisheit der Welt" (1 Kor 1,20) erscheint, und stellt sie von der höheren Rationalität Gottes her in Frage.

Wie kein Anderer reflektiert der delphische Priester Plutarch, der zur selben Zeit wie das Johannesevangelium in verschiedenen Schriften religiöse Tradition zum Ausgangspunkt philosophischer Wahrheitssuche macht, diesen Vorgang. Zur Eröffnung seiner philosophischen Deutung unterschiedlichster Aspekte der ägyptischen Tradition (Riten, Mythen, Ikonographie etc.) schreibt er:

> Alles Gute […] müssen verständige Menschen von den Göttern erbitten. Vor allem aber beten wir auf unserer Suche, das Wissen über die Götter, soweit es für Menschen irgend erreichbar ist, von ihnen selbst zu erlangen. Nichts Wichtigeres könnte der Mensch empfangen, nichts Würdigeres Gott schenken als die Wahrheit (*De Iside et Osiride*. 1; 351C–D).

Damit wird einerseits das in alten religiösen Traditionen niedergelegte Wissen zur legitimen und unhintergehbaren Grundlage philosophischer Erkenntnis, und umgekehrt das philosophische Denken, dass solche Traditionen als Quellen der Gotteserkenntnis aufschließt, zum entscheidenden Schlüssel auf dem Weg zum Heil, insofern Erkenntnis Gottes zugleich Einswerden mit seiner die körperliche Welt überdauernden Lebenskraft bedeutet. Religiöse und philosophische Bildung werden gemeinsam zur unverzichtbaren Voraussetzung nicht nur eines guten und ethisch verantworteten Lebens, sondern eschatologischen Heils im Sinne eines Lebens, das diese körperliche Existenz überdauert.

Von hier aus erklärt sich der pädagogische Impetus, der das Werk des Philosophen und delphischen Priesters Plutarch ebenso wie die Darlegungen des philosophischen Lehrers Maximus von Tyros durchzieht und Plutarch dazu führt, gerade in seinen späteren delphischen Schriften und in *De Iside et Osiride* die Überlieferungen der gelebten Religion (Mythen, Riten, Symbole, Ikonographie) als Grundlage philosophischer Erkenntnissuche zu erschließen.

Für den jüdischen Gesetzesausleger Philon hat sich die Offenbarung des Gesetzes, die Moses am Sinai zuteil wurde, in der Tora, den biblischen Mosesbüchern, verdichtet, die damit neben den entsprechenden Gesetzeswerken der Griechen, wohl insbesondere Solons und Platons, steht, diese aber durch ihre Klarheit und Einfachheit bei weitem übertrifft (*De opificio mundi 1*). Philons ganzes Werk ist deshalb Auslegung dieser in der Tora niedergelegten Offenbarung durch eine bildhafte philosophische Interpretation, die das dort Erzählte als Geschichte von der Suche der Seele nach Gott und ihrem Auszug aus dem Körperlichen begreift, eines Auszugs, der das Ergebnis fortschreitender religiös-philosophischer Bildung ist.

Für das Johannesevangelium (und darauf aufbauend später für Klemens von Alexandrien) erweisen sich nicht Welt oder Geschichte insgesamt, auch nicht einzelne Offenbarungen der religiösen Tradition als körperlicher Niederschlag des Wesens Gottes, aus dem Gott erkennbar wäre. Vielmehr tritt der göttliche Logos exklusiv an einem Moment innerhalb der Geschichte in die Welt ein: „Keiner hat Gott jemals gesehen – der Eingeborene, Gott, der im Schoss des Vaters war, hat ihn uns offenbar gemacht". Die Taten und Reden Jesu sind „Auslegung Gottes", weil in der Geschichte, die das Evangelium erzählt, Gott in seiner Herrlichkeit und Lebenskraft gegenwärtig wird: „Wer mich sieht, der sieht den Vater" (Joh 14,9). Indem das ewige Wort Fleisch, also Körper geworden ist (Joh 1,14), wird es den Menschen möglich, in den Begegnungen mit Jesus, von denen das Evangelium erzählt, den Himmel offenstehen zu sehen (Joh 1,50f): sie können die Fülle des göttlichen Heils schmecken in der Hochzeit zu Kana (Joh 2) und die Realität der in Jesus gegenwärtigen göttlichen Lebenskraft (Joh 11,25) zuerst zu riechen, als sich anstatt des erwarteten Todesgeruchs des Lazarus bei der Salbung der Wohlgeruch des neuen Lebens ausbreitet (Joh 12,3) und zuletzt fühlen, als Jesus den Thomas auffordert: „Reiche deinen Finger her und sieh meine Hände, und reiche deine Hand her und lege sie in meine Seite, und lege deinen Zweifel ab und glaube!" In der geschichtlichen Begegnung mit Jesus, die durch die Lektüre des Evangeliums zur Begegnung der Leserinnen und Leser wird, wird der Ewige greifbar. Dazu erzählt Johannes die Geschichte von Jesus nach den Synoptikern noch einmal neu: „Dies alles wurde aufgeschrieben, damit ihr glaubt, dass Jesus der Christus ist, der Sohn Gottes, und damit ihr, indem ihr daran glaubt, das Leben erhalten in seinem Namen" (Joh 20,31).

Das Paradoxon, das mit einer solchen religiösen Ästhetik gegeben ist, das Paradoxon, über Gott, den niemand je gesehen hat, gleichwohl denken und reden zu wollen, hat jüngst Aviad Kleinberg zu Recht unter die Chiffre der *Inkarnation* gestellt. Indem der Seiende ins Werden tritt, negiert er jede gängige Vorstellung von sich selbst und macht zugleich die Rede über sich, die über das Schweigen eines Dionysios Areopagita hinausreicht, überhaupt erst möglich.

In der Tat formuliert das Johannesevangelium des Logos ein Paradox, indem es die Fleischwerdung als Lösung präsentiert: sie hält fest, dass in dem fleischgewordenen Logos Gott so gegenwärtig ist, dass sein Heil und seine Macht mit den Sinnen des Körpers erfahrbar werden, und behauptet zugleich, dass es die vollkommen jenseits der Welt stehende Realität ist, die sich hier manifestiert. Das Paradox wird innerhalb des Evangeliums durch eine Reihe von Brechungen: Mißverständnisse, Unglauben und Unverständnis, Verschiebungen der Zeitebene, die das Geschehen erst von seinem Ausgang, der Überwindung des Todes in der Auferstehung Jesu, her verständlich werden lassen, literarisch umgesetzt. Hier ist die Stelle, wo ein axiomatisches Vertrauen (*πίστις*) in die Zuverlässigkeit der göttlichen Erfahrung vorausgesetzt wird, um diese körperliche Erfahrung tatsächlich als Erfahrung Gottes verstehbar zu machen.

Aber der johanneische Gedanke der Inkarnation ist mehr als ein Paradox. Für den Platoniker, der an der fundamentalen Trennung der göttlichen Welt des ewigen Seins von der körperlichen Welt des Werdens und Vergehens festhält, ist es eine Torheit, wie Paulus es in 1 Kor 1,23 formuliert, und zudem ein Ärgernis. Zwar liegt die Ästhetik des Unsichtbaren, die Joh 1,18 begründet, im Trend der Philosophie der Zeit – die philosophische Literatur betont aber nachdrücklich das Moment einer bildhaften Präsenz Gottes oder seines Logos in der körperlichen Welt. In dem Moment jedoch, wo der göttliche Logos, wie das Johannesevangelium behauptet, den Schritt aus dem Sein ins Werden vollzieht, ist der Weg zu Kreuz und Tod bereits unausweichlich vorgezeichnet, der als Negation des gängigen Gottesbegriffs erscheinen muss: „Was soll an diesem schändlichen Tod Göttliches sein?“ fragt sich kopfschüttelnd der Platoniker Kelsos in seiner Auseinandersetzung mit der christlichen Botschaft im ausgehenden 2. Jh. n. Chr.

Kommen wir deshalb noch einmal auf Kleinbergs Analyse zurück. Kleinberg verleiht in seiner Auseinandersetzung mit der Frage der Behauptung der Sichtbarkeit Gottes einer gängigen Meinung Ausdruck, wenn er formuliert: „To be meaningful, faith needs understanding“ (33). Die Logik und der Anspruch, den die religiösen Philosophie der Kaiserzeit mit jüdischen Autoren wie Philon und christlichen wie Paulus oder später Klemens von Alexandrien und Tatian teilt, betont aber das Umgekehrte: um zu irgendeinem bedeutungsvollen Wissen zu kommen, bedarf es des Glaubens im Sinne des Vertrauens in die axiomatischen Begründungszusammenhänge von Wissen, die die altehrwürdige philosophische und religiöse Tradition bereithält. Da Gott als der Ewige, der jenseits der Vergänglichkeit der Welt steht, das einzig Beständige ist, ist er zugleich Urgrund und Maß der Wahrheit. Wenn Kenntnis der Wahrheit und Kenntnis Gottes ineinander fallen, kann Wahrheit nur beanspruchen, was aus der Realität Gottes stammt. Deshalb stellt Paulus, ähnlich wie später in besonders pointierter Weise Tatian, die Weisheit Gottes der Weisheit der Welt entgegen. Wenn Menschen ihre eigene Logik über die Erkenntnis Gottes stellen, begeben sie sich nicht nur auf einen erkenntnistheoretischen Holzweg, wie die skeptische Tradition aufgezeigt hatte, sondern sie bewegen sich zugleich aus dem Bereich des Lebens heraus, indem sie sich von dem lebendigen Gott abkoppeln. Die entsprechenden Texte sind deshalb weniger, wie vielfach zu lesen ist, von einer apologetischen Tendenz geleitet, die versucht, die religiöse Tradition vor dem Tribunal der (griechisch-)philosophischen Vernunft zu plausibilisieren. Vielmehr behaupten sie angesichts der skeptischen Erkenntniskritik die in der religiösen Tradition bewahrte Offenbarung göttlicher Wahrheit als validen, vielleicht sogar einzig möglichen Ausgangspunkt philosophischer Wahrheitssuche. Diese religiöse Philosophie will als Lebenskunst, als *ars vitae*, über die Erkenntnis der göttlichen Wahrheit den Weg zu einem gesunden, ethisch verantworteten Leben weisen – und zugleich in die Einheit mit Gott, die die körperliche Existenz überdauert.

Literaturverzeichnis

Kleinberg, Aviad: *The Sensual God. How the Senses Make the Almighty Senseless*. New York 2015.

Hirsch-Luipold, Rainer: „Zwischen Bilderverbot und einem Bild Gottes – neutestamentliche Perspektiven". In: H. H. Behr / D. Krochmalnik / B. Schröder (Hgg.): *‚Du sollst Dir kein Bildnis machen …'. Bilderverbot und Bilddidaktik im jüdischen, christlichen und islamischen Religionsunterricht*. Berlin 2013, 63–90.

Hirsch-Luipold, Rainer: „Die religiös-philosophische Literatur der frühen Kaiserzeit und das Neue Testament", in: *Religiöse Philosophie und philosophische Religion der frühen Kaiserzeit: Literaturgeschichtliche Perspektiven*, hg. von R. Hirsch-Luipold / H. Görgemanns / M. v. Albrecht, in Zusammenarbeit mit T. Thum. Tübingen 2009, 117–146.

Liebe, Licht und Theologie

Zur Erkenntnis des höchsten Gottes beim Neuplatoniker Proklos

Ilinca Tanaseanu-Döbler

Abstract: Der Beitrag beleuchtet anhand ausgewählter Passagen einzelne Aspekte einer spätantiken heidnischen philosophischen Theologie. Dabei liegt der Schwerpunkt auf der Frage, wie für den Platoniker Proklos eine theologische Annäherung an den höchsten Gott möglich wird. Darauf aufbauend werden Divergenzpunkte zum christlichen theologischen Diskurs angedeutet.

Mit der Philosophie betreten wir einen Bereich der spätantiken Geisteswelt, den Heiden wie Christen für sich reklamieren: das reflektierte, wahrheitsgemäße Denken über Gott und die Welt, gepaart mit der diesem Weltbild entsprechenden richtigen Lebensweise und Kultausübung. Die philosophische Szene wird seit dem späten dritten Jahrhundert vom Neuplatonismus beherrscht, dessen Vertreter Platon als gleichsam „heilige" Schrift lesen, die es richtig zu interpretieren gelte. Die umfassende Beschäftigung mit der platonischen Philosophie führt zur Erkenntnis des Göttlichen; philosophische Prinzipienlehre wird immer stärker als Theologie konzipiert, die zu dem Ursprung der Wirklichkeit führe. Daß dieser erste Gott einer sei, darüber sind sich Christen und Heiden einig. Die Kernfrage ist vielmehr: wo läßt sich dieser Gott finden? Welche religiöse Tradition kann vor der philosophischen Theologie bestehen? Diese Frage, die Augustin oder vor ihm Justin oder Origenes mit dem Verweis auf den christlichen Gott beantworten, ist für heidnische Neuplatoniker ebenso eindeutig mit dem Verweis auf die traditionellen Götter beantwortet.

Insbesondere im Kreis der neuplatonischen Schule von Athen entwickelt sich dabei ab dem späten 4. Jahrhundert das programmatische Unterfangen, im Lichte der Philosophie alle ‚richtigen', inspirierten heidnischen Theologien zu sammeln und zu harmonisieren – als Ge-

gengewicht zum Christentum. Die neuplatonische Platoninterpretation liefert dabei die Grundstrukturen der Götterwelt, in die Götternamen, Mythen und Kulte aus den orphischen Dichtungen oder den Chaldäischen Orakeln eingeordnet werden können. Eine Schlüsselrolle spielt dabei die Exegese des platonischen Dialogs *Parmenides*, dessen aporetische Bemühungen um die Bestimmung des Verhältnisses des Einen und des Seins als symbolhafte Andeutung verschiedener göttlicher Wesensklassen gelesen werden. Damit kann zumindest der höhere Philosophieunterricht auch als religiöse Unterweisung für eine kleine intellektuelle Elite betrachtet werden. Im Folgenden wollen wir am Beispiel des Philosophen Proklos (ca. 410–485) ein Schlaglicht auf neuplatonisches theologisches Lehren und Lernen werfen.

Proklos, der jahrzehntelang der athenischen Schule vorsteht, ist Philosophieprofessor mit Leib und Seele; er hat einen besonderen Hang zum Systematischen wie auch zu umfassenden und detaillierten Erklärungen, die philosophische Probleme in große Zusammenhänge einordnen. Diesem systematischen Impetus verdanken wir eine Besonderheit in der philosophischen Landschaft: systematische Gesamtdarstellungen platonischer Theologie. Zwei Werke unterschiedlichen Genres sind erhalten: zum einen die *Grundzüge der Theologie (Elementatio theologica)*, zum anderen die *Platonische Theologie*. Erstere bilden ein Handbuch, welches durch jeweils knapp bewiesene Propositionen die neuplatonische Theologie mit dem höchsten Einen an der Spitze, den Göttern, die aus ihm entspringen, der Ebene des Intellekts und schließlich dem Bereich der Seelen gleichsam abstrakt-mathematisch grundlegt und als logisch notwendig und somit wahr erscheinen läßt. In der *Platonischen Theologie* entwickelt Proklos sein theologisches Projekt detaillierter und explizit an Platon orientiert, der als der große Hierophant (Mysterienpriester) der Philosophie gemalt wird. Seine Übereinstimmung mit anderen inspirierten theologischen Traditionen, etwa der orphischen Dichtung, wird betont und als Zeichen untrüglicher Wahrheit gewertet. Gerade die *Platonische Theologie* ist als ein pädagogisches (oder besser andragogisches) Lehr- und Lerninstrument gedacht, das durch die schriftliche Form über das Leben und die Person des Lehrers hinaus wirken soll.

Zu Beginn dieses Werkes nimmt Proklos explizit die Rolle des Lehrers ein. Er beschreibt Anliegen, Gliederung und Methode (*de Platonis Theologia* I 2) und fordert auf der Seite der Lernenden umfassende Voraussetzungen für die richtige Aufnahme seiner Lehre:

Der Hörer der vorliegenden Lehren muß zum einen mit den moralischen Tugenden geschmückt sein und alle niederen und unharmonischen Regungen der Seele durch das Prinzip der Tugend vorher gefesselt und im Hinblick auf die eine Form des Denkens in Einklang gebracht haben. Denn dem Unreinen ist es, wie Sokrates sagt, nicht gestattet, das Reine zu berühren. [...] Er soll sich zum anderen auch schon in allen logischen Methoden geübt haben [...] wie meiner Meinung nach auch Parmenides es dem Sokrates empfahl [...]. Drittens darf er zusätzlich auch nicht unerfahren sein in der Naturphilosophie und den vielgestaltigen Plausibilitätsüberlegungen, damit er, nachdem er durch die Abbilder in geziemender Weise die Ursachen der seienden Dinge erforscht hat, schon leichter zur eigentlichen Natur der transzendenten und erstwirkenden Hypostasen fortschreite. (*de Platonis theologia* I 2).

Die Theologie erscheint hier als Krönung der Philosophie, sie erfordert eine vollständige Ausbildung im traditionellen philosophischen Curriculum. Aber Proklos fordert noch mehr:

Wenn er aber all diese Fähigkeiten verbunden und auf seine Vernunft, den Seelenführer, gerichtet hat [...], dann soll er sich ausgiebig mit der Exegese der göttlichen und seligen Lehren befassen, indem er durch Liebe die Tiefen seiner Seele entfaltet, wie es das Orakel beschreibt, da es ja unmöglich ist, einen besseren Helfer für das Begreifen dieser Betrachtung zu finden als die Liebe, wie auch Platons Darlegung irgendwo sagt. Er soll sich in der Wahrheit geübt haben, die alle Dinge durchdringt, sein intelligibles Auge für die echte Wahrheit selbst erweckt und sich selbst fest in der bleibenden und unbewegten und sicheren Form des Wissens um das Göttliche gegründet haben; er soll überzeugt sein, daß nichts anderes zu bewundern sei und man nicht auf etwas anderes wegschauen dürfe; vielmehr soll er mit fester Denkkraft und der unerschöpflichen Kraft des Lebens zum göttlichen Licht eilen. (*de Platonis theologia* I 2).

Ohne Liebe also keine echte Theologie – Platons Betonung der Liebe als kosmisches Prinzip, welches den philosophischen Aufstieg ermöglicht (*Symposion*, *Phaidros*), wird hier auf die Theologie als höchste Disziplin der Philosophie zugespitzt. Damit bekommt Theologie eine beziehungshafte Dimension: der Theologe soll das göttliche Licht als das einzig erstrebenswerte Ziel erkennen und seine ganze Existenz auf den Aufstieg zu diesem ausrichten. Dieser Weg zum höchsten Gott, der über eine komplexe metaphysische Topographie verschiedener Klassen von göttlichen Wesen führt, ist in allen Werken des Proklos vorausgesetzt und wird dort in unterschiedlicher Weise beschritten. Philosophische Schriften werden auf diese Weise zu einem Medium des Beziehungsaufbaus zum Göttlichen. Dementsprechend stilisiert

Proklos auch die Philosophiegeschichte als Aneinanderreihung von Hierophanien, um es mit Mircea Eliade zu sagen: insbesondere die neuplatonischen Philosophen werden gleichsam zu Offenbarern und Tradenten heiliger Weisheit (*In Parmenidem* I 617f; *de Platonis theologia* I 1).

Wie soll sich nun der liebende Aufstieg zum höchsten Göttlichen vollziehen? Im zweiten Buch seiner *Platonischen Theologie* beschreibt Proklos zwei Wege, die Platon dafür entwickelt habe (*de Platonis theologia* II 5). Der eine Weg führt über die Analogien des höchsten Prinzips zu anderen seienden Dingen – der Weg der affirmativen Theologie. Dieser geht letztlich davon aus, daß das Höchste Urquelle der gesamten Wirklichkeit ist und diese ihm somit wesenhaft entspricht. Der zweite Weg, der sich insbesondere an die sogenannte „erste Hypothese" des platonischen Dialogs „Parmenides" anlehnt, (*Parmenides* 137c–142a) nimmt die absolute Transzendenz des höchsten Prinzips als Ausgangspunkt und betont dessen schlechthinnige Inkommensurabilität zur Wirklichkeit (*de Platonis theologia* II 10): das Erste ist so anders, daß wir letztlich nur angeben können, was es nicht ist (negative Theologie); es läßt sich nicht in einen theoretischen Diskurs einfangen und artikulieren. Theologie ist für Proklos somit ein paradoxes Unterfangen: ihr vornehmster Gegenstand entzieht sich ihr grundsätzlich und bleibt unverfügbar. Sprachlich schlägt sich dies darin nieder, daß Theologie hauptsächlich im Medium der bildhaften Sprache, als komplexes Gewebe verschiedener Metaphern und der von ihnen ausgelösten Assoziationen funktioniert, als Gefüge symbolischer Verweise (*endeixis*, z.B. *de Platonis theologia* II 5 oder 6).

Das wichtigste Bild, welches Proklos dabei aufgreift, ist das des Lichtes und der Sonne – auf Platons Sonnengleichnis (*Politeia* 506b–509b) zurückgehend (z.B. *de Platonis theologia* II 5 oder 7). Dieses Bild erscheint nicht nur als prägendes Beispiel der analogisch-affirmativen Theologie, sondern wird in der *Platonischen Theologie* auch in den negativen theologischen Reflexionen über das höchste Prinzip wieder aufgenommen, die als letzter Ruhepunkt der Betrachtung über den ersten Gott in Anlehnung an den Parmenides skizziert werden (*de Platonis theologia* II 10–12). Die theologische Reise durch die Negationen ist von einer Dialektik zwischen Aufstieg und Abstieg geprägt. Ausgehend von einer schrittweisen Annäherung an den ersten Gott, die die materielle und auch geistige (intelligible) Welt hinter sich läßt, um diesem Gott zu begegnen, kann dann die Seele nach ihrer „Rückkehr" diskursiv ihre Erfahrung der Transzendenz Gottes durch Negationen ausdrücken.

Die lyrische Beschreibung des Aufstiegs der Seele durch die Negationen bis hin zum ersten Prinzip beginnt mit dem Rückzug aus der Welt, aus der Vielfalt der menschlichen Erkenntnisformen, Meinungen, Vorstellungen und Leidenschaften:

Wohlan, laß uns, wenn denn jemals, so gerade jetzt, die vielgestaltigen Erkenntnisformen beiseite legen und alles Bunte des Lebens von uns verbannen und von allen Dingen frei geworden nahe an die Ursache aller Dinge herantreten. Fern sei uns nicht nur Meinung und Vorstellung; nicht nur die Leidenschaften, die unser emporführendes Streben zum Ersten behindern, sollen schweigen: es schweige die Luft und es schweige dieses All; alles soll uns mit fester Kraft zur Teilhabe an dem Unaussprechlichen nach oben richten. (*de Platonis theologia* II 11).

Die Begegnung, das Mitsein mit dem ersten Gott ist also durchaus als möglich und real gedacht. Die Erfahrung des ersten Gottes wird sodann in das Bild der aus dem Ozean aufgehenden Sonne gefaßt:

Und wenn wir dort [sc. nahe beim Ersten] gestanden haben und über das Intelligible, wenn denn so etwas in uns ist, hinausgelaufen sind und die Sonne des Lichtes der intelligiblen Götter [sc. die höchste Götterklasse nach dem Einen] aus dem Ozean haben aufsteigen sehen, wie die Dichter sagen, und sie gleichsam wie die aufgehende Sonne mit geschlossenen Augen angebetet haben [denn es geziemt sich nicht, daß irgendetwas von den Seienden diese direkt anschaut], und wieder aus diesem göttlich begeisterten Frieden zum Intellekt hinabsteigen und vom Intellekt ausgehend die Gedankengänge der Seele einsetzen, dann wollen wir uns selbst sagen, jenseits welcher Dinge wir den ersten Gott auf dieser Reise gesetzt haben. (*de Platonis theologia* II 11).

Hier verarbeitet Proklos eine Beschreibung der Begegnung mit dem höchsten Gott, welche sich schon bei Plotin, dem Begründer des Neuplatonismus, findet (*Enneade* V 5, 7–8). Ein Vergleich zeigt aber auch die unterschiedlichen Akzente der beiden Philosophen. Während bei Plotin das Bild der aus dem Ozean aufgehenden Sonne die Unverfügbarkeit und Plötzlichkeit der Erfahrung des höchsten Prinzips ausdrücken soll, betont Proklos das kultische Moment der Anbetung und die Unmöglichkeit und Unziemlichkeit, die Sonne direkt anzuschauen. Das Schließen der Augen ist nicht, wie bei Plotin in *Enneade* V 5, 7 die Hinwendung zum inneren Licht, sondern Ausdruck der Unfähigkeit aller Wesen, das Erste direkt anzusehen. Weit detaillierter und systematischer als Plotin skizziert Proklos die diskursive nachträgliche Vergegenwärtigung der erfahrenen Transzendenz Gottes in der theologischen Reflexion. Wichtig ist für Proklos die herausgehobene Stellung dieses Gottes als Ursprung einer hierarchisch geordneten, von verschiedenen Götterklassen geprägten Wirklichkeit:

Und wir werden ihn gleichsam hymnisch preisen, nicht indem wir sagen, daß er Erde und Himmel ins Sein gesetzt habe, und auch nicht die Entstehungen der Seelen und aller Tiere – zwar hat er auch das, aber das gehört erst an den Schluß. Vorher aber <werden wir ihn hymnisch preisen, indem wir sagen>, daß er das ganze intelligible Geschlecht der Götter wie das ganze intellektuale ans Licht gebracht hat, ferner alle Götter über dem Kosmos und in dem Kosmos. Und daß er Gott aller Götter ist und Einheit der Einheiten, und daß er jenseits der ersten verborgenen Heiligtümer und unaussprechlicher als jegliches Schweigen und unerkennbarer als jegliche Existenz ist, als Heiliger in den heiligen intelligiblen Göttern verborgen. (*de Platonis theologia* II 11).

Insbesondere der Anfang dieser Konsequenz aus dem theologischen Auf- und Abstieg hat Forscher wie Philippe Hoffmann plausiblerweise an den christlichen Lobpreis Gottes bzw. das Bekenntnis zu Gott als Schöpfer des Himmels und der Erde als den versteckten Gegenstand der Kritik denken lassen. Die Erhabenheit und Besonderheit des ersten Gottes ergibt sich für Proklos gerade daraus, daß er als Ursprung über Göttern steht und über sie herrscht (vgl. auch II 7). Wenn man diese Assoziation verfolgt, würden die Christen in dieser Lesart die komplexe Hierarchie der Wirklichkeit verkennen, in der das Materielle – Himmel und Erde – ganz unten steht. Damit trüge das christliche Gottesbild sein eigenes theologisches Armutszeugnis in sich – und würde den ersten Gott nach unten, zum Körperlich-Vergänglichen ziehen. Für Proklos, der sich an anderer Stelle explizit gegen die Bezeichnung des höchsten Gottes als „Schöpfer und Vater" wehrt (*In Parmenidem* VI, 1096), weil das seine Transzendenz kompromittieren würde, ist eine unmittelbare Berührung zwischen dem höchsten Gott und der Materie undenkbar. Den Christen wirft Proklos an einer der wenigen Stellen, wo er sie explizit kritisiert (*In Alcibiadem* 264f), eine ungesunde Verstrickung ins Vernunftlose und Materienahe vor. Wie der ausschweifend Lebende würde der Gottlose zwar aufgrund der vernünftigen Natur das Wahre irgendwie wahrnehmen, aber aufgrund seiner niederen, materiegebunden Leidenschaften in die Irre gehen; ein untrügliches Zeichen dafür sei die Uneinigkeit der Gottlosen wie der ausschweifend Lebenden – vielleicht ein Hinweis auf den Topos der Unausweichlichkeit dogmatischen Gezänks bei den Christen. Die Christen werden hier als theologische Gesprächspartner von vornherein disqualifiziert – ihr Mangel an Erkenntnis (*anepistemosyne*) wird nicht auf das Fehlen formaler, diskursiver Bildung zurückgeführt, sondern auf das Fehlen einer entsprechenden Umorientierung ihrer Existenz auf das Immaterielle. Dies mag zunächst nach topischer Polemik und Disqualifizierung des Gegners klingen; allerdings könnte Proklos hier schon zumindest einen Nagel auf den Kopf getroffen haben. Die Vorstellung, die etwa im Prolog des Johannesevangeliums artikuliert wird, daß gerade im inkarnierten, materiell greifbar gewordenen Gottessohn – und nur dort – Gott erkennbar werden kann, weil er sich von sich aus den Menschen erkennbar machen will, paßt nicht in die proklische Konzeption von der theologischen Annäherung an den ersten Gott, das jenseits aller Materie gelegene Ziel menschlicher Aktivität, die stufenweise nur über die verschiedenen zugleich das Erste an die materielle Welt vermittelnden und gleichzeitig die Transzendenz des Ersten schützenden Götterklassen zu ihm aufsteigen kann.

Proklos beläßt es bei dieser Diagnose; nirgendwo scheint er explizit die theologische Auseinandersetzung mit den Christen zu suchen. Und doch werden gerade seine Arbeiten zur Theologie im Christentum nachhaltig rezipiert. Ohne die Umarbeitung proklischer positiver und negativer Theologie bei Pseudo-Dionysios Areopagita ist christliche Mystik nicht denkbar. Und eine arabische Bearbeitung der *Elementatio theologica*, lateinisch übersetzt als *Liber de causis* oder *De bonitate pura*, wird zu einem wichtigen metaphysischen Referenztext der Scholastik, rezipiert etwa von Albertus Magnus, Thomas von Aquin oder Meister Eckhart. Die Ursachen dafür könnten zum einen in seiner Konzentration auf das erste Prinzip in seiner Transzendenz und Besonderheit oder seiner grundsätzlichen Verankerung der Theologie im existentiellen Streben nach Gott gesucht werden. Vielleicht hat zum anderen überhaupt die Tatsache, daß Proklos explizit Theologie als eigene Disziplin und Krönung der Philosophie betreiben will, diese starke christliche Rezeption bestimmt – diese Betonung der Theologie hat auf jeden Fall bei seinem späteren Nachfolger als Schulhaupt von Athen, Damaskios, leises Befremden ausgelöst (Vita Isidori F134). Es wäre lohnend zu überlegen, inwiefern dieses für pagane Ohren eventuell übertrieben klingende proklische Projekt nicht seinerseits eventuell auf christlichen Einfluß zurückgehen könnte.

Literaturhinweise

Abbate, Michele: *Il divino tra unità e molteplicità. Saggio sulla Teologia Platonica di Proclo.* Alessandria 2008.

d'Ancona Costa, Cristina: *Recherches sur le Liber de causis.* Paris 1995.

Beierwaltes, Werner: *Procliana. Spätantikes Denken und seine Spuren.* Frankfurt a.M. 2007.

Gritti, Elena: *Proclo. Dialettica, anima, esegesi.* Milano 2008.

Hoffmann, Philippe: „Un grief antichrétien chez Proclus: l'ignorance en théologie". In: Arnauld Perrot (Hg.): *Les chrétiens et l'hellénisme. Identités religieuses et culture grecque dans l'Antiquité tardive.* Paris 2012, 161–197.

Menschliche Gotteserkenntnis nach Avicenna

Damien Janos

Abstract: Was kann der Mensch über Gott wissen? Diese Frage wurde im mittelalterlichen Islam und vor allem in der Philosophie des Avicenna eingehend diskutiert. Avicenna näherte sich diesem Problem durch eine Reihe von begrifflichen Unterscheidungen und logischen Argumentationen, die es ihm ermöglichten, zwischen der Essenz und der Existenz der Dinge zu unterscheiden. Einige dieser Unterschiede fanden auch im Hinblick auf das menschliche Wissen über die Existenz Gottes Anwendung.

Eine zentrale Frage in den philosophischen, theologischen und mystischen Traditionen des Islam im Mittelalter ist, ob eine menschliche Erkenntnis Gottes möglich ist, und wenn ja, welche Form, welche Art und welchen Umfang diese Erkenntnis haben kann. Natürlich hängen diese Fragen in gewissem Grade sowohl von der eigenen Vorstellung des göttlichen Wesens ab, als auch davon, wie man sich Gottes Beziehung zur Welt vorstellt. Wenn man postuliert, dass Gott transzendent und ein Wesen unabhängig von der Welt der Materie und des Wandels ist – eine Vorstellung, auf der im Folgenden aufgebaut wird – dann hätte Gott mit der Schöpfung wenig gemeinsam, bzw. vielleicht überhaupt keine Ähnlichkeit mit ihr. Dementsprechend stellt sich die Frage, wie man jemals erhoffen kann, etwas über Gott zu wissen. Würde man aber, wie einige muslimische Mystiker glauben, Gott als in allen Dingen immanent (d.h. enthalten), betrachten, weil er alle erschaffenen Wesen mit seiner absoluten Existenz durchdrungen hat, dann muss man sich fragen, wie Gott zugleich als ein einzelnes und einzigartiges Wesen erkannt werden kann, das sich von allen anderen Wesen unterscheidet. Es ist offensichtlich, dass die transzendenten und immanenten Theorien zur Gottesvorstellung jeweils zu unterschiedlichen Schlussfolgerungen darüber führen, ob und wie der Mensch das göttliche Wesen erkennen kann. Daher mussten sich muslimische Denker auf einer sehr fundamentalen Ebene mit der Frage auseinandersetzen, ob Gott überhaupt erkennbar ist, oder ob er für immer jenseits der menschlichen Erkenntnis und dem Vermögen menschlicher Erfassung liegt.

Darüber hinaus – und unter der Annahme, dass Gott bis zu einem gewissen Grad erkannt werden kann – warfen einige muslimische Denker die drängende Frage auf, *was* wir über das göttliche Wesen wissen können; oder anders gefragt: welche Aspekte Gottes sind erfassbar (entweder durch den Verstand oder durch Intuition) und welche bleiben der menschlichen Vorstellungskraft für immer unergründlich. Mit anderen Worten: Diese Denker haben sich gefragt, was der Mensch über das göttliche Wesen überhaupt wissen kann. Würde eine solche Erkenntnis dann zum Schluss führen, *dass* Gott existiert, d.h. zur Erkenntnis seiner ewigen und einzigartigen Existenz? Oder würde sie uns auch einen Einblick gewähren *wer* Gott ist, das heißt, was für eine Art Wesen er ist, welche Eigenschaften er besitzt, oder welche Aktivitäten er unternimmt? Ist die menschliche Gotteserkenntnis auf die göttliche *Existenz* beschränkt oder umfasst sie auch die göttliche *Essenz*, sein Wesen, seine Form? Und würde in letzterem Fall diese Erkenntnis auch seine Attribute und Eigenschaften beinhalten? Können wir beispielsweise wissen, ob Gott einer oder ewig oder gut oder großzügig oder mächtig oder allwissend in Bezug auf alle Dinge ist?

Der große arabische Philosoph Avicenna (arab. Ibn Sīnā, gest. 1037), einer der wichtigsten Intellektuellen der mittelalterlichen islamischen Welt, greift – wie viele seiner Zeitgenossen – diese grundsätzlichen theologischen Fragen in seinen Arbeiten auf. Diese müssen im Kontext der Entwicklung der arabischen epistemologischen Theorien und vor dem Hintergrund der Rezeption griechischer Philosophie und Logik im mittelalterlichen Islam verstanden werden. Die arabische Philosophen stellten ausführliche Überlegungen über die Fragen an, woraus geeignete Objekte für die menschlichen Erkenntnis bestehen und insbesondere, worauf die wahre und sichere Erkenntnis beruht, auf deren Basis dann ein gültiges wissenschaftliches System aufgebaut werden kann. Als eine geläufige philosophische Theorie im mittelalterlichen Islam galt, dass die wahre und sichere Erkenntnis aus dem intellektuellen Begreifen einer immateriellen, die Essenz eines Dings umfassenden Form besteht. Ist einmal die Essenz (und somit das Wesentliche) eines Dings dem Intellekt bekannt, dann kann eine Definition dieses Dings ausformuliert werden. Folglich bildete die intellektuelle Erkenntnis sowohl der Form wie der Essenz, und darauf aufbauend die verbale

Ausformulierung ihrer Definition die Basis der kognitiven und epistemologischen Theorien der muslimischen Philosophen.

Avicenna, der wichtigste Theoretiker in Bezug auf die Frage der Unterscheidung zwischen Essenz und Existenz in der Metaphysik, leistete einen bedeutenden Beitrag zu all diesen Fragen und Überlegungen. Seine Unterscheidung bietet ein anspruchsvolles konzeptionelles Hilfsmittel, um die uns umgebende Welt zu analysieren und hatte einen tiefgreifenden und nachhaltigen Einfluss auf die nachfolgenden Entwicklungen der arabischen, hebräischen und lateinischen Theologie und Metaphysik. Zusammengefasst argumentierte Avicenna so, dass zwischen der Essenz und der Existenz eines Dings konzeptionell unterschieden werden kann und dass beide im menschlichen Intellekt unterschiedliche Objekte der Erkenntnis darstellen. So kann man beispielsweise wissen, was die Definition und Essenz eines Dreiecks oder diejenige eines Menschen ist, ohne zugleich genau zu wissen, ob dieses *individuelle* oder *spezielle* Dreieck oder dieser *individuelle* oder *spezielle* Mensch in der konkreten Welt existiert. Avicenna wandte seine Unterscheidung zwischen Essenz und Existenz auf alles Existierende an, und dieser Ansatz bildete die Säule seiner metaphysischen Theorie.

Jedoch erwies sich – um auf die oben gestellten Fragen zurückzukommen – Avicennas konzeptionelle Unterscheidung bei der Anwendung auf theologische Untersuchungen als problematisch. Denn, obwohl man theoretisch die Existenz Gottes und seine Essenz als konzeptuell unterschiedlich verstehen kann, würde die Differenzierung zwischen der menschlichen Erkenntnis der göttlichen Essenz und derjenigen der göttlichen Existenz ergeben, dass es eine „Vielheit“ im göttlichen Wesen (nämlich Essenz und Existenz) gibt. Dies ist eine Schlussfolgerung, die von so gut wie allen mittelalterlichen Denkern als unhaltbar verworfen worden wäre, da Gott als absolut frei von Vielheit bzw. Multiplizität und Zusammensetzung gesehen wurde. Avicenna – und viele andere nach ihm – lösten dieses Problem, indem sie argumentierten, dass Gott keine Essenz besitze, sondern dass er reine, ausschließliche Existenz sei. Nichtsdestotrotz verfocht Avicenna teilweise auch die Ansicht, dass Gott doch eine Essenz besäße, wobei Gottes Essenz mit Gottes Existenz gleich zu setzen und nicht zu trennen sei. Zeitweise argumentierte Avicenna auch, dass die Quiddität bzw. Essenz Gottes die Notwendigkeit der Existenz sei (das heißt, die „Washeit“ Gottes besteht darin, dass es notwendig ist, dass er existiert, genauso wie die „Washeit“ eines menschlichen Wesens darin besteht, ein rationales Tier zu sein) und dass Gott reine Existenz sei. Andererseits argumentierte Avicenna jedoch manchmal dahingehend, dass Gott einfach keine Essenz bzw. Quiddität besitze und sich folglich jeder Definition entziehe. Avicenna scheint zwischen diesen beiden Positionen geschwankt zu haben. In beiden Fällen wird impliziert, dass Gott die einzige Entität bzw. das einzige Wesen ist, bei dem Existenz und Essenz untrennbar sind; denn beide Konzepte sind perfekt identisch und *einfach* im göttlichem Wesen verkörpert. Das wiederum bedeutet, dass der menschliche Versuch, Gott zu kennen und zu erkennen, sich vorwiegend darauf konzentriert, eine Erkenntnis von Gottes besonderen, notwendigen Existenz zu erlangen, also zu erkennen, dass Gott die Notwendigkeit der Existenz in sich ist.

Dementsprechend entwickelte Avicenna in seinen verschiedenen Arbeiten mehrere Beweisführungen, um die Notwendigkeit von Gottes Existenz aufzuzeigen. Diese konzentrierten sich hauptsächlich auf das Argument, dass Gott das einzige Wesen sei, dessen Existenz an sich notwendig ist, während alles andere nur möglich existent ist und eine äußere Ursache benötigt, damit seine mögliche Essenz realisiert wird. Laut Avicenna können wir folglich einen Beweis von Gottes Existenz aufstellen und diese mit Sicherheit erkennen. Was aber die Essenz betrifft, so fehlt Gott eine von seiner Existenz zu unterscheidende Essenz und so können wir göttliche Essenz weder definieren noch mit Sicherheit erkennen.

Während dieser Ansatz erklären kann, wie die Essenz und die Existenz Gottes im menschlichen Intellekt auf ein einziges Objekt der Erkenntnis reduziert werden, bedarf jedoch die Fragestellung, wie die verschiedenen Attribute und Eigenschaften Gottes zueinander und zur göttlichen Existenz in Beziehung stehen, noch weiterer Klärung. In welcher Beziehung stehen zum Beispiel die Einheit, Unendlichkeit bzw. Güte Gottes zu seiner Essenz und Existenz? Solche Fragestellungen führen zu verschiedenen Problemen. Denn wenn es möglich ist, etwas über die Existenz Gottes zu wissen, und wenn wir darüber hinaus diese Existenz in verschiedene Eigenschaften und Qualitäten Gottes (wie z. B. Einheit, Unendlichkeit und Güte) aufteilen, dann entspräche dies der Annahme einer im göttlichen Wesen vorhandenen Vielheit. Wenn aber Gott so als ein vielfaches und zusammengesetztes Sein beschrieben würde, müsste er folglich dafür einen Grund, einen Verursacher außerhalb seiner selbst gehabt haben, der diese verschiedenen Elemente oder Aspekte auf dieselbe Art und Weise verbunden hat, so wie ein Haus einen Erbauer braucht, der seine verschiedenen Bestandteile zusammenfügt. Folglich wäre Gott letztendlich nicht notwendig und nicht Einer.

Es zeigt sich somit, dass es sich bei der Erörterung der Frage, wie die göttlichen Attribute und Eigenschaften in Beziehung zur göttlichen Essenz stehen, um eines der zentralen Anliegen der muslimischen Theologen und Philosophen im Mittelalter handelte. Diese Denker formulierten eine breite Vielfalt von Theorien, um diese Frage zu beantworten. Einige argumentierten, dass Gottes Attribute mit seiner Essenz identisch, andere, dass diese weder dasselbe noch verschieden seien; und wiederum andere stellten die These auf, dass einige von Gottes Attributen (beispielsweise die Einheit) „negativer" (d.h. „ausschließender") Natur seien, in dem Sinne, dass sie aufzeigen, was Gott nicht besitzt oder ihn nicht charakterisiert (nämlich Vielheit), im Gegensatz zu dem, was wahrhaftig in Gott existiert. Auf diese Weise erhofften sie sich zu erklären, wie Gott Attribute zugeschrieben werden können, ohne damit mit der göttlichen Essenz der Einzigkeit und Einheit in Konflikt zu kommen.

Diese Fragestellung war insofern bedeutsam, als die göttlichen Attribute vielzählig sind und als Dinge angesehen werden, die der göttlichen Essenz hinzugefügt werden können, zumindest im menschlichen Intellekt. Bei dieser Diskussion spielt das Attribut der Einheit eine entscheidende Rolle, da das Postulat der göttlichen Einheit (arabisch *tawḥīd*) im Mittelpunkt der islamischen theologischen und philosophischen Traditionen steht. Der Gedanke, dass es nur einen einzigen Gott gibt, durchdringt ja fast jeden Aspekt des muslimischen Glaubens und bildet die Basis der meisten von muslimischen Theologen und Philosophen vertretenen Systeme. Die Doktrin der Einheit Gottes ist auch im Koran wörtlich festgelegt, wie beispielsweise in der *Sūrat al-Ikhlāṣ* („Die Sure der wahren Verehrung"), eine der kürzesten, aber berühmtesten und einflussreichsten Abschnitte des Koran. Sie wird auch Sure des *tawḥīd* genannt: „Sag: Er ist Gott, ein Einziger (*Allāhu aḥad*) [...] Er hat weder gezeugt, noch ist er gezeugt worden [...]" (Q 112: 1; 3).

Viele muslimische Intellektuelle, besonders diejenigen die wie Avicenna von der griechischen Philosophie beeinflusst wurden, interpretierten die göttliche Einheit nicht nur dahingehend, dass Gott eins und einzigartig ist (das heißt, es gibt kein anderes, Gott ähnliches Wesen), sondern auch so, dass Gottes Essenz perfekt eins *und* einfach sei (in dem Sinne, dass sie weder vielfach noch zusammengesetzt sei). Daher gaben sie dem Hauptkonzept der göttlichen Einheit die Bedeutung, dass Gottes Essenz sowohl einzigartig *als auch* einfach sei. Avicenna selbst schreibt in seinen Texten ausgiebig über die göttliche Einheit; er stuft das Konzept der Essenz als eine „negative" Eigenschaft ein, die sich vorwiegend darauf bezieht, was Gott *nicht* ist (nämlich vielfach, zusammengesetzt und materiell). Für Avicenna ist die göttliche Einheit identisch mit der Notwendigkeit der Existenz Gottes; Avicenna würde in der Tat sagen, dass Gott die reine notwendige Existenz darstellt, weil er perfekt eins und einfach sei. Für Avicenna bieten folglich die Einheit und die Existenznotwendigkeit Gottes dem menschlichen Intellekt zwei Möglichkeiten, die gleiche göttliche Realität zu betrachten, wobei die „göttliche Einheit" wirklich das Nichtvorhandensein bzw. die Nichtexistenz von Vielheit und Zusammensetzung in Gott bedeutet. Göttliche Einheit und göttliche Existenz sind somit unterschiedliche Aspekte oder Betrachtungsweisen im menschlichen Denken bzw. Konzeptualisierung; sie können zwar verbal ausformuliert werden, um eine Argumentation über die Existenz Gottes zu führen, aber sie entsprechen nicht zwei unterschiedlichen Dingen oder Realitäten in Gott selbst.

Die Notwendigkeit der Existenz, die göttliche Quiddität oder Essenz und das Hauptattribut der Einheit sind nach Avicenna ein und dasselbe. Folglich ist nach Avicenna die menschliche Erkenntnis Gottes durch eine Reihe von konzeptuellen, rationalen Unterscheidungen zu erreichen. Diese ermöglichen das Erreichen einer Erkenntnis, die so nah wie möglich an die göttliche Realität heran kommt, ohne jedoch ihrem wahren Wesen voll und ganz zu entsprechen. Was wir über Gott wissen können ist grundsätzlich, dass er ein notwendigerweise existierendes Wesen ist, das – genau aus diesem Grund – auch eins, einzig und einfach ist.

Zusammenfassend kann gesagt werden, dass die Frage, was wir über das göttliche Wesen wissen können, in den philosophischen und theologischen Traditionen des Islam meist wie folgt formuliert wurde: Was können wir über die Essenz, die Existenz und die Attribute Gottes wissen, und wie stehen diese verschiedenen Auffassungen sowohl im menschlichen Intellekt als auch in der äußeren Realität miteinander in Beziehung? Diejenigen, die wie Avicenna bestrebt waren, die göttliche Einheit und Einzigkeit aufrechtzuerhalten, mussten letztendlich zu dem Schluss kommen, dass sie, auch wenn diese Aspekte im göttlichen Verstand unterschieden werden, nicht auf unterschiedliche Dinge verweisen, die im göttlichen Wesen vorhanden sind, denn damit würde Gottes einzigartige und einheitliche Existenz untergraben. Es ist jedoch darauf hinzuweisen, dass trotz des Einflusses, den die philosophische Interpretation Avicennas insbesondere auf spätere Generationen ausübte, viele muslimische Gelehrte andere Ansätze zur Erörterung dieser Frage entwickelten. Einige muslimische Theologen stritten die Möglichkeit der Erkenntnis bzw. Bestimmung der göttlichen Essenz und Existenz entlang der avicennischen Linien ab und vertraten die Auffassung, dass es zwar bis zu einem gewissen Grad möglich sei, die Existenz Gottes zu erkennen, dass jedoch seine Essenz uns Sterblichen für immer verborgen bliebe und nicht erkannt werden könne.

Das wirft dann auch die Frage auf, *wie* Menschen zu einer Erkenntnis des göttlichen Wesens gelangen können. Wird Gott durch den Verstand, durch mystische Erfahrung, durch dialektische Argumentation erkannt, oder entsteht diese Erkenntnis durch irgendwelche anderen Mittel? Wie oben festgestellt wurde, ist der menschliche Verstand laut Avicenna in der Lage, subtile mentale Unterscheidungen zwischen verschiedenen Aspekten herzustellen, auch wenn diese Bestandteile einer einzigen Entität sind. Folglich kann er zwischen Essenz und Existenz, sowie zwischen verschiedenen Attributen, Begleiterscheinungen oder Eigenschaften der Essenz unterscheiden, auch wenn es sich um verstandesmäßige Unterscheidungen handelt, die (im Falle Gottes) keine Entsprechung in der äußeren Welt besitzen. Dementsprechend ist der Intellekt in der Lage, Einheit und Vielheit sowie vielfältige Beziehungen hinsichtlich ein und desselben Objektes zu denken, ohne dass aus dieser analytischen Beschäftigung eine Vielheit im Objekt selbst resultiert. In Bezug auf die Gotteserkenntnis wurde aufgezeigt, dass auch wenn der Intellekt theoretisch zwischen einer göttlichen Essenz, einer göttlichen Existenz und göttlichen Attributen unterscheiden kann, Intellekt und Reflexion letztendlich dazu führen, diese Dinge als unzertrennlich existierend und als eine einzige Realität im göttlichen Wesen zu begreifen, so dass sie Eines sind. Nach Auffassung Avicennas wird daher die menschliche Gotteserkenntnis über mehrere rationale, konzeptuelle Stufen erreicht, die metaphysische Unterscheidungen und logischen Erwägungen beinhalten, deren Ergebnis zu der sicheren Einsicht in die Notwendigkeit der Existenz Gottes führen. Im Gegensatz dazu postulierten muslimische Mystiker, dass die höchste Form des menschlichen Bewusstseins Gottes nicht im rationalen, konzeptuellen Denken bestehe, sondern in einer mystischen Erfahrung des göttlichen

Wesens durch die von Gott gewährten Erleuchtungen. Nach diesem Schema erreichen nur diejenigen, die den privilegierten Zugang zu dieser göttlichen Offenbarung haben, die Erkenntnis der absoluten Existenz Gottes.

Man findet in der arabischen Literatur viele Ansichten zur menschlichen Gotteserkenntnis. Die Lehren Avicennas zu diesem Thema spiegeln sowohl die philosophische Bewegung im Islam wider als auch diejenige des Philosophen Avicenna selbst. Avicenna stellte ein anspruchsvolles metaphysisches System zur Untersuchung der Realität auf, das vorwiegend auf der konzeptuellen Unterscheidung zwischen Essenz und Existenz basierte. Er benutzte dieses System, um eine eigenständige Interpretation der menschlichen Erkenntnis des göttlichen Wesens hervorzubringen und formulierte Beweise für Gottes Existenz, die einen bedeutenden Einfluss auf die nachfolgenden muslimischen, christlichen und jüdischen Denker ausübten.

Literaturverzeichnis

Avicenna: *The Metaphysics of "The Healing": A Parallel English-Arabic Text = al-Shifāʾ: al-Ilāhiyyāt. Translated, introduced, and annotated by Michael E. Marmura*. Provo, UT 2005.

McGinnis, Jon: *Avicenna*. New York / Oxford 2010.

Gott als Gegenstand von Wissen in der islamischen Theologie (*kalām*)

David Bennett

Abstract: Das meiste Gedankengut der frühen theologischen und philosophischen spekulativen Tradition (*kalām*) ist verloren gegangen oder wurde – unter dem Einfluss von politischen, religiösen und sozialen Entwicklungen – durch spätere philosophische und juristische Interessen stark verzerrt. Dies soll am Beispiel der von späteren Generationen aufgegebenen Sicht auf die Welt bzw. auf die Gotteserkenntnis gezeigt werden. Die Untersuchung solcher in Vergessenheit geratenen Lehren ermöglicht es aufzuzeigen, dass die Entwicklung des islamischen Denkens ein historisches Kontinuum gewesen ist.

Bedrängt durch das Aufkommen der islamischen religiösen Wissenschaften auf der Grundlage von Koran und Prophetentradition (*ḥadīth*) auf der einen Seite, und der arabisch-islamischen Philosophie (die hauptsächlich auf griechische Vorbilder zurückgeht) auf der anderen Seite, hat sich die frühe islamische Theologie (*kalām*) als ein schwer zu bestimmendes Phänomen entpuppt. Mit der Entwicklung der islamischen Theologie in Basra und Bagdad im 9.–10. Jahrhundert, begannen die Vertreter dieser Wissenschaft, sich so vielfältige und umfassende theologische und philosophische Fragen zu stellen, dass die übliche Übersetzung von *kalām* mit „islamischer Theologie" missverständlich ist, da damit die Themen, mit denen sich diese Denker befassten, nicht in ihrer ganzen Breite erfasst werden. Im Folgenden soll daher für die Wissenschaft der „islamischen Theologie" der arabische Begriff *kalām* verwendet werden. Nach Avicennas Tod (arab. Ibn Sīnā, gest. 1037) wurden die Denker des *kalām* gezwungen, ihre Fragen entweder in philosophische Formen zu gießen oder ihre besonders spekulativen Gedanken zu Gunsten rechtlicher Argumentationen gänzlich fallen zu lassen. Daher verfügen wir für die großen Persönlichkeiten des *kalām* aus dem 9. Jahrhundert leider nur über geringe verlässliche Überlieferungen; ihre Schriften sind nicht erhalten und ihr intellektuelles Vermächtnis wurde – bedingt durch politische, religiöse und soziale Entwicklungen – im Rahmen intellektueller Diskurse in späteren Epochen angepasst und umgeformt. Eine Rekonstruktion der Ideen und Gedanken dieser frühen *kalām*-Vertreter ist jedoch möglich und insofern wertvoll und nützlich, als sie es erlauben, die Gültigkeit bisheriger Überlieferungstheorien und textkritischer Methoden über die frühe islamische Geistesgeschichte zu überprüfen. Solche Rekonstruktionen zeigen zudem auf, wie breit die Palette an anspruchsvollen Konzepten im frühen *kalām* war, eine Palette, die dann den späteren und berühmteren Denkern der klassischen Epoche der islamischen Zivilisation zur Verfügung stand und auf die sie auch zurückgriffen. Zudem ermöglicht das Wissen um diese in Vergessenheit geratenen Konzepte zu verstehen, dass und wie sich das „islamische" Denken entwickelt hat.

Im Folgenden soll die Rekonstruktion solcher älterer Gedanken anhand der menschlichen Gotteserkenntnis aufgezeigt werden, mit der sich die frühen Vertreter des *kalām* beschäftigten. Einerseits wurde diese Frage von den *kalām*-Gelehrten isoliert bzw. unter einem rein theologischen Aspekt betrachtet, andererseits waren deren Überlegungen auch Teil eines systematisch-aufgebauten intellektuellen Kosmos. Den Umfang und die geistesgeschichtlichen Entwicklung dieses Themas, d.h. der menschlichen Gotteserkenntnis, ist sowohl für unser Verständnis epistemologischer Fragestellungen im Zeitalter von Avicenna und als auch darüber hinaus zentral.

Gewisse göttliche Attribute, wie Gottes Allmacht, Gottes Allwissenheit, Gottes Lebendigkeit, usw., können allein mit Hilfe des Verstandes als Attribute Gottes erkannt werden, auch wenn sie nicht explizit in der religiösen Schrift, d.h. dem Koran, genannt werden. Die Ableitung anderer Attribute Gottes, wie sein Gesicht, seine Hand/Hände, sein Thron, usw., gestaltet sich – ohne eine Bezugnahme auf den Koran – in der theologischen Beweisführung als deutlich schwieriger. Die Debatte darüber, wie die göttlichen Attribute erkannt und verstanden werden sollen, entwickelte sich daher zur wichtigsten theologischen Kontroverse der ersten Jahrhunderte des Islam. Dies geschah auch aus dem Grund, da die Frage nach den göttlichen Attributen einen Einfluss auf die Stellung hatte, die der jeweilige *kalām*-Gelehrte zum Koran selbst einnahm, insofern als der Koran als Gottes Wort, und damit als eines seiner Attribute, angesehen wurde. Wie auch immer die Attribute von den *kalām*-Vertretern verstanden wurden, sei es als wahre, in Gott verankerte Entitäten, sei es als ebenso ewige Eigenschaften oder als nominelle Konstrukte: die bloße Behauptung, dass es sie gibt, bedeutete an sich schon eine Aussage über die Gotteserkenntnis. Behauptungen in Bezug auf die Attribute Gottes sind damit Aussagen, denen dann zugestimmt werden kann, wenn das Subjekt (d.h. Gott) und die Prädikate der Behauptungen (d.h. die göttlichen Attribute) jeweils eigene Objekte der Erkenntnis darstellen (arab. Pl. *maʿlūmāt*, Sg. *maʿlūm*). Insofern als die Attribute Gottes Qualitäten (d.h. ‚Akzidenzien', arab. Pl. *aʿrāḍ*, Sg. *ʿaraḍ*) darstellen, sind sie auf jeden Fall Objekte der Gotteserkenntnis. Was aber ist mit Gott? Gilt diese Überlegung auch für ihn?

Im 8. Jahrhundert galt es als eine theologische Binsenweisheit, dass Menschen eine angeborene Fähigkeit zur Gotteserkenntnis besaßen (siehe van Ess, 4.361). Diese grundlegende Behauptung war jedoch dermaßen vage und unklar definiert, dass darüber im Laufe der geistesgeschichtlichen Entwicklung des *kalām* immer wieder diskutiert und gestritten wurde. Die Existenz Gottes anzuerkennen, war als Glaubenssatz für jeden muslimischen Gelehrten und Laien verpflichtend. Die jeweiligen epistemologischen Modalitäten mussten jedoch näher bestimmt werden: Die Gotteserkenntnis (*maʿrifa*) war nicht das Gleiche wie das Wissen (*ʿilm*) über Gott und das Wissen über die Existenz Gottes war nicht das Gleiche wie das Bewusstsein, dass Gott ein Erkenntnisobjekt ist. Wenn die Gotteserkenntnis als notwendiges, a-priori Wissen gilt, dann ist sie jedem Menschen zugänglich, der rational denken kann. Ibn Ṭufayl (gest. 1185) erzählte die bekannte allegorische Geschichte eines gestrandeten Menschen, der alle Wahrheiten und damit auch die Gotteserkenntnis mit Hilfe seines Verstandes (und einiger zufälliger Experimente) ableiten konnte. Die meisten Vertreter des *kalām* würden jedoch behaupten, dass diese angeborene Fähigkeit nicht ausreicht, um Gott zu erkennen: Zur Gotteserkenntnis brauche man auch die Offenbarung, d.h. den Koran. Auch ausführliche juristische Überlegungen basieren auf dieser Behauptung des dem Menschen inhärenten Wissens über Gott: Obwohl diese angeborene Fähigkeit nach Meinung vieler muslimischer Juristen nicht genügt, um dafür ewig von Gott belohnt zu werden, so hatte es doch eine Bezeugung des komplexen islamischen Glaubens zur Folge. Im *kalām* jedoch galt die Fragestellung nach der Gotteserkenntnis, ungeachtet der eschatologischen und juristischen Fragen, als explizit philosophisch: Was bedeutet es, wenn wir Gott als Objekt der Erkenntnis (*maʿlūm*) bezeichnen, und wie unterscheidet sich Gott als Erkenntnisobjekt von anderen Objekten der Erkenntnis?

Scheinbar wurde es als nicht richtig erachtet, Gott als ein gewöhnliches Erkenntnisobjekt anzusehen, genauso wenig wie die Vorstellung, Gott als gewöhnliches Ding zu betrachten, unrichtig erschien.

Einer der großen *kalām*-Gelehrten, al-Naẓẓām (gest. ca. 840), argumentierte, dass Gott „nicht durch einen einzelnen Erkenntnisakt (*ʿilm*), sondern [nur] durch viele nicht voneinander unterscheidbare Erkenntnisakte erkannt werden könne." (al-Ashʿarī 393). Zu der Gotteserkenntnis gehöre folglich die Erkenntnis, „dass Gott Dinge weiß, bevor sie entstehen; dass visuelle Erkenntnisakte nicht auf Gott zutreffen, dass (körperliche) Bewegung nicht auf Gott zutrifft und dass Gott den Geschmack der Melone und der Süßigkeiten erschafft." (al-Ashʿarī 394). Der Geschmack von Melonen mag nicht unmittelbar theologisch relevant erscheinen; doch weist diese Aussage darauf hin, dass das Wissen darüber, dass Gott die Eigenschaften jeder Sache erschafft, ein spezielles Beispiel der Gotteserkenntnis darstellt: Es reicht eben nicht aus, die Attribute Gottes rational zu erkennen oder zu wissen, wie sie mit der Schöpfung im Zusammenhang stehen. Vielmehr muss man, al-Naẓẓām zufolge, jede Einzelhandlung Gottes kennen. Folglich geht mit jeder Gotteserkenntnis letztendlich die Erkenntnis von Gottes Handeln in Bezug auf jede Klasse von geschaffenen Wesen, wenn nicht sogar in Bezug auf jedes einzelne geschaffene Wesen, einher. Lediglich durch den sprachlichen Ausdruck voneinander getrennt, müssen diese Erkenntnisakte dennoch in ihrer Vielzahl und Varianz zur gleichen Zeit anerkannt werden.

Viele Elemente der hier vorgestellten Theorie kommen nur als doxographische, d.h. philosophiegeschichtliche, Häppchen in unseren Quellen vor. Es liegen keine vollständigen Originaltraktate al-Naẓẓāms aus dem 9. Jahrhunderts vor, sondern nur einzelne Sammlungen unterschiedlicher Ideen, wie die oben zitierte Sammlung von al-Ashʿarī. Es sind diese Sammlungen, die auf ihre theologischen und philosophischen Ideen und Schlussfolgerungen zu untersuchen sind.

Anhänger von Aristoteles würden die eben zitierte Theorie al-Naẓẓāms sicherlich als umständlich betrachten. Die Vielzahl winziger Erkenntnisakte würde, selbst wenn man diese Bedingung nicht auf jede einzelne Melone anwendet, sondern es bei einer Beschränkung auf die kollektive Natur der Melonen belässt, eine beinahe unendliche Aufzählung von notwendigen Aussagen zur der oben aufgestellten Behauptung bedeuten, wonach man Gott erkennen könne. Zu solchen Erkenntnisakten würde darüber hinaus gehören, dass man nicht zwischen zusätzlichen Ableitungen (z.B. die, dass Gott nicht bewegt werden kann) und Tatsachen (z.B. die, dass Gott den Geschmack *dieser* einen Melone erzeugt) unterscheidet. Diese Lehre ist jedoch weder mit der Erkenntnislehre des Aristoteles, noch mit der Erkenntnis der Dinge „wie sie in Wirklichkeit sind“ des al-Kindī (gest. 873) vergleichbar. Hätte al-Naẓẓām den Teil mit der Melone weggelassen, wäre seine Lehre vielleicht nie weiter überliefert worden, denn die anderen in seiner Lehre enthaltenen Bedingungen (d.h. die Erkenntnisakte) stellen abstrakte Prinzipien dar, die charakteristisch für jede monotheistische Gottheit sind. Möglicherweise könnten sie sogar als nachweisbare Prinzipien eines funktionierenden (wenn auch radikalen) Monotheismus ausgelegt werden. Wie den meisten seiner *kalām*-Kollegen und -Mitstreitern ging es al-Naẓẓām aber nicht darum, die Erkenntnislehre zu vereinfachen. Vielmehr wollten er (und seine Kollegen) Äußerungen machen, die dem exakten Verständnis zuwiderstanden und zum Nachdenken anregten. Solche Äußerungen, wie diejenige über die Melone, wurden dann im späteren *kalām* insofern verankert, als sie unter der geistesgeschichtlichen Stömung bekannt wurden, die wir heute „Okkasionalismus“ nennen. Der Kern dieser Lehre, welche erst nach al-Ashʿarī (gest. 934) gedeihen sollte, ist jedoch schon in dem oben erwähnten Beispiel al-Naẓẓāms von der Melone enthalten. Dieser Lehre zufolge hat Gott den Geschmack dieser speziellen Melone erzeugt, weil er der einzige Akteur ist, der mittels Kausalität zur Erschaffung von Genese und Wandel fähig ist. Es ist anzumerken, dass es im *kalām* nie einen allgemeinen Konsens hinsichtlich der Themen Kausalität und Macht Gottes gab; der natürliche und vom Menschen erzeugte Wandel hingegen wurde von einigen *kalām*-Vertretern durchdacht und gemeistert. Die hier dargestellte Lehre entwickelte sich später dahingehend, dass Gott für jede Veränderung an jedem einzelnen Atom in jedem Augenblick verantwortlich gemacht wurde.

Die These, dass Gottes Handlungen unzählbar und jenseits jeder Artikulierung sind, wirkte in einem monotheitischen Kontext nicht fehl am Platz bis die aristotelischen/neoplatonischen Innovationen Anwendung fanden. Und es waren letztendlich diese Einflüsse, welche die Lehren und Theorien al-Kindīs sowie der späteren islamischen Philosophen leiten sollten.

Doch stellt sich die Frage, warum ein solches Erkenntnismodell, nämlich die Annahme dass „viele [das heißt, sehr viele] Erkenntnisakte nicht voneinander zu unterscheiden sind“, für das klitzekleine Erkenntnisorgan jedes einzelnen Menschen geeignet sein sollte? Es geht hier nicht darum, dass sich jeder einzelne Mensch dauernd dessen bewusst ist und immer wieder über die Erzeugung jeder in einer Melone existierenden Qualitäten nachdenkt; und noch weniger geht es darum, dass diese Eigenschaft des Wissens, nämlich immer jede Kleinigkeit kennen zu müssen, jegliche Gotteserkenntnis unmöglich macht, was zugleich bedeuten würde, dass alle Menschen, trotz des Versprechens von Seiten Gottes, die Lücken des menschlichen Wissens zu füllen, dazu nicht in der Lage wären. (Vermutlich würde aber genau der letztere Punkt monotheistische Denker ansprechen). Kurioserweise geht die Lösung dieser schwierigen theologischen Position letztlich auf einige offensichtlich aristotelische Wurzeln zurück.

Was schlussendlich von al-Naẓẓām und anderen Denkern angestrebt wurde, war demonstratives Wissen. Nach al-Naẓẓām war jedes Wissen demonstrativ (*dalīl ʿalā*), das Gott zum Objekt hatte (*madlūl*). Natürlich entsprach dies nicht dem demonstrativen Syllogismus des Aristoteles; aber genauso wie der reine Syllogismus des Aristoteles nur insofern nützlich ist, als er eine wahre Schlussfolgerung untermauert, werden die einzelnen Erkenntnisakte, die zur Gotteserkenntnis führen, als – individuelle – wahre Schlussfolgerungen angesehen; allerdings nur auf einer vorläufigen Basis. Es war nicht so, dass die Gotteserkenntnis durch die Reflexion über jeden Erkenntnisakt erreicht werden konnte, sondern, dass jene Erkenntnisakte in ihrem Wesen von dem viel umfassenderen Erkenntnisziel (*maʿlūm*), d.h. von Gott, nicht zu unterscheiden sind. Darüber hinaus wird die Gotteserkenntnis – genauso wie bei Aristoteles – in der Regel durch die Anwendung einer notwendigerweise stattfindenden (*bil-ḍarūra*) Sinneswahrnehmung erreicht. Über diesen Punkt gab es heftige Diskussionen, besonders in Hinblick darauf, welchen Stellenwert dann überliefertes Wissen (*khabar*) hat. Al-Naẓẓāms Haltung in dieser Frage war eine extrem materialistische: Er versicherte, dass wir von vergangenen Ereignissen (nur) aufgrund von Sinneswahrnehmungen wissen, die die Grundlage der Übermittlung der Ereignisse bilden. Also führt Sinneswahrnehmung zu Wissen. Während Aristoteles versuchte, die Erzeugnisse der Sinneswahrnehmung in eine kodierte Formensprache zu übertragen, auf welche dann demonstratives Wissen als ein immaterielles logisches Gerüst aufbaut werden konnte, gingen die *kalām*-Gelehrten einen anderen Weg. Es reichte ihnen zu lehren, dass sowohl jeder einzelne als auch alle einzelnen Erkenntnisakte notwendigerweise gewusst werden. Es gab für sie keine Notwendigkeit, Gott durch einen Syllogismus zu beweisen, wenn der höchste Akt, Gott zu erkennen, schon seit Angeburt in seinen Geschöpfen vorhanden war. Das hier angeprochene Prinzip der „angeborenen Fähigkeit“, heißt *fiṭra*. Obwohl es als eine Art notwendiges oder a-priori-Wissen angesehen werden kann, gehört es nicht zum logischen Bereich, sondern zum theoretischen Spektrum der Melone und ihres einzigartigen Geschmacks.

Literaturverzeichnis

Adamson, Peter und Pormann, Peter E., Hgg. and Übers.: *The Philosophical Works of al-Kindī*. Oxford 2012.

Al-Ashʿarī: *Kitāb Maqālāt al-islāmīyīn*, hg. von Helmut Ritter. Berlin ⁴2005.

van Ess, Josef: *Theologie und Gesellschaft im 2. und 3. Jahrhundert Hidschra: Eine Geschichte des religiösen Denkens im frühen Islam*, 6 Bde. Berlin 1991–1997 (besonders Bd. 4, 361–477).

„Ich bin Du, und Du bist ich"

Die Wege zur Gotteserkenntnis im Sufismus

Monika Winet

Abstract: Das gemeinsame Ziel der Sufis ist die Suche nach der Erkenntnis Gottes und der Einheit mit ihm. Ein zentrales Element ist dabei die mystische Liebe, die (Gottes-)Liebe. Der mystische Pfad zur Gotteserkenntnis ist beschwerlich und beinhaltet verschiedene Praktiken und Übungen, die je nach Meister und Orden unterschiedlich sind. Über verschiedene Stationen sowie Herzens- und Seelenerziehung gelangt der Sufi schlussendlich zur Gotteserkenntnis.

„Ich diene ihm nicht aus Furcht vor der Hölle und nicht in der Sehnsucht nach dem Paradies, sonst wäre ich ja wie ein eigennütziges Taglöhnerweib. Ich diene ihm aus Liebe zu ihm, aus Sehnsucht nach ihm." (Rābiʿa al-ʿAdawiyya, gest. 801).

Der Sufismus (*taṣawwuf*), die islamische Mystik, könnte als „innere Dimension" des Islam bezeichnet werden, da nicht intellektuelles Wissen das letzte Ziel der Sufis ist, sondern existentielle spirituelle Erfahrung. Der Begriff leitet sich nach heutigem Konsens vom arabischen Wort *ṣūf* ‚Wolle' ab, denn das grobe Wollgewand – erstmals im 8. Jahrhundert in Kufa bezeugt – war das besondere Kennzeichen der frühen Asketen. Der Bagdader Mystiker al-Qushayrī (gest. 1073) beschrieb den *taṣawwuf* wie folgt: „Sufismus wird nicht [erworben] durch viel Beten und Fasten, sondern ist die Sicherheit des Herzens und der Großmut der Seele" [ScA, 31] und bei Djunayd (gest. 910) ist zu lesen: „Sufismus besteht nicht aus Praktiken und Wissenschaften, sondern ist Moral" [ScA, 33]. Damit bezieht er sich auf eine alte Formulierung, nach der Sufismus auch rechtes Benehmen und gute Sitten ist. Yaḥyā al-Suhrawardī (gest. 1191) definiert Sufismus mit: „Sein Beginn ist Gott und sein Ende hat kein Ende und keine Grenze" [ScA1, 111].

Der Sufismus ist eine Form des religiösen Erlebens, dessen Ziel die vollkommene Einswerdung des Menschen mit Gott bzw. dem

Seinsgrund/absoluten Sein (*unio mystica*) ist. Durch Versenkung in die Tiefen des eigenen Seins, durch inneres Erleben soll die Trennung zwischen Gottheit und Mensch überwunden werden.

Dieser lange und schwierige Weg zur Erkenntnis Gottes beinhaltet verschiedene Übungen und Praktiken, die je nach Orden und Meister variieren. DEN Sufi gibt es folglich nicht: unter ihnen gibt es große Meister, weltfremde Asketen, Handwerker, Kaufleute, Lehrer, einfache Leute, philosophisch-theologisch gebildete Denker, gottestrunkene Sänger, Dichter oder Prediger; doch eines haben sie alle gemeinsam: die Suche nach der Erkenntnis Gottes. Ihr höchstes Ziel ist hierbei das Aufgehen in Gott, das Entwerden (*fanāʾ*) in ihm, denn gemäß einer alten Definition ist der Sufi jemand, der *nicht* ist.

Für den Sufi – wie für jeden Muslim – ist das im Koran offenbarte Gotteswort, sowie dessen Kenntnis und rituelle Rezitation, Zentrum und Grundlage seines Lebens. Für die Sufis hat jedoch jeder Vers, jedes Wort des Korans einen tieferen Sinn und eine tiefere philosophische Wahrheit, die für ihre Haltung und ihre Praktiken grundlegend ist. Der Koranvers: „Gedenket unablässig Gottes" (Q 33:41) wird so mit der sufischen Praxis des „Gottesgedenkens" (*dhikr*) in Verbindung gebracht. Zudem sind die Berichte über Werke und Taten (*ḥadīth*) des Propheten Muḥammad auch für die Sufis Richtschnur für das richtige Verhalten.

Das sufische Wissen ist jedoch keine durch Studium erreichbare Gelehrsamkeit, denn „nur Gott führt zu Gott" [GrR, 390]. Die Gotteserkenntnis muss aus der Tiefe des Herzens geholt werden, wobei die Selbstbetrachtung der Seele den Weg zu ihr weist:

Erblicke in deinem Herzen die Kenntnis des Propheten
ohne Buch, ohne Lehrer, ohne Unterweiser
(Djalāl al-Dīn Rūmī, gest. 1273, zit. nach I. Goldziher: *Vorlesungen über den Islam.* Darmstadt [2]1963, 172).

Daher ist es nicht verwunderlich, dass islamische Theologen, Juristen und Gelehrte für ihre Weltlichkeit und politischen Aktivitäten von den Sufis kritisiert wurden. Diese würden sich bei der Interpretation des göttlichen Gesetzes zu sehr von dessen äußeren Details leiten lassen, ohne dabei den inneren Sinn zu berücksichtigen, so dass sie zwar die feinsten Unterschiede von Vorschriften kennen, aber nichts von der lebendigen Gottesliebe wissen würden. Der Forderung einer auf rationaler Spekulation gegründeten Erkenntnis Gottes, wie sie meist in der islamischen Theologie (*kalām*) und in der Philosophie betrieben wurde, standen die Sufis daher ablehnend gegenüber. Es ist dem Theologen und Mystiker al-Ghazzālī (gest. 1111) mit seiner Synthese zwischen Theologie und Mystik zu verdanken, dass schlussendlich auch die orthodoxen Theologen die Mystik akzeptierten und eine gemäßigte Sufi-Haltung das Leben vieler Muslime zu beeinflussen begann, so wie sie noch bis heute zu finden ist. Al-Gazzālī konnte aufzeigen, wie der Sufismus im Einklang mit dem islamischen Gesetz und einer theologisch unanfechtbaren Haltung verbunden werden kann.

Die vom Mystiker angestrebte Gotteserkenntnis (*maʿrifa*) steht über jeder anderen Art von Wissen. Sie beinhaltet die Erkenntnis von Gottes/Allahs Sein, von seiner Einzigkeit (*tawḥīd*), seiner Vollkommenheit und seinen anderen Eigenschaften, sie ist (Gott-)Vertrauen (*tawakkul*), Liebe (*maḥabba*), Furcht (*khawf*) und Gedenken (*dhikr*). Die Sufis versuchten in vielfältigen Definitionen den *tawḥīd* (Annerkennen, dass Gott Einer ist) zu erfassen, und dabei auszudrücken, dass *es keinen Gott außer Allah gibt* und dass nur Gott allein Gegenstand der Anbetung sein kann. Aussprüche wie „ich habe niemals etwas gesehen, ohne Gott darin zu sehen" [GrR, 233] zeigen, wie der *muwaḥḥid* (Einheitsbekenner) die alles durchdringende Gegenwart Gottes erfährt, oder wie Djunayd ihn definiert: „Ein Erkenner ist jemand, aus dessen Innerstem Gott spricht, während er schweigt" [GrR, 111].

Mystische Bestrebungen gab es schon seit der Frühzeit des Islam. Mit der Ausdehnung des islamischen Reiches ab dem 7. Jahrhundert entwickelten sich kleine Gruppen von Frommen, *viri religiosi*, eine Art „Proto-Sufis", vor allem im Irak, wo der Prediger al-Ḥasan al-Basrī (gest. 728) asketische Frömmigkeit predigte und praktizierte, um der Verweltlichung entgegenzuwirken. Diese Asketen lehnten alles Weltliche ab und konzentrierten sich auf die Lektüre und Meditation des Korans sowie auf Gebete. Die von ihnen praktizierte Armut (*faqr*) wurde später zu einer Station auf dem mystischen Pfad (davon arab. *faqīr*, pers. *derwīsh* ‚arm'); allerdings ist jemand, der die Armut selbst zum Ziel macht, noch lange kein Sufi, denn die Triebfeder der Askese muss die Gottesliebe sein: es ist die Liebe, die die echte Mystik von der asketischen Haltung trennt. Zu diesen frühen Sufis gehört auch der ehemalige Kaufmann Shaqīq al-Balkhī (gest. 809/810), der die Wichtigkeit des absoluten Gottvertrauens (*tawakkul*) betonte. Damit ist eine innere Haltung, ein unterschütterliches Vertrauen in die göttliche Weisheit gemeint. Sobald alle Gefühle und Gedanken des Mystikers aufrichtig und ausschließlich auf Gott gerichtet sind, kann ihm niemand mehr schaden und so führt *tawakkul* zu vollkommenem Frieden. Al-Balkhī war auch der erste, der über mystische Zustände sprach und sich zudem mit einem „Licht der reinen Gottesliebe" befasste. Damit stand er der weltabgewandten Asketin und Mystikerin Rābiʿa al-ʿAdawiyya von Basra (gest. 801) nahe, die das Element der selbstlosen Liebe in die strenge asketische Frömmigkeit einführte. Rābiʿa verwandelte damit den Sufismus in echte Mystik; ihre Gottesliebe war absolut. „Ich bin eins mit Ihm und ganz und gar sein" [ScA, 67]. Damit drückt sie aus, dass sie aufgehört hat zu existieren und sich selbst entworden ist. Rābiʿa's vollkommene Hingabe an Gott zeigt die folgende bekannte Geschichte:

Man sah sie in den Straßen von Basra, mit einem Eimer in der einen Hand und einer Fackel in der anderen. Gefragt, was das bedeute, antwortete sie: „Ich will Wasser in die Hölle gießen und Feuer ans Paradies legen, damit diese beiden Schleier verschwinden und niemand mehr Gott aus Furcht vor der Hölle oder in Hoffnung aufs Paradies anbete, sondern nur noch um Seiner ewigen Schönheit willen". (ScA1, 21).

So war es diese Liebe um der Liebe willen, die zum Mittelpunkt des Sufismus wurde. Der Prediger Yaḥyā (gest. 871) sagte z.B. in Bezug auf die Gottesliebe: „Ein Senfkorn Liebe ist besser als siebzig Jahre Gottesdienst ohne Liebe" [ScA, 85]. Die Sehnsucht des Mystikers ist nach al-Sulamī (gest. 1021) die Sehnsucht nach Erkenntnis und Liebe zugleich: „Das Herz der Mystiker fliegt zu Gott mit den Flügeln der Erkenntnis und erhebt sich freudig zu ihm mit fortwährender Liebe" [GrR1, 654]. Die verschiedenen Aspekte der mystischen Liebe, sowie mögliche Definitionen und ihre Einteilung in Stufen wurden von unzähligen Dichtern und Mystikern beschrieben:

Sie [die Liebe] bedeutet, dass die Qualitäten des Geliebten an die Stelle der Qualitäten des Liebenden eintreten. (Abū Naṣr al-Sarrādj, gest. 988; ScA, 196).

Liebe zwischen zweien ist nicht korrekt, bis nicht der eine den anderen anredet: O du ich. (Farīd al-Dīn ʿAṭṭār, gest. 1220; ScA, 193).

Das Abenteuer zwischen mir und meinem Geliebten hat kein Ende – Denn was keinen Anfang hat, kann kein Ende haben. (Ḥāfiẓ, gest. 1390; ScA, 196).

Unter der mystischen Liebe ist somit das Einswerden bzw. Einssein zu verstehen. Sie schließt Zweiheit aus und es gibt kein „ich und du" mehr. Damit verbunden ist die Vorstellung von der Einheit Liebender–Geliebter, denn „der Liebende sieht in sich und allen andern den Geliebten" [GrR, 345].

Während in der Frühzeit die Vermittlung von sufischem Wissen in Einzelunterweisungen bzw. die Treffen im Wohnhaus oder Laden des Meisters, oder in der Moschee stattfanden, sind seit dem 10. Jahrhundert Versammlungshäuser bezeugt, die auch als Unterkunft für Ansässige und Durchreisende oder der Armenfürsorge dienten. Diese Konvente standen oft im Besitz eines Scheichs und seiner Familie und wurden *khānqāh*, *zāwiya* (für kleinere Einheiten) sowie *ribāṭ* oder *tekke* (türk.) genannt.

Der mystische Pfad (*ṭarīqa*) kann nur unter der Anleitung eines erfahrenen Meisters (arab. *shaykh*, pers. *pīr*) begangen werden, der den Schüler (*murīd*) durch die verschiedenen Stationen leitet und ihm den Weg zum Ziel zeigt. Der Novize folgt der *ṭarīqa* seines Meisters und die Lehrzeit dauert mehrere Jahre. Dieses persönliche Lehrer-Schüler-Verhältnis ist ein Kennzeichen der islamischen Mystik.

Am Anfang des 12. Jahrhunderts entstanden aus Schülerzirkeln einzelner Meister (*ṭā'if*, pl. *ṭawā'if*) die ersten mystischen Bruderschaften, auch Orden genannt, die sich in ihren Methoden und Übungen jeweils unterschieden und ab dem 13. Jahrhundert eigene Ordenstrachten hatten. Die Bezeichnung *ṭarīqa*, urspr. ‚mystischer Pfad‘, wurde auf die Orden ausgeweitet. Spezielle Frauenorden gab es nicht, aber für Frauen reservierte Konvente. Weibliche Sufis gehörten bestehenden Orden an oder führten ihr eigenes religiöses Leben.

Der Sufi wandert auf dem mystischen Weg (*ṭarīqa*), von seinem Meister durch verschiedene Stationen (*maqām*, Pl. *maqāmāt*) geführt, bis er durch Gottesliebe zu Gotteserkenntnis gelangt. Dabei werden drei Stufen der Erziehung oder „Reinigung“ unterschieden:

sharīʿa: dein ist dein und mein ist mein,
ṭarīqa: dein ist dein und mein ist auch dein,
maʿrifa: es gibt weder mein noch dein.

Das Gesetz (*sharīʿa*) ist die erzieherische Ausgangsstufe und führt auf den Pfad (*ṭarīqa*), dessen Mühen mit dem Endziel, der Erlangung der Erkenntnis (*maʿrifa*) (als *terminus technicus* der Sufis), endet. Der Sufi sucht folglich nicht das Wissen (*ʿilm*), das verstandesmäßig erworben wird, sondern eben (spirituelle) Kenntnis. Es gibt keine einheitliche Reihenfolge und Art der Stationen (*maqamāt*), aber die Hauptschritte sind immer Reue (*tawba*), Armut (*faqr*) und Gottvertrauen (*tawakkul*), die dann zu Zufriedenheit (*riḍā*), und schlussendlich zu den letzten zwei Stationen führen, der Liebe (*maḥabba*) und (Gottes-)Erkenntnis (*maʿrifa*):

Wenn die Erkenntnis Gottes in dir groß geworden und dein Herz davon voll und deine Brust durch die Konzentration auf ihn geöffnet ist und dein Herzensgrund lauter seiner gedenkt und dein Verstand mit ihm verbunden ist, sind deine Spuren verschwunden und deine Konturen getilgt und deine Wissenschaften von Gott erleuchtet. Dann geht dir das Gotteswissen (*ʿilm Allāh*) auf. (al-Djunayd; GrR, 302).

Das letzte Ziel, das mystische Erleben der Einheit mit Gott, wird mit einer ganzen Reihe von Begriffen bezeichnet: neben *maʿrifa* ‚Erkenntnis', auch als *ḥaqīqa* ‚die letzte Wahrheit', *yaqīn* ‚Gewissheit', als Liebe, Trunkenheit und als *tawḥīd*, jedoch nicht im üblichen Sinne als Bekenntnis zur Einheit Gottes, sondern als Einswerden mit Gott. *Fanāʾ* ‚Entwerden' ist der geläufigste Ausdruck für die Endstufe des Mystikers: Das Ich-Sein, die Zweiheit gegenüber dem Göttlichen wird aufgehoben. Oder wie es Djalāl al-Dīn Rūmī (gest. 1273) sagte:

Ich bin nicht Ich, Du bist nicht Du, auch bist Du nicht Ich. Ich bin zugleich Ich und Du, du bist zugleich Du und Ich. Im Verhältnis zu dir […] bin ich in Verwirrung darüber, ob Du Ich oder Ich Du seiest.
(zit. nach Ignaz Goldziher, *Vorlesungen über den Islam*, Darmstadt [2]1963, 154).

Um das Ziel der Gotteserkenntnis zu erlangen, entwickelten sich unter den Sufi-Gruppen besondere Praktiken. Sie widmeten sich intensiv dem Ritualgebet und dem freien Gebet und sie übten lange Perioden des Fastens und Schweigens. Meditation (*tafakkur*) wurde im Zusammenhang mit der Koranlesung und bei den nächtlichen Gebeten geübt. Ein wichtiger Teil der Erziehung war die Beobachtung der Seele (*nafs*) als eigentliche Quelle der mystischen Erkenntnis. Die klassische Sufik entwickelte eine so fein detaillierte Seelenkunde, dass der andalusische Gelehrte Ibn al-Khaṭīb (gest. 1374) die klassische Sufik als „Mystik des ethischen Verhaltens" [MeF, 118] bezeichnete. Die Seelenerkenntnis (*ʿirfān*) steht somit nicht nur im Gegensatz zur Verstandeserkenntnis sondern auch über der Erkenntnis durch das Nachdenken und Meditieren und dem überlieferten Wissen (*ʿilm*).

Eine der wichtigsten Übungen, die den Sufismus auszeichnet, ist der *dhikr*, das ‚Gottesgedenken', denn im ausschließlichen Denken an Gott wird die Gotteserkenntnis verwirklicht. *Dhikr* ist der erste Schritt auf dem Wege der Liebe. Er kann schweigend oder laut vollzogen werden und ist mit Atemkontrolle verbunden. Der Hauptzweck dieser Übung besteht darin, das Ichbewusstsein auszuschalten und durch das Bewusstsein von Gott zu ersetzen; er ist auch ein Mittel, um Ekstase zu erzeugen. Das Wort *Allah* wird so oft wiederholt, bis das gesamte Sein von diesem Namen durchdrungen ist. Daher wurde *dhikr* auch als „Reise durch den Namen Allah" bezeichnet. Er ist ein Gebet, das die verschiedenen Kraftzentren im Körper durchdringt, bis es den ganzen Menschen erfüllt. Wichtig ist auch der *dhikr* der verschiedenen Namen für Gott oder des Glaubensbekenntnisses *lā illāha illā llāh*. Die islamischen Mystiker nannten diese Übung auch das „Polieren des Herzensspiegels" [MeF, 11]. Es war in der Verantwortung des Meisters, für den Schüler die passende *dhikr*-Formel und die Anzahl Wiederholungen zu finden. Die Verwendung eines falschen, der geistigen und seelischen Station des Novizen nicht angepassten Namens konnte zu schweren seelischen, ja körperlichen Schädigungen führen.

Neben dem gemeinsamen Gottesgedenken gehören auch Musikversammlungen (*samāʾ*) zu den gottesdienstlichen sufischen Veranstaltungen. Die sufische Übung des Hörens von Dichtung und Musik, von Gesang und Tanzübungen, um die Liebesgefühle für Gott zu steigern und durch Ekstase eine vertiefte Gotteskenntnis zu gewinnen, wurde allerdings ein Hauptstreitpunkt zwischen den Schulen. Die sufischen Handbücher sind voll mit Diskussionen ob *samāʿ* erlaubt sei oder nicht. Die Schlussfolgerungen sind je nach Mystiker und Orden verschieden. Der aus Zentralasien stammende Orden der Naqshbandiyya (gegr. im 14. Jhd.), der auch aktuell in Deutschland zahlreiche Anhänger hat, verbannt jegliche musikalische und rhythmische Unterhaltung und ihr *dhikr* ist schweigend. Eine andere Haltung nimmt die Mawlawiyya (türk. Mevleviyye) aus Konya mit dem Tanzritual der Mevlevi-Derwische ein. Hier wurde die Musik mit dem Tanz zu einer vollständigen Einheit verschmolzen. Für den Dichter und Mystiker Djalāl al-Dīn Rūmī war *samāʿ* die Nahrung für die Seele. Gemäss ihm ist der tanzende Liebende höher als die Sphären, denn der Ruf zum *samāʿ* kommt vom Himmel. Der Schüler lernte die schwierige Technik des Drehens, wobei das Tanzritual genauestens geregelt ist und in der Regel nach dem Freitagsgebet stattfand. Dutzende Melodien wurden für das Ritual geschrieben. Der Orden der Čīshtiyya (gegr. 1236) ist zwar dem alten asketischen Ideal treu geblieben, gesteht der Musik und Poesie aber eine zentrale Rolle zu, da durch Musik Liebe und Hingabe hervorgerufen und gestärkt wird. Der von diesem Orden abstammende internationale Sufi-Orden Inayat Khans und seines Sohnes Vilayat Khan hat diese Werte schließlich in modernisierter Form nach Europa und Amerika getragen.

Der Sufi begibt sich auf eine lange, endlose Reise zu Gott, um die Trennung zwischen Gott und Mensch zu überwinden. Er ist auf der Suche, aber das Finden ist schlussendlich nicht das Ende sondern erst sein Ausgangspunkt. Sein Weg zur Gotteserkenntnis umfasst auch eine moralische Verwandlung durch Liebe, Güte, Barmherzigkeit, Wahrheit und Treue und damit die Entwicklung hin zu einem „vollkommenen Menschen". Große Mystiker wie al-Ghazzālī und Farīd al-Dīn ʿAṭṭār waren sich einig, dass die so erreichte Gotteserkenntnis kostbarer als alles andere sei und alle anderen Genüsse übertreffe. Das Wissen um Gott sei sogar noch grösser und erhabener als Herrschergewalt auszuüben, denn das wahre Königtum bestehe eben in der Gotteserkenntnis [RiH, 120]. Die Sehnsucht nach einer persönlichen Beziehung zu Gott führt dazu, dass bis heute viele Menschen sufischen Meistern verschiedener Orden folgen, und zwar nicht nur in den islamischen Ländern, sondern auch in Europa, denn wie Abū Bakr al-Shiblī sagte: „Wissen ist Silber, Weisheit Gold, Erkenntnis Juwel" [GrR, 103]. Auch wenn der mystische Weg vom Sufi alles abverlangt: das Glück der Gotteserkenntnis lässt sich mit keinem anderen Glück vergleichen.

Literaturverzeichnis

Andrae, Tor [AnT]: *Islamische Mystik*. Stuttgart ²1980.

Gramlich, Richard [GrR]: *Der eine Gott. Grundzüge der Mystik des islamischen Monotheismus*. Wiesbaden 1998; sowie ders. [GrR1]: *Alte Vorbilder des Sufitums, I: Scheiche des Westens*. Wiesbaden 1995.

Meier, Fritz [MeF]: „Der mystische Weg". In: Bernard Lewis (Hg.): *Die Welt des Islams. Geschichte und Kultur im Zeichen des Propheten*. Braunschweig 1976, 117–128.

Schimmel, Annemarie [ScA]: *Mystische Dimensionen des Islam. Die Geschichte des Sufismus*. Köln 1985; sowie dies. [ScA1]: *Gärten der Erkenntnis. Texte aus der islamischen Mystik*. Düsseldorf 1982.

Ritter, Hellmut [RiH]: *Das Meer der Seele. Mensch, Welt und Gott in den Geschichten des Farīduddīn ʿAṭṭār*. Leiden 1955.

Eschatologie

Ist mit dem Tod alles aus?

Pagane Antworten der römischen Kaiserzeit auf eine zeitlose Frage

Heinz-Günther Nesselrath

Abstract: Der Beitrag skizziert, wie Gedanken, die in Platons Apologie des Sokrates über das, was den Menschen nach dem Tod erwartet, formuliert sind, in der römischen Kaiserzeit aufgegriffen und weiterentwickelt werden: der Gedanke, dass der Mensch nach dem Tod in einen Zustand absoluter Ruhe eintritt, in Lukians Essay Über die Trauer; der Gedanke, dass einen Menschen, der sittlich gut gelebt hat, ein besseres Jenseits erwartet, in Schriften Kaiser Julians.

Ist mit dem Tod alles aus? Irgendwann sieht sich jeder Mensch mit dieser Frage konfrontiert. Schon die nichtchristliche Antike hat auf sie Antworten gegeben, die von bleibendem Wert sind. Im Folgenden sollen einige wenige davon vorgestellt werden.

Vielleicht nicht die früheste, aber eine der eindrucksvollsten ist die Antwort, die der athenische Philosoph Platon in der *Apologie des Sokrates* seinen Lehrer Sokrates vortragen lässt. Sokrates ist soeben in dem Prozess, der ihm im Jahr 399 v. Chr. von der Polis Athen gemacht wurde, weil er angeblich neue Götter einführe und die Jugend verderbe, zum Tode verurteilt worden. In seinem Schlussplädoyer erörtert er die Frage, ob dieser Tod etwas Gutes oder etwas Schlechtes sei, und kommt dabei zu einem bemerkenswerten Ergebnis (40c–41c):

> Wir wollen uns aber auch auf folgende Weise vor Augen führen, dass viel Hoffnung besteht, dass er etwas Gutes ist. Das Totsein ist nämlich eines von zwei Dingen: Entweder ist es so, dass der Tote gar nichts mehr ist und auch keine Wahrnehmung von irgendetwas hat, oder (aber) gemäß dem, was erzählt wird, gibt es dann eine Wandlung und Umsiedlung für die Seele von unserem irdischen Ort zu einem anderen. Und sei es nun, dass es gar keine Wahrnehmung mehr gibt, sondern gleichsam einen Schlaf, wenn jemand eben schläft und auch keinerlei Traum sieht, dann wäre der Tod ein wunderbarer Gewinn – ich nämlich glaube, wenn jemand die Nacht auswählen sollte, in der er so tief schlief,

dass er nicht einmal einen Traum sah, und dann die übrigen Nächte und Tage seines Lebens mit dieser Nacht vergleichen und nach einer solchen Prüfung sagen sollte, wieviele Tage und Nächte er besser und angenehmer gelebt hat als in dieser Nacht, dann glaube ich, dass geschweige denn ein normaler Sterblicher, aber auch der persische Großkönig selbst diese sehr leicht abzählen könnte gegenüber den übrigen Tagen und Nächten – wenn also der Tod etwas derartiges ist, dann nenne ich ihn einen Gewinn. [...] Wenn aber andererseits der Tod gleichsam ein Verreisen von hier an einen anderen Ort ist, und wenn wahr ist, was man erzählt, dass nämlich dort alle Toten sind, was für ein größeres Gut als dieses kann es wohl geben, meine Herren Richter? Wenn man nämlich im Hades ankommt [...] und dort die wahren Richter vorfinden wird, [...] Minos und Rhadamanthys und Aiakos und Triptolemos und all die anderen von den Halbgöttern, die gerecht waren in ihrem Leben, ja wäre das wohl eine schlechte Reise? Oder wiederum auch mit Orpheus zusammenzukommen und Musaios und Hesiod und Homer – wieviel gäbe wohl einer von euch darum? Was mich nämlich angeht, so möchte ich vielfach tot sei, wenn das wahr ist. Für mich wäre ja auch ganz persönlich der Aufenthalt dort wunderbar, wenn ich Palamedes und Aias, dem Sohn Telamons, begegnen könnte, und wenn sonst noch einer von den Alten aufgrund eines ungerechten Urteils gestorben ist, da ich mein Geschick mit dem von jenen vergleichen könnte [...]. Und wieviel, meine Herren Richter, könnte man wohl dafür geben, den zu befragen, der das große Heer gegen Troja geführt hat, oder Odysseus oder Sisyphos, oder noch unzählige andere Männer und Frauen könnte man nennen, mit denen sich zu unterhalten, zu verkehren und sie zu befragen ein unglaubliches Maß an Glück wäre? [...]

Diese geradezu hymnischen Schilderungen, die der Sokrates der platonischen *Apologie* vom Todeszustand gibt (und die Pate gestanden haben für spätere antike „Lobpreisungen des Todes“ wie etwa den pseudoplatonischen Dialog *Axiochos*) skizzieren die beiden grundsätzlichen Alternativen, unter denen auch die weitere Antike den Tod gesehen und den Gedanken an den Tod für sich erträglich zu machen gesucht hat: Entweder ist der Tod nichts als ein langer tiefer und von nichts gestörter Schlaf, oder aber er eröffnet ein weiteres (und nunmehr unendliches) Leben in einer anderen Welt, die sich ein Mann wie Sokrates (der sich keiner Verfehlung in seinem Leben bewusst ist) nur als ein immerwährendes Paradies vorstellen kann. Beide Alternativen sind in der späteren Antike vertreten worden, und für jede sei nun ein Beispiel aus der römischen Kaiserzeit vorgestellt.

Die vom platonischen Sokrates zuerst entwickelte Möglichkeit – dass der Tod nichts anderes ist als ein völlig leidloses Nichtsein – ist unter den späteren antiken philosophischen Richtungen vor allem von den Epikureern und den Kynikern vertreten worden. Für die Gedanken beider dieser Richtungen war der satirische Schriftsteller Lukian von Samosata sehr aufgeschlossen, der im mittleren 2. Jh. n. Chr. (etwa während der Zeit des römischen Kaisers Marc Aurel) ein vielfältiges Oeuvre an Reden, Dialogen und Erzählungen hinterlassen hat. In einem satirischen Vortrag zum Thema *Über die Trauer* formuliert er u.a. einige pointierte und deutlich vom Kynismus geprägte Betrachtungen zu den allgemein verbreiteten Vorstellungen seiner Zeit über ein „Dasein" des Menschen nach dem Tod. Die Kyniker, deren Denk- und Lebensweise im 4. Jh. v. Chr. durch einzelne markante Individuen wie Diogenes von Sinope (den Platon laut Aelian *Varia Historia* XIV 33 als „verrückten Sokrates" bezeichnet haben soll) ins Leben gerufen wurde, vertraten ein völlig auf das Diesseits ausgerichtetes Ideal der Bedürfnislosigkeit und taten metaphysische Vorstellungen schlicht als Hirngespinste ab. Ihre Gedanken wurden von kynisch geprägten Autoren wie Bion vom Borysthenes und Menipp von Gadara verbreitet, und in ihrer Tradition steht auch Lukians Schrift *Über die Trauer*.

Diese Schrift beginnt gleich mit der Bemerkung: „Es ist wahrlich der Mühe wert, sich anzusehen, was die breite Masse bei Trauerfällen tut und sagt, und ebenso das, was die, die die Trauernden angeblich trösten wollen, vorzubringen haben – dabei wissen sie doch überhaupt nicht, wie es nach dem Tod wirklich weitergeht!" Um nun zu zeigen, wie es sicherlich nicht ist, präsentiert Lukian zunächst eine Schilderung des Totenreiches, wie es sich die breite Masse nach den Schilderungen der Mythen und Dichter vorstellt. Das hier gezeichnete Bild enthält eine Reihe ironischer Aperçus: Obwohl es da doch völlig dunkel sein soll, haben die Leute, die von dieser Unterwelt berichten, offenbar alles genau sehen können; der Unterweltsherrscher Pluton heißt so, weil er so ‚reich' an Toten ist (Kap. 2); der Acherusische See, über den man nur mit Charons Fähre kommt, ist so tief und so breit, daß nicht einmal tote (!) Vögel hinüberfliegen können (Kap. 3). Mit der Bemerkung, dass die Toten sich in der Unterwelt von den Grabspenden ernähren und ohne sie offenbar schlimme Entbehrungen leiden müssen, leitet Lukian dann zu einer sarkastischen Betrachtung der Trauerriten über (Kap. 10–15), die erst allgemein beschrieben werden (10: das Fährgeld für Charon – welche Währung gilt da eigentlich?; 11: das Waschen und Herrichten der Leichname – damit sie auch schön adrett zu Kerberos kommen; 12: die Klagen der am Boden zerstörten Trauergäste); danach wird eindringlich geschildert, wie eine Mutter und ein Vater ihren jung gestorbenen Sohn beklagen (13–15), und was ihm jetzt alles abgeht: Er kann sich nicht einmal mehr mit seinen Altersgenossen betrinken (Kap. 13 a.E.)! Es folgt der dramatische Höhepunkt der Schrift: Der Vortragende stellt sich vor, dass just dieser tote Sohn noch einmal für einen Tag ins Leben zurückkehren und seinem Vater eine Standpauke darüber halten würde, wie es nach dem Tod wirklich ist (Kap. 16–19) – nämlich viel besser als je zuvor, weil jetzt alle Begierden und Bedürfnisse verschwunden sind, die den Menschen in seinem irdischen Leben ständig auf Trab hielten.

Der hier zum Ausdruck kommende satirische Spott über die traditionellen Jenseitsvorstellungen der Griechen kommt einer grundsätzlichen Absage an diese gleich, und mit dem Hinweis (hier paradox, aber eben wirkungsvoll aus dem Mund eines Toten selbst), dass Tote von allen Begierden und Bedürfnissen – und damit auch von allen Leiden – befreit sind, sind wir wieder bei der ersten Alternative, die der platonische Sokrates in seiner Apologie darstellt: Auch ein traumlos schlafender Mensch ist ja keinen Begierden und Bedürfnissen unterworfen.

Aber auch die zweite von Sokrates dargelegte Alternative hat in der römischen Kaiserzeit Anhänger (wahrscheinlich sogar mehr als die erste): in den Reihen derjenigen Philosophen, die – namentlich im Gefolge Platons – der Metaphysik mit Vorstellungen zu göttlichen Mächten und transzendenten Räumen anders die Epikureer und Kyniker weiterhin einen großen Stellenwert einräumten. Seit dem 3. Jh. n. Chr. vertritt der nunmehr dominierende Neuplatonismus solche Vorstellungen und sucht sie mit den traditionellen griechischen Götter- und Jenseitsvorstellungen in Einklang zu bringen. Wie dies in einem konkreten Einzelfall geschah, sei im Folgenden an dem letzten bedeutenden nichtchristlichen römischen Kaiser dargestellt, der – obwohl christlich getauft und christlich erzogen – in der Mitte des 4. Jh.s n. Chr. zum alten Götterglauben zurückkehrte und deshalb von seinen christlichen Gegnern den Beinamen „Apostata" erhielt: Julian.

Kaiser Julian – durch den Tod seines Vetters und Rivalen Constantius II. zum alleinigen Herrscher des römischen Reiches geworden – zog am 11. Dezember 361 in Konstantinopel ein und verfolgte nunmehr vor allem zwei Ziele: die Zurückdrängung des Christentums zugunsten der alten Götter und die Beseitigung (oder zumindest Verringerung) der Persergefahr an der Ostgrenze des Reiches. Um vor allem das letzte Ziel besser verfolgen zu können, verlegte er im Sommer 362 seinen Regierungssitz ins syrische Antiochia und brach von hier am 5. März 363 zum Perserfeldzug auf. Nach anfänglichen Erfolgen kam er am 26. Juni bei Maranga am Tigris aufgrund einer bei einem Gefecht erlittenen Verwundung unerwartet (im Alter von etwa 32 Jahren) ums Leben.

Während seiner nur anderthalbjährigen Zeit als Alleinherrscher entfaltete Julian trotz großer zeitlicher Beanspruchung durch die zwei genannten Ziele auch eine erstaunliche literarische Tätigkeit, in der wiederholt seine eigenen Hoffnungen auf ein Weiterleben nach dem Tod zum Ausdruck kommen. In der Schrift *Gegen den Kyniker Herakleios* vom Frühjahr 362 erzählt er unter anderem seinen eigenen Werdegang vom verachteten Nebenspross der konstantinischen Kaiserfamilie zum mit der Rettung des krisengeschüttelten römischen Reiches beauftragten Herrscher und betont dabei vor allem den Beistand mehrerer Götter, den er hierbei erfuhr. Am Ende dieser Erzählung legt Julians Patron Helios ihm noch einmal in klaren Worten dar, was sein Auftrag ist (Kap. 22 p. 233D–234C):

> Wohlan, gehe hin mit guter Hoffnung! Denn wir werden überall mit Dir sein, ich und Athena und Hermes hier und mit uns alle Götter auf dem Olymp [...], solange du uns gegenüber fromm, deinen Freunden gegenüber treu und deinen Untertanen gegenüber menschenfreundlich bist [...] Ziehe nun mit dieser Rüstung ausgestattet durch alles Land und alles Meer und folge unerschütterlich unseren Gesetzen, und niemand [...] möge dich dazu überreden, unsere Anweisungen zu vergessen! [...] Wisse, dass dir dein Fleisch gegeben ist um dieses Dienstes willen; denn aus Respekt vor deinen Vorfahren wollen wir dein väterliches Haus reinigen. Denke also daran, dass du eine unsterbliche und von uns abstammende Seele besitzt und dass du, wenn du uns folgst, (selbst) ein Gott sein wirst und mit uns zusammen unseren Vater sehen wirst.

In ähnlicher Weise bittet Julian im Schlussgebet seines bald danach entstandenen *Hymnos auf die Göttermutter* (Kap. 20 p. 180B–C) für sich selbst um wahre Erkenntnis bezüglich der Götter, um eigene moralische Untadeligkeit in allen Werken, die er in Staats- und Heerführung unternimmt, und schließlich um ein leidloses und ruhmvolles Lebensende, das mit der Hoffnung auf eine Reise zu den Göttern verbunden sein möge. Und diese Hoffnung findet erneuten Ausdruck im Schlusskapitel der um den 25. Dezember 362 geschriebenen Satire *Die römischen Kaiser [Caesares]* (38 p. 336C): Hier wendet sich der Gott Hermes an den Verfasser Julian selbst und sagt ihm: „Dir aber habe ich es gegeben, den Vater Mithras zu erkennen; du aber halte dich an seine Weisungen, und bereite dir selber damit, solange du lebst, ein sicheres Ankertau; und wenn du einmal von hier fortgehen musst, mach dir zusammen mit der guten Hoffnung den Gott zum wohlwollenden Führer." Die „gute Hoffnung", von der in allen drei Schriften die Rede ist, erinnert deutlich an die Hoffnung, mit der der Sokrates der platonischen *Apologie* sich sein Paradies im Jenseits ausmalt.

Wir haben noch zwei Berichte, die darauf hinweisen, dass Julian dieser Hoffnung bis in seine Todesstunde treugeblieben ist. Etwa zwei Jahre nach seinem Tod hat Julians zeitweiliger Weggefährte, der bedeutende Redelehrer Libanios, eine große Grabrede (*Epitaphios*) auf ihn verfasst, in der er Julians letzte Augenblicke folgendermaßen schildert (Kap. 272):

> Als alle um ihn herum in Klagen ausgebrochen waren und nicht einmal die Philosophen sich beherrschen konnten, tadelte er sie, und zwar vor allem mit dem Hinweis, dass sie ihn beweinten, als ob er so gelebt habe, dass er den Tartaros verdiene, während doch (in Wahrheit) das von ihm im Leben Geleistete ihn für die Inseln der Seligen prädestiniere.

Etwa ein Vierteljahrhundert später findet sich eine noch ausführlichere Darstellung von Julians Todesstunde bei dem Geschichtsschreiber Ammianus Marcellinus, der als Offizier bei Julians letztem Feldzug dabeigewesen war (*Res gestae* XXV 3,15–23):

> Als Julian in seinem Zelt lag, redete er zu den ihn Umstehenden, die niedergeschlagen und traurig waren: ‚Es kommt nun, meine Gefährten, die Zeit, aus dem Leben fortzugehen […] Als zuverlässiger Schuldner freue ich mich, es der zurückfordernden Natur zurückzugeben, und bin nicht […] unglücklich und betrübt, da ich ja von der generellen Überzeugung der Philosophen unterrichtet bin, um wieviel glücklicher als der Körper die Seele ist, und ich mir vor Augen führe, dass die Trennung des besseren Zustandes vom schlechteren viel mehr ein Grund zur Freude als zum Schmerz ist. […]' Und als die Anwesenden während seiner Worte weinten, tadelte er sie […] und sagte, es sei kleinmütig, einen Kaiser zu betrauern, der mit dem Himmel und den Sternen wiedervereint sei. Als diese dann schwiegen, diskutierte er selbst noch mit den Philosophen Maximos und Priskos in anspruchsvoller Weise über die höhere Natur der Seelen. Als dann die Wunde in seiner durchbohrten Seite weiter aufklaffte und ein Anschwellen seiner Adern seinen Atem behinderte, schied er – nachdem er noch kaltes Wasser erbeten und getrunken hatte – um Mitternacht recht leicht aus dem Leben.

Die Parallelen, die vor allem dieser zweite Bericht zur Schilderung von Sokrates' letzten Stunden in Platons *Phaidon* herstellt, sind unübersehbar. Damit schließt sich der Kreis: Wie der platonische Sokrates wird auch der sterbende Julian in Hoffnung auf ein besseres Leben nach dem Tod gezeigt. Ob man sich nun dieser Hoffnung anschließen möchte oder doch eher der von Sokrates ebenfalls erwogenen Alternative, den Tod als einen leidlosen Endzustand zu betrachten, den Vorzug geben möchte, alle diese Texte können zumindest dabei helfen, sich der Frage zu stellen, die keinem erspart bleibt: Ist mit dem Tod alles aus?

In der himmlischen ‚Akademie' weiter sitzen und lernen

Jenseitsvorstellungen in rabbinischen Texten

Elisabetta Abate

Abstract: Zahlreich und vielfältig sind die Darstellungen des Leben nach dem Tod, die das rabbinische Judentum über mehrere Jahrhunderte in seinen Schriften zum Ausdruck brachte. In den verschiedenen Sammlungen der klassischen rabbinischen Literatur wiederholt sich ein Thema: Der Zusammenhang zwischen religiösem Lehren und Lernen, und der zukünftigen Welt. In den Beispielen zeigt sich, dass ein Lehrer wichtiger sein kann als ein Vater, weil er Zugang gibt zur wertvolleren Welt nach dem Tod, und dass die Belohnung für das eifrige religiöse Studium in dieser Welt darin besteht, auch in der zukünftigen Welt die Tora und die Tradition weiter lernen zu dürfen.

Das rabbinische Judentum entstand langsam und allmählich in den ersten Jahrhunderten nach der Zerstörung des zweiten Jerusalemer Tempels durch die Römer im Jahre 70 als eine neue Bewegung. Letztere vermochte es das jüdische Leben auch ohne Tempelkult auf einer gleichzeitig intellektuellen, spirituellen, ethischen, gesetzlichen sowie sozialen Ebene zu gestalten, und zwar durch eine Verschmelzung von alten und neuen Vorstellungen, Werten und Verhaltensformen. Über die Spätantike hinaus und bis zum 8. Jahrhundert entwickelte sich diese neue Bewegung im römischen und byzantinischen Palästina sowie im sasanidischen und später islamischen Mesopotamien aufgrund der Bemühungen mehrerer Generationen von Gelehrten, welche die Tora in einem Spannungsfeld zwischen Kontinuität und Innovation als Quelle einer gottgerechten, aus Studium und Praxis bestehenden Lebensform weiter auslegten, anwandten, und vermittelten. Die durch diesen Prozess erschaffene Literatur hat die Fundamente des jüdischen Lebens bis in die Gegenwart gelegt, trotz der historischen Änderungen, die im Laufe von ungefähr zwei Jahrtausenden stattgefunden haben – darunter die jüdische Aufklärung (Hebräisch: *Haskala*), angefangen gegen das Ende des 18. Jahrhunderts, und die Gründung des Staates Israel im Jahr 1948.

Anhand von zahlreichen Textstellen der klassischen rabbinischen Literatur lässt sich das Denken der frühen Rabbinen über das Leben nach dem Tod belegen, obwohl dieses Thema dort weder einheitlich noch systematisch dargestellt ist. Die Meinungen der rabbinischen Gelehrten hierzu sind komplex, die Texte und ihre Begriffe oft nicht eindeutig. Versucht man trotzdem, nach wissenschaftlichen Kriterien eine übergreifende Präsentation der rabbinischen Meinungen zum Leben nach dem Tod zu verfassen, sollte man zwischen zwei Polen unterscheiden. Der erste ist das Jenseits, das an manchen Stellen genauso wie in der hebräischen Bibel bzw. im Alten Testament als Unterwelt für alle Toten dargestellt wird, anderswo jedoch verdoppelt erscheint: Als Strafort für die Frevler, und als Belohnungsort für die Gerechten. Der zweite Pol ist die Heilszeit, eine radikal neue, manchmal als messianische, manchmal als post-messianische Zeit dargestellte Dimension, in der sich Israel nach dem Erscheinen des Messias in der Geschichte befinden wird. Die Idee lässt sich aus dem Hinweis auf „den neuen Himmel und die neue Erde" im Buch Jesaja ableiten (Jes 65,17; 66,22). In der rabbinischen Literatur ist dabei die Gegenüberstellung von dieser Welt (Hebr.: *ha-'olam ha-zeh*) und der zukünftigen Welt (Hebr.: *ha-'olam ha-ba'*) zentral. Aus diesem Grund reichen die Begriffe ‚Eschatologie' und ‚Jenseits' allein nicht aus, die rabbinische Vorstellungswelt zu erfassen und zu beschreiben.

Vor dem oben skizzierten Hintergrund bietet der vorliegende Beitrag eine Erkundungsrunde durch ausgewählte Textstellen der rabbinischen Literatur. Die ideale rabbinische Lebensform und wie diese mit dem Leben nach dem Tod in Verbindung steht, diese Frage wurde als Kriterium für die Textauswahl zugrundegelegt. In den mit diesem Kriterium ausgewählten Textstellen fehlt sowohl das „ewige Leben" als auch die „Wiederauferstehung" als Daseinsform nach dem Tod. Diese beiden Motive existieren aber generell auch in der rabbinischen Literatur.

Quellen

Die erste ausgewählte Textstelle befindet sich in der Mischna, der Sammlung des traditionellen rabbinischen Religionsgesetzes, die im römischen Palästina etwa 200 n. Ch. redigiert wurde und zu den allerwichtigsten historischen Grundquellen des jüdischen Rechtes zählt. Präziser gesagt kommt die Textstelle im Mischnatraktat *Bava Meṣia* (‚Mittlere Pforte'), der das Fundrecht behandelt, vor, und hat als Hauptthema das Verhältnis des Menschen zu Vater und Lehrer bei der Wiederbeschaffung verlorener Gegenstände, sowie bei der Abnahme einer Last (ein vom folgenden Zitat ausgelassener Ausschnitt) und bei der Auslösung aus dem Gefängnis. Die gesetzliche Formulierung dieses Themas wird durch eine religiöse Begründung erweitert. Denn aus dieser Perspektive ist die zukünftige Welt der jetzigen Welt überlegen und die rabbinische Lebensschulung ist Grundlage des Zugangs zu dieser zukünftigen Welt:

> Sein Verlorenes und das Verlorene seines Vaters – sein Verlorenes geht vor. Sein Verlorenes und das Verlorene seines Lehrers – das seine geht vor. Das Verlorene seines Vaters und das Verlorene seines Lehrers – das seines Lehrers geht dem seines Vaters vor, denn sein Vater brachte ihn in diese Welt, aber sein Lehrer, der ihn Weisheit lehrte, brachte ihn zum Leben der kommenden Welt. Wenn aber sein Vater gleichwertig gegenüber sein Lehrer war, so geht das seines Vaters vor. […] Waren sein Vater und sein Lehrer im Gefängnis, so löst er (zuerst) seinen Lehrer aus und danach löst er seinen Vater aus. Wenn aber sein Vater ein Gelehrtenschüler war, löst er seinen Vater aus und danach löst er seinen Lehrer aus. (Mischna, Traktat *Bava Meṣia* 2,11, Übersetzung nach Susanne Plietzsch, 15 f.).

In Sachen Fundrecht – so die Textstelle – hat man Anspruch darauf, sich um den eigenen Vorteil prioritär zu kümmern. Wer genießt aber Priorität, wenn es zu einer Konkurrenz zwischen Vater und Lehrer kommen sollte? Die Antwort dieser impliziten Frage ist unmissverständlich: Der Lehrer muss als erster versorgt werden, es sei denn, der Vater erfüllt eine vergleichbare Funktion, und zwar nicht über das bloße Spenden dieses Lebens, sondern durch die Vorbereitung auf das kommende Leben. Der Hintergrund dieses Gedankengangs ist das Selbstverständnis der frühen Rabbinen als Träger einer übergeordneten Weisheit und Lebensform, die der der jetzigen Welt übergeordneten zukünftigen Welt entspricht. Die rabbinische Affiliation wird also höher als die bloße väterliche Filiation gewertet, obwohl die Vaterrolle in der jüdischen Tradition von unbestreitbarer Bedeutung ist, nicht zuletzt bezüglich der Vermittlung von religiöser Erziehung und teilweise der religiösen Bildung. Es ist sicherlich merkwürdig, dass der Vater alleine als derjenige gekennzeichnet wird, der zum Leben dieser Welt führt, ohne Erwähnung der Mutter. Grund dafür ist die Natur der rabbinischen Lebensschulung als männliche Jüngerschaft. Von Frauen, die eine gewisse Teilhabe am Prozess der Erwerbung und Vermittlung von religiöser Bildung in der rabbinischen Bewegung hatten, sind nur Spuren vorhanden, die zudem historisch sehr schwierig einzuschätzen sind. Eine weitere in unserem Zusammenhang relevante und erhellende Mischnastelle betrachtet auch die Mutter:

Dies sind Dinge, von deren Früchten der Mensch in dieser Welt zehrt, aber das Kapital bleibt ihm in der kommenden Welt: Vater und Mutter ehren, Liebeswerke und Frieden stiften zwischen einem Menschen und seinem Gefährten. Aber das Studium der Tora übertrifft sie alle." (Mischna, Traktat *Pea* 1,1. Übersetzung nach Gregor Buß, 2).

Hier taucht eine wichtige Komponente der Belohnungslehre auf, und zwar die Vorstellung, dass die genannten verdienstvollen Verhaltensformen in Familie und Gesellschaft schon in dieser Welt belohnt werden, aber am meisten in der kommenden Welt Frucht eintragen werden. Dass das Toralernen als überragend dargestellt wird, artikuliert einen zentralen, wenn auch nicht ausschließlichen, Bestandteil der rabbinischen Frömmigkeit.

Letztlich ist es erwähnenswert, dass die Darstellung des Lehrers als Träger und Vermittler einer höheren, wertvolleren Lebensform auch in manchen klassischen griechischen Schriften artikuliert wird, die das gute und edle Leben nach philosophischer Art erwähnen: Laut Plutarch liebte Alexander der Große Aristoteles nicht weniger als den eigenen Vater, weil der Letztere ihm das Leben gegeben hatte, der Erstere hatte ihm aber ein gutes Leben beigebracht (Plutarch, *Leben des Alexander*, 8). Sowohl Diogenes Laertios' Charakterisierung von Aristoteles (Diogenes Laertios, *Leben und Meinungen berühmten Philosophen*, V, 19), als auch Theon von Alexandria' Charakterisierung von Isocrates (*Theon von Alexandria*, 207, 17–20), kommt ein ähnliches Motiv vor, aber die Überlegenheit der Lehrer über die Eltern wird stark betont. Trotz einer gewissen Analogie zu diesen Darstellungen, lenkt sich die rabbinische Aufmerksamkeit auf die Gegenüberstellung den beiden Welten und auf die religiöse, statt philosophische Begründung des Vorrangs des Lehrers.

Die letzte Textstelle in diesem Beitrag ist im Traktat *Pesaḥim* (‚Pesachopfer') des babylonischen Talmuds zu finden, d.h. in der enzyklopädischen Sammlung der rabbinischen Tradition Mesopotamiens („Babylon"), die auch heutzutage eine zentrale Rolle im jüdischen orthodoxen und nicht-orthodoxen religiösen Leben spielt. Die Textstelle beschäftigt sich mit einer prophetischen Vision des letzten Tages aus dem Buch Secharja, die einen sprachlich schwierigen Vers – noch heute Gegenstand wissenschaftlicher Diskussionen – enthält. Drei Auslegungen davon werden vorgeschlagen. Alle fußen auf der Gegenüberstellung zwischen dieser Welt und der zukünftigen Welt, und betonen je einen verschiedenen Teilaspekt davon:

‚An jenem Tage wird es kein Licht geben; gewichtig und schwebend' (Secharja 14,6). Was heißt gewichtig und schwebend? Rabbi Eleazar erklärte: Das ist das Licht, das auf dieser Welt gewichtig ist, in der zukünftigen Welt aber schwebend sein wird. Rabbi Joḥanan erklärte: Das sind die [Gesetze über] Aussatz und Bezeltung, die in dieser Welt gewichtig sind, in der zukünftigen Welt aber schwebend sein werden. Rabbi Jehošua b. Levi erklärte: Das sind die Leute, die in dieser Welt gewichtig sind, in der zukünftigen Welt aber schwebend sein werden. So erkrankte einst Rabbi Joseph, Sohn des Rabbi Jehošua b. Levi, und verfiel in eine Lethargie. Als er zu sich kam, fragte ihn sein Vater, was er gesehen habe, und dieser erwiderte: Ich habe eine verkehrte Welt gesehen; die oberen unten und die unteren oben. Jener entgegnete: Mein Sohn, du hast eine lautere Welt gesehen. Wie sind wir dort? – Wir sind dort, wie wir hier sind. – Was hörtest du da sagen? – Ich hörte sie sagen: Heil dem, der hier mit seinem Studium in der Hand ankommt. (Babylonischer Talmud, Traktat *Pesaḥim* 50a. Übersetzung nach Lazarus Goldschmidt, 455 f.).

Die erste vorgeschlagene Versauslegung enthält anscheinend eine physikalische Darstellung der Natur des Lichtes in den beiden Welten. Es ist aber auch denkbar, dass sie im übertragenen Sinne auf die Tora als Licht hinweist, wie schon die hebräische Bibel bzw. das Alte Testament (vgl. Spr 6,23). Auch zwei rabbinischen Textstellen, welche die erste in diesem Beitrag vorgestellte Mischnaquelle ergänzen, stellen das Licht als Metapher für das Lernen dar (Tosefta, Traktat *Bava Meṣia* 2,30 und Tosefta, Traktat *Horayot* 2,5). Die zweite Versauslegung bezieht sich auf zwei extrem komplizierte Mischnatraktate (Traktat *Negaim*, „Plagen", d.h. „Aussatz" nach Leviticus 13–14, und *Ahilot / Ohalot*, ‚Bezeltungen' / ‚Zelte', wodurch die Unreinheit einer Leiche übertragen wird). Interessanterweise zeigt sie einen konkreten Aspekt des rabbinischen Toralernens, und zwar die Schwierigkeit mancher Bestandteile der Tradition. Diese werden erst in der zukünftigen Welt verständlich (so Goldschmidt). Die dritte und letzte vorgeschlagene Versauslegung stellt die Umlegung des menschlichen Schicksals in der zukünftigen Welt dar. Gemeint sind hier nicht alle Menschen, sondern diejenigen Frevler, die auf dieser Welt Glück genießen, aber in der zukünftigen

Welt gestraft werden. Von besonderer Bedeutung ist in diesem Zusammenhang die erzählende Einheit, die die Versauslegung schließt. Sie erkennt den Rabbinen die Fähigkeit zu, den eigenen Stand auch in der neuen, hier als umgekehrt dargestellten zukünftigen Welt zu behalten. Die Idee, dass die Lehrer-Schüler-Beziehung auch im Jenseits (oder in der zukünftigen Welt) fortdauere, ist auch anhand von anderen Textstellen bekannt (Babylonischer Talmud, Traktat *Ḥagiga* 14b, *Yoma* 87a). Auch eine himmlische ‚Akademie' oder ‚Sitzung' (Hebr.: *yeshiva shel-ma'ala*), wird anderswo im babylonischen Talmud als besonderes Ort im Himmel dargestellt, der dem typischen babylonischen rabbinischen Lernrahmen entspricht (Hebr.: *yeshiva*, Aramäisch *metivta*, wörtlich ‚Sitzung', nur in manchen späteren Talmudstellen ‚Schule' oder ‚Akademie'). Zugang zu diesem Ort haben nicht nur die Mitglieder der rabbinischen Lernkreise, sondern auch ihre finanziellen Unterstützer (Babylonischer Talmud, Traktat *Pesaḥim* 53b). Darin werden, so deuten die Quellen an, die rabbinischen Lehr- und Lerntätigkeiten nach dem Tod weitergeführt. Dies illustriert einen berühmten Grundsatz: die Belohnung für ein in diesem Leben erfülltes Gebot (Hebr.: *miṣwa*) ist die Möglichkeit, auch in der nächsten das selbe Gebot weiter erfüllen zu dürfen. Unsere letzte Textstelle artikuliert also die Hoffnung daran, nach dem Tod ein Leben nach der rabbinischen Lebensform weiter zu führen, in einem rabbinischen Jüngerkreis im Himmel wie auf Erde weiter sitzend, um die Tora weiter zu lernen.

Literaturverzeichnis

Buß, Gregor (Bearbeitung): *Pea = Feldecke* (Die Mischna. Textkritische Ausgabe mit deutscher Übersetzung und Kommentar, Ordnung 1, Traktat 2, hg. von Michael Krupp). Ein Karem-Jerusalem 2008.

Costa, José: *L'au-delà et la résurrection dans la littérature rabbinique ancienne.* Paris 2004.

Goldschmidt, Lazarus: *Der babylonische Talmud, nach der ersten zensurfreien Ausgabe unter Berücksichtigung der neueren Ausgaben und handschriftlichen Materials neu übertragen*, Bd. 2. Berlin 1930.

Plietzsch, Susanne (in Zusammenarbeit mit Katja Nudelman) (Bearbeitung): *Baba Mezia = Mittlere Pforte* (Die Mischna. Textkritische Ausgabe mit deutscher Übersetzung und Kommentar, Ordnung 4, Traktat 2, hg. von Michael Krupp). Ein Karem-Jerusalem 2008.

Stemberger, Günter: *Das klassische Judentum. Kultur und Geschichte der rabbinischen Zeit.* München 2009 (1. vollständig bearbeitete und aktualisierte Auflage).

Ethik für das Wartezimmer

Eschatologie und Bildung bei Paulus

Tor Vegge

Abstract: Paulus schrieb, dass die Welt in kurzer Zeit vergehen und von Gott neu geschaffen würde. Da die Gestalt dieser Welt vergeht, solle man nicht mehr so leben, als ob die Gläubigen für sich oder ihre Nachkommen in dieser Welt noch eine Zukunft sichern müssten. Gleichwohl ist für die Gestaltung der Zwischenzeit noch Bildung notwendig.

Jugendliche können sich eine lange Zukunft vorstellen. Ein Schuljunge etwa erlebt Zeit als lang, wenn er lernen soll. Sie dehnt sich während er am Lernen ist, denn es geschieht mit Mühe, wie schon Aristoteles schrieb (Aristoteles, *Politik* 1339a). Und das Ende des Berufslebens, auf das er sich so vorbereitet, kann er sich nicht wirklich vorstellen.

Zwei Jahrtausende sind vergangen, seit der Jude Saul/Paulus von Tarsos in einem Brief formulierte: „Das sage ich aber, liebe Brüder: Die Zeit ist kurz" (1 Kor 7,29), sowie „Denn das Wesen dieser Welt vergeht" (1 Kor 7,31) (Lutherbibel). Dies schrieb er in einem Brief an Gemeindeglieder in Korinth, einer von Rom neu erbauten und blühenden Stadt. Als er dies schrieb, war Paulus vielleicht etwas mehr als 50 Jahre alt, also ein für die damalige Zeit recht alter Mann. Seine Bemerkung zur Kürze der Zeit bezog Paulus allerdings nicht auf seine verbleibende Lebenszeit, sondern auf die vergehende Welt: Deren Zeit ist kurz.

Paulus hat den Brief nicht für uns geschrieben, aber wenn wir ihn heute lesen, so stellen wir fest: Die Welt war offenbar noch nicht so alt, wie es Paulus sich vorstellte. Es hat länger gedauert, nicht nur einige Jahre, mehr als 60 Generationen sind seither vergangen: Die Zeit ist lang geworden. Währenddessen hat sich das Christentum zu einer weltumfassenden Religion entwickelt, die eine Vielfalt von großen und kleineren Kirchen umfasst. Ausdruck der zunehmenden Etablierung in dieser Welt ist nicht zuletzt die Tatsache, dass das Christentum eine umfassende Bildungstradition entwickelt hat, in der es sowohl jüdische wie griechische Traditionen verarbeitet hat, die später teilweise auch im Islam weiter verarbeitet worden sind. So dürfte sich der Apostel die Zukunft des Christentums wohl kaum vorgestellt haben. Dennoch wird Paulus von großen Teilen der Christenheit als die nach Jesus wichtigste Person für die Anfänge des Christentums angesehen. Er repräsentiert das authentische Christentum. Seine Texte gehörten später zum Kern der christlichen Bildungstradition und bilden die Grundlage für die intellektuelle und ethische Erziehung vieler Generationen von Christinnen und Christen nach ihm.

Allerdings gibt es bei Paulus selbst für diese Entwicklung schon Anhaltspunkte. Denn obgleich der Apostel 1 Kor 7 wie ein Endzeitprophet zu sprechen scheint, so denkt ein solcher in der Regel wohl nicht daran, wie Paulus eine Schule zu gründen, oder eine Lehre für Lernen und Bildung auszuarbeiten; und genauswenig bemüht sich ein solcher wohl um die intellektuelle und ethische Erziehung als langfristiger Prozess, der das (Weiter-)Bestehen einer humanen Gesellschaften sichern soll. Da lohnt näheres Hinsehen.

Das Alter der Welt

Paulus durchquerte in einer kurzen Periode von knapp 10 Jahren ganz Kleinasien und Griechenland. Der Neutestamentler Ernst Käsemann sagte dazu, dass man sich kaum dem Eindruck entziehen kann, „daß hier ein Besessener einem Fiebertraum nachjagt [...]. Paulus selber ist [...] nichts anderes, als der Täufer Johannes von sich behauptet hatte, nämlich der Vorläufer des Weltendes“. Wie passt dazu Paulus der Lehrer, der seine Anhänger ausbildet und schult? Reden wir hier von zwei unvereinbaren Lebenseinstellungen, einer endzeitorientierten und einer bildungsorientierten? Befindet sich Paulus hier in einem Selbstwiderspruch? Wenn wir hier eine Spannung empfinden, so kann dies auf unseren Vorurteilen beruhen. Man sollte aber auch in Rechnung stellen, dass Paulus bereits in seiner Zeit eine komplexe Persönlichkeit war. Das zeigt sich nicht zuletzt in dem skizzierten Spannungsfeld von Eschatologie und Bildung.

Die Welt – wird sie älter? Sowohl im Judentum, als auch im Christentum und im Islam kann die Gestalt der Welt und der Wirklichkeit als eine Geschichte mit einem Ende verstanden werden. Gott hat die Welt nicht nur geschaffen, er hat sie auch *geschrieben*, d.h. er hat eine

Geschichte der Welt verfasst, die auf ein Ende zuläuft. In Bezug darauf, was von der heutigen Literaturwissenschaft als Gattung definiert wird, wäre diese Geschichte allerdings wohl eher der Fantasy-Literatur denn der Geschichtsschreibung zuzuschreiben. Niedergelegt ist dieser Gottes Plan mit der Welt in den heiligen Schriften. Dazu gehören folgende Narrative: Gott schuf die Welt, dann kam das Destruktive in die Welt hinein, Gott reagiert darauf, um die originale Schöpfungsidee zu realisieren, daraus folgen Katastrophen, das Vergehen dieser Welt, und die Schöpfung einer neuen Welt. Auch wenn diese Geschichte in vielem an eine apokalyptische Fantasy-Geschichte erinnert, bleibt doch zu beachten, dass das, was Gott schreibt, auch geschieht. Der Plot (die Handlung) in dieser Geschichte ist, nach jüdischen, christlichen und islamischen Auffassungen, die Wahrheit der Welt.

Bei einigen Autoren heiliger Schriften finden sich sogar Andeutungen, was bei Gott in der vorletzten und in der letzten Episode geschehen soll. Paulus ist einer von diesen Autoren. Er schreibt in 1 Kor 2, von der Weisheit Gottes, die vor aller Zeit in einem Geheimnis verborgen war, das nun Paulus und seiner Generation offenbart wurde (2,7–10). Gott hat das Wesen dieser Welt offenbart, und Paulus weiß, dass die Zeit kurz ist, ja sogar auch, dass das Wesen dieser Welt vergeht. Paulus nutzt das Wort „Schema“, denn er weiß, dass das *Schema* dieser Welt vergeht (1 Kor 7,31). Er interessiert sich dabei aber nicht so sehr für den Ablauf des Endes, sondern er konzentriert sich auf die vorletzte Episode, die Wartezeit vor dem Ende.

Die vorletzte Episode – die Wartezeit

Hinsichtlich der Wartezeit fordert Paulus in 1 Kor 7 seine Leser dazu auf, sich nicht mehr um diejenigen menschlichen Aktivitäten, die auf die Zukunft einer wohlgeordneten, menschlichen Gesellschaft eingerichtet sind, zu kümmern. Problematisch sind in dieser Hinsicht besonders die Ehe und die Familiengründung. Laut Paulus sollte man in der Wartezeit lieber nicht daran denken zu heiraten: „Den Ledigen und Witwen sage ich: Es ist gut für sie, wenn sie bleiben wie ich“ (7,8). Diejenigen die zu diesem Zeitpunkt noch heiraten, werden laut Paulus „in Bedrängnis kommen“. Daher gilt: „es sei gut um der kommenden Not willen, es sei gut für den Menschen, ledig zu sein“ (7,26), denn, so die schon zitierte Begründung „Die Zeit ist kurz“ (7,29) oder wie man auch übersetzen kann: „Die Zeit ist zusammengezogen“. In dieser

„zusammengezogenen“, eingeengten Zeit sollten daher auch die Verheirateten leben als wären sie unverheiratet: „Fortan sollen auch die, die Frauen haben, sein, als hätten sie keine“ (7,29). Und dann fährt er mit weiteren Verhaltensweisen fort: „und die weinen, als weinten sie nicht; und die sich freuen, als freuten sie sich nicht; und die kaufen, als behielten sie es nicht; und die diese Welt gebrauchen, als brauchten sie sie nicht“ (1 Kor 7,29–31).

Es geht also auch um die alltäglichen Erfahrungen und Gefühle, um Kummer und Freude, um Handel, um das Leben in der konkreten Welt. Auch diese Dinge hängen mit der Ehe zusammen und zwar insofern als die Familie das Herzstück der Gesellschaft war. Dies ist aber in der Wartezeit nicht mehr von Bedeutung: „Denn das Wesen dieser Welt vergeht“ (7,31). Von nun an gilt nur eine Sache, nämlich „die Sache des Herrn“: „Wer ledig ist, der sorgt sich um die Sache des Herrn, wie er dem Herrn gefalle; wer aber verheiratet ist, der sorgt sich um die Dinge der Welt, wie er der Frau gefalle, und so ist er geteilten Herzens“ (1 Kor 7,32–33).

Es stellt sich in diesem Zusammenhang die Frage, inwiefern herkömmliche Bildung in dieser Wartezeit noch aktuell ist. Welche Moral ist noch gefragt, wenn sich alle Aufmerksamkeit ganz auf das Kommende konzentriert, um dafür bereit zu sein? Ein solches Zeitempfinden lässt sich vielleicht mit der Situation im Wartezimmer beim Arzt vergleichen: Wenn mein Name aufgerufen wird, muss ich bereit sein. Im Wartezimmer tönt vielleicht eine Radioprogramm über schlechte Lautsprecher, es wird nicht gerne geredet, nicht gegessen, nicht gearbeitet, man ruft nicht Kollegen an, man schläft nicht, man liest möglicherweise in einem Magazin, und wechselt allenfalls einige höfliche Worte mit dem Patienten, der neben einem sitzt.

Aber wie lange kann man wirklich in dem Wartezimmer sitzen, ehe man mit den Gedanken abschweift und an andere Dinge denken muss, an andere Dinge als das bloße Warten? Die Herausforderungen sind vielseitig. Der Körper meldet Hunger, Durst oder andere Bedürfnisse an oder die Mitwartenden reagieren auf Störungen: wenn sich das Warten in die Länge zieht, verbreitet sich eine Unsicherheit: Was passiert? Sollen wir noch warten? Was dürfen wir, oder was müssen wir in der Zwischenzeit tun?

Bildung in der Endzeit

Hier ist eine differenzierte Ethik gefragt, die berücksichtigt, wie die Tugenden realisiert werden können, wenn zugleich auch andere Interessen ins Spiel kommen, etwa im Blick auf die Beziehungen zwischen den Geschlechtern. Darauf deuten Formulierungen hin wie „eine Frau berühren" (7,1); „Unzucht zu vermeiden" (7,2); „sich enthalten" (7,5.9); ferner „es ist besser zu heiraten als zu brennen" (7,9) – wie es wörtlich steht –, und „zu brennen" bedeutet wohl hier von Lust oder Begierde verzehrt zu werden, oder bezwungen zu werden. Dann mag die Ehe die nächstbeste Alternative sein, damit die Leidenschaften kontrolliert werden können.

Auch andere Beziehungen innerhalb der Gruppe können von Leidenschaften bestimmt sein. Indem der Apostel darüber nachdenkt, ist seine Argumentation mit einem etablierten Bildungsdiskurs über die Leidenschaften und die Lust verbunden. Laut Zeno, Stifter der stoischen Schule, gehört etwa zum Weg zur vollendeter Tugend, also zur Bildung, dass man sich von der Lust abwendet. Der Lust mag sonst vielbesungen sein, eine junge Seele aber verdirbt sie (Diogenes Laertios, *Leben und Lehre der Philosophen* VII.8). Und Plutarch, ein jüngerer Zeitgenosse des Paulus, schrieb, dass die Leidenschaft der Seele durch die geübte Vernunft zu zügeln sei (Plutarch, *moralia [de tranquillitate animi]* 465 B). Vergleichbare Aussagen in der frühjüdischen Literatur legen nahe, dass Ähnliches auch von den pharisäischen Lehrern des Paulus gelehrt wurde.

Der Bildung wird hier eine soziale Funktion beigemessen, sie wird Voraussetzung für das menschliche Zusammenleben. Diese von Bildung und Kultur getragene menschliche Gesellschaft wird zwar nach Paulus bald vergehen – dennoch sind diese Bildungselemente für die ‚Wartezeit' nicht ohne Bedeutung, auch wenn idealerweise die gesamte menschliche Bemühung auf eine Sache, nämlich die Sache des Herrn, konzentriert sein sollte.

Auch Hinweise auf eine langfristige Bildung sind in diesem Brief von Paulus an die Gläubigen in Korinth zu finden. Am Anfang des Briefes schreibt er von Weisheit, eine Weisheit für diejenigen, die sich auf einem Weg zur Vollkommenheit befinden (2,6), er schreibt vom Unterricht (4,17), vom Erkennen der göttlichen Weisheit (2,8), vom Fortschritt in der Erkenntnis; dies zeigt, dass Paulus seine Leser als noch „unmündige Kinder" ansieht, denen er bis jetzt Milch zu trinken gegeben hat, und nicht die festere Speise der weiterführenden Bildung (3,1–3). Später schreibt er von dem Reden und Denken wie ein Kind, und dass er selbst Mann geworden ist und das Kindliche verloren hat. Im Brief an die Korinther rezipiert Paulus also herkömmliche Bildungsinhalte, auch wenn die Zeit kurz vor die Katastrophe steht.

Dabei sollte man bei Paulus nicht von einer kommenden Katastrophe sprechen. Katastrophenfurcht ist das Endzeitgefühl unserer Zeit – Paulus erwartete die Rettung (7,16), das Kommen Christi (1 Kor 15,23), wenn die Toten auferstehen und die Gläubigen verwandelt werden (1 Kor 15,52), indem „dieses Sterbliche bekleidet wird mit Unsterblichkeit" (1 Kor 15,54). Moral und Bildung sind hier nötig, um die Gemeinde durch die vorletzte Episode vor dem Ende zu retten.

Wenn das Wesen dieser Welt nicht vergeht

In den Texten des Paulus ist ein starker eschatologischer Grundton auszumachen – das ist sein jüdisches Erbe. Paulus gibt dem aber eine christliche Färbung, sicher von Jesu Lehre inspiriert. Auch wenn er sich im Blick auf das baldige Vergehen der Welt getäuscht hat, ist seine bildungsbezogene Argumentation in der Rede über die kurze Zeit auch heute noch von Interesse. Dazu muss man nicht seinem Ratschlag über Ehe folgen, und auch in Bezug auf die Leidenschaft und das Zusammenleben vertreten Christen heute oft andere Positionen. Das ethische Engagement der Kirchen ist ja mehr darauf gerichtet, dass pessimistische Prognosen für die Welt nicht zutreffen sollen, sie bemühen sich um eine gute Welt für ein humanes Zusammenleben. Trotzdem finden sich auch in unserer Zeit Endzeitvorstellungen und Katastrophenangst. Wenn Paulus auch heute noch interessant wirkt, dann hängt das damit zusammen, dass er solche Erfahrungen mit Rückgriff auf die klassische Bildung reflektiert hat, und dass solche Reflexionen gerade in Notzeiten immer wieder aktuell werden.

Literaturverzeichnis

Gemeinhardt, Peter / Sebastian Günther (Hgg.): *Von Rom nach Bagdad. Bildung und Religion von der römischen Kaiserzeit bis zum klassischen Islam*. Tübingen 2012.

Käsemann, Ernst: „Paulus und der Frühkatholizismus". In: *Zeitschrift für Theologie und Kirche* 60 (1963), 75–89, jetzt in ders.: *Exegetische Versuche und Besinnungen II*. Göttingen 1970, 239–252.

Lindemann, Andreas: *Der erste Korintherbrief* (*Handbuch zum Neuen Testament* 9.1). Tübingen 2000.
Malherbe, Abraham J.: *Moral Exhortation. A Greco-Roman Sourcebook*. Philadelphia 1986.

Angst oder Hoffnung?

Formen und Funktionen eschatologischer Vorstellungen bei Augustin

Therese Fuhrer

Abstract: Augustins *Confessiones* und *De civitate dei* enden mit einem Ausblick auf das ewige Leben im Jenseits. Die Auferstehung des Leibes versteht er als Gegenentwurf zur platonischen Anthropologie, die eine körper*lose* Weiterexistenz der Seele postuliert. Der „sklavischen" Angst vor den Höllenstrafen stellt er die „reine" Angst gegenüber, die sich am göttlichen Recht orientiert und zur Liebe der Gerechtigkeit führt.

Die beiden wohl prominentesten Schriften des Augustinus von Hippo (354–430), die *Confessiones* und *De civitate dei*, schließen beide mit einem Ausblick auf das Ende aller Zeiten. Das dreizehnte Buch der *Confessiones*, in dem Augustin den ersten Schöpfungsbericht der Genesis allegorisch auslegt, eröffnet in den letzten Kapiteln die Perspektive auf den „Frieden der Ruhe, den Frieden des Sabbats, den Frieden ohne Abend" (*confessiones* [*conf.*]13,50). Buch 22 des ‚Gottesstaats' schließt ebenfalls mit einem kurzen Überblick über die Schöpfungstage, die mit sechs Weltaltern gleichgesetzt werden (*de civitate dei* [*civ.*]22,30): Die Geschichte der Menschheit ist mit Christi Geburt im sechsten Zeitabschnitt angelangt; das siebte Weltalter, das durch Christi Wiederkehr, Weltgericht und Weltuntergang eingeleitet wird, folgt gemäß Augustin in unbestimmter Zeit. Mit der apokalyptischen Vision endet die Geschichte der beiden ‚Bürgerschaften', die in den Büchern 11–22 von *De civitate dei* erzählt wird. Alle Menschen werden mit Seele und Leib auferstehen, da beide Komponenten Teil der guten Schöpfung sind (Buch 20). Die Mitglieder der *civitas diaboli* erleiden die Strafe der Verdammten in der Hölle (Buch 21), die Bürger der *civitas dei* erhalten ewiges Leben in der ewigen Sabbatruhe am ‚siebten Tag' (Buch 22).

Die Angst vor der Strafe im Jenseits

Der Oxforder Altphilologe Eric Robertson Dodds hat im Titel der Publikation einer Vortragsreihe aus dem Jahr 1963 die Zeit „von Marc Aurel bis Konstantin", also das ausgehende zweite, das dritte und das beginnende vierte Jahrhundert, als „Zeitalter der Angst" („age of anxiety") bezeichnet (Frankfurt am Main 1992). Gegen diese sogenannte ‚Dodds-Hypothese' lässt sich allerdings einwenden, dass sich in der abendländischen Ereignis- und Mentalitätsgeschichte oder überhaupt in der Weltgeschichte eine lange Reihe von „ages of anxiety" feststellen läßt. Gerade die Zeit des ausgehenden vierten und beginnenden fünften Jahrhunderts ist geprägt von existentiellen Bedrohungen wie dem Einfall der Goten, der Plünderung Roms durch Alarich im Jahr 410 und dem verheerenden Zug der Vandalen durch die römischen Provinzen. In der Literatur dieser Zeit werden Phänomene einer individuellen und kollektiven Verunsicherung und ‚Welt-Angst' auffallend oft thematisiert und auch – so beispielsweise durch Augustin und Orosius – im Rahmen geschichtstheoretischer Konzepte reflektiert. Mit Rekurs auf die jüdisch-christliche (Heils-)Geschichte wird ein Geschichtsbild entworfen, das die Vorstellung eines ‚Zeitalters der Angst' sowohl historisch als auch anthropologisch begründet: Es ist pessimistischer als die bekannten paganen Modelle, da es sogleich nach der Erschaffung der Welt dem Menschen mit dem Sündenfall fortan ein Scheitern gleichsam einschreibt. Nach einem langen linearen Verlauf der irdischen Geschichte steht am Weltende für Juden und Christen das Reich Gottes, das nicht mehr zeitlich, sondern nur noch spirituell fassbar und transzendent ist. Das christliche Geschichtsbild unterscheidet sich insofern vom jüdischen, als noch vor dem Ende der Menschheitsgeschichte die Geburt Christi angesetzt ist; in dieser ‚neuen' Ära kann sich – nach Paulus Eph 4,22 und 24 – der ‚neue Mensch' herausbilden, der in der christlichen Kirche verwurzelt ist. Danach verläuft die Geschichte der Menschheit weiter bis zu seiner Wiederkunft und dem Jüngsten Gericht. Die Vorstellung, dass die letzte Phase der irdischen Geschichte angebrochen sei, ist somit sehr konkret; das nahe Ende gilt als gewiss, in den chiliastischen Konstruktionen wird es sogar genau datiert.

Auch Augustin arbeitet mit und an dem Phänomen ‚Angst'. Insbesondere in den Predigten entwickelt er, gestützt auf Ps 19,10, Röm 8,15 und 1 Joh 4,18, eine Lehre der Angst, die im Mittelalter stark nachgewirkt hat und auf die auch noch Martin Luther oder Søren Kierkegaard in ihren Reflexionen zum Problem der Angstbewältigung rekurrieren. Grundsätzlich unterscheidet Augustin zwischen einer „reinen“ und einer „sklavischen“ Angst (*timor castus* bzw. *servilis*). Erstere wird im Sprachgebrauch der Bibelübersetzungen in der Regel mit ‚Furcht‘ übersetzt, meist in der Junktur ‚Furcht des Herrn‘; der *timor servilis* ist die Angst vor Bestrafung, die den Menschen unfrei macht.

Am Beispiel einer Predigt lässt sich zeigen, wie der geschulte Redner Augustin die Vorstellung einer Strafe im Jenseits einsetzt, um seine Gemeinde zu einer Verhaltensänderung im diesseitigen Leben zu bewegen. In *Sermo* 161, gehalten in der Zeit zwischen 415 und 420 in Hippo, setzt er die beiden Typen von *timor* in der rhetorischen Argumentation ein, um seine Gemeinde von der – offenbar in einer für die Gemeinschaft problematischen Weise – verbreiteten und daher in den Predigten wiederholt gerügten Praxis des Ehebruchs abzubringen. Ehebruch wurde gemäß römischem Recht als Delikt der Frau gegenüber ihrem Ehemann geahndet, der sie und den Ehebrecher töten durfte, es drohten Kerkerhaft oder Kapitalstrafe (§ 4). Doch sei, so Augustin, die Angst vor dieser Strafe auf den Leib und daher falsch ausgerichtet, sie entspricht also einem *timor falsus* (§ 5). Zu fürchten sind vielmehr die ewigen Qualen im Höllenfeuer; denn gemäß mosaischem Recht, dem neunten Gebot des Dekalogs, ist Ehebruch auch ein Verstoß gegen göttliches Recht.

Allerdings ist auch die Furcht vor dem Höllenfeuer „sklavisch“, solange sie eine Angst vor Bestrafung ist (§ 8: *serviliter timere*). Weil sie sich aber am göttlichen Recht orientiert, führt sie die Gläubigen dazu, die Gerechtigkeit zu lieben (§ 8: *amare iustitiam*). Die Liebe leitet ihrerseits dazu an, das Schlechte auch dann nicht mehr tun zu wollen, wenn man nicht mit Strafe zu rechnen hat (§ 8: *caritas id agit, ut nolis facere, etiam si impune possis admittere*), und gemäß 1 Joh 4,18 vertreibt die Liebe auch diese „nützliche“ Furcht schließlich ganz (§ 9: *perfecta caritas foras mittit timorem*). In dem Moment, in dem die Angst vor Strafe zur Liebe der Gerechtigkeit wird, wird der *servilis timor* vom *timor castus*, der Gottesfurcht, abgelöst. Nun verzichtet der Mensch allein aus Liebe zum „Herrn“, der ihn seinerseits liebt, dem er nicht missfallen will, auf das Unrecht-Tun. Die Angst soll daher, so mahnt der Prediger, zur Liebe werden, und er schließt mit einer Definition der Liebe als Leben in ehelicher Treue und jungfräulicher Keuschheit, mithin als moralisch gutes Leben, das von der Angst wegführt.

Der Prediger Augustin funktionalisiert die Angst vor der Strafe, um die Mitglieder seiner Gemeinde zu einer Verhaltensänderung zu motivieren. Mit dieser ‚Angst-Rhetorik' will der christliche Orator auch die auf die Jenseitsstrafe ausgerichtete Angst in eine „reine Angst" (*timor castus*) überführen, die sich allein am göttlichen Recht orientiert, so dass man das Schlechte auch dann nicht mehr tun will, wenn man nicht mit einer Strafe zu rechnen hat.

Als Sprachrohr des „Herrn" muss der Bischof seine Gemeinde ständig wachrütteln, und das bedeutet auch, dass er sie in Angst vor der Hölle und dem ewigen Untergang versetzen muss, um ihr die ‚richtige' Angst beizubringen. Das ‚Erschrecken' wird damit gleichsam zur biblisch legitimierten rhetorischen ‚Aufgabe' (zum *officium praedicatoris*), das homiletische Ziel ist aber der *timor castus*, der zur *caritas* führen soll. Der Prediger treibt das Publikum in die Angst, um die negative in eine positive Emotion zu überführen.

Die Hoffnung auf das ewige Leben – im Auferstehungsleib

„Das Evangelium erschreckt" (*terret evangelium*), sagt Augustin in einer Predigt, die er wohl im Jahr 425 am Jahrestag seiner Bischofsweihe in Hippo gehalten hat (*s.* 339,4). Mit diesem Oxymoron macht er deutlich, dass die ‚frohe Botschaft' des Evangeliums die Menschen auch dazu anleiten will, die Orientierung an säkularen Werten im diesseitigen Leben aufzugeben. Aufgewogen wird das ‚Erschrecken' durch heilsgeschichtliche Versprechen, die Hoffnung auf das ewige Leben im Jenseits und die Naherwartung.

Der grundlegende Unterschied zwischen einer in der Klassischen Rhetorik vorgestellten Kommunikationssituation und einer homiletischen Situation besteht somit darin, dass die christliche Predigt *nicht* darauf abzielt, das Publikum zu einem Positionswechsel innerhalb des säkular verankerten sozialen, politischen oder moralischen Normensystems zu bewegen, das in der sozialen Gruppe, der Gemeinschaft oder dem Staat gültig ist. Vielmehr wird eine Neuorientierung und Ausrichtung an transzendental verankerten Werten und Gesetzen eingefordert. Die Schwierigkeit, mit der nicht allein der Prediger, sondern die christliche Lehre in allen Formen der ‚Verkündigung' dabei konfrontiert ist, besteht darin, dass ihre Glaubensinhalte ‚Auferstehung' und ‚ewiges Leben' spekulativ bleiben müssen, mithin allein Gegenstand von „Glaube, Hoffnung und Liebe" sein können.

In der autobiographischen Erzählung der *Confessiones*, am Ende von Buch 6, lässt der Autor Augustin den Mailänder Rhetorikprofessor ‚Augustinus' über die Definition des „glückseligen Lebens" (*beata vita*) sinnieren: Eigentlich würde er die epikureische Lehre favorisieren, da er sich mit ihrer Lustlehre eine philosophische Legitimation für sein triebgesteuertes Leben verschaffen könnte. Doch sein Glaube an die Unsterblichkeit der Seele und das Gottesgericht erregten in ihm eine Furcht vor dem Tod, die dem Bemühen um das höchste Ziel, den Zustand der vollkommenen Lust in der Ataraxia, hinderlich sei. In einem Gedankenexperiment kombiniert er die epikureische Lustlehre mit der Hypothese der Unsterblichkeit des Menschen und eröffnet sich so die Möglichkeit, ein Leben im Diesseits „in dauerhafter körperlicher Lust" (*in perpetua corporis voluptate*) zu denken (*conf.* 6,26). Augustin lässt diese Denkmöglichkeit jedoch am Faktum der Sterblichkeit des Menschen und an der Prämisse der Unsterblichkeit der Seele scheitern. Damit macht er zum einen sich selbst den Vorwurf, dass er sich allein aus Furcht vor den Jenseitsstrafen nicht ungehemmt den Sinnesgenüssen hingegeben habe. Zum anderen unterstellt er den Epikureern implizit, dass sie mit der Lehre der Vergänglichkeit der Seele nicht, wie sie sagen, die Furcht vor dem Tod und den Jenseitsstrafen bekämpfen, sondern allein ihren Hedonismus erträglich machen wollten. Anders gesagt: Gemäß Augustins Gedankenfolge schließen sich ein lustorientiertes Leben und die Vorstellung eines Weiterlebens nach dem Tod aus; die von Skrupeln unbehelligte „dauerhafte körperliche Lust" ließe sich nur in einem unsterblichen Körper, mithin im ewigen Leben verwirklichen.

Die *Confessiones* enden in Buch 13 mit einer Perspektive, die das einzulösen verspricht, was die epikureische Lehre nicht leisten kann: Im Rahmen seiner allegorischen Exegese des Schöpfungsberichts der Genesis deutet Augustin den siebten Schöpfungstag eschatologisch: als „ewigen Sabbat", als ewige Ruhe und himmlischen Frieden bei Gott und damit als Zielpunkt jedes einzelnen Menschen und der gesamten Menschheit (*conf.* 13,50–53). Die Vorstellung, dass die Menschen nicht nur in ungestörter Ruhe – also gewissermaßen in vollkommener Ataraxie –, sondern auch im wieder auferstandenen Körper, der von allen Anfechtungen durch Schmerz und Begierden befreit ist, ewig leben können, spielt allerdings in den *Confessiones* noch keine Rolle.

Sie ist Thema des zweieinhalb Jahrzehnte später entstandenen letzten Buches von *De civitate dei* (Buch 22). Dieser Text enthält gleichzeitig auch eine Auseinandersetzung mit der platonischen Anthropologie, die zwar ebenfalls ein Weiterleben nach dem Tod, jedoch die Trennung der unsterblichen Seele vom vergänglichen Körper lehrt und mithin eine körper*lose* Weiterexistenz der Seele postuliert. Augustin, der sich einerseits die platonische, also nicht-materialistische Ontologie und Seelenlehre zu eigen macht, andererseits für die christliche Lehre des Mensch gewordenen und im ‚Fleisch' auferstandenen Gottes und der Auferstehung der Menschen mit Seele und Leib eintritt, unternimmt es hier, zwei diametral unterschiedliche Vorstellungen in einem Denksystem zu vereinen.

Die Menschen werden im Jenseits in ewiger Glückseligkeit in ihrem Auferstehungsleib leben, der frei ist von Bedürfnissen und Krankheiten (nach 1 Kor 15,52 f.). Aufgrund einer durch Zahlenverhältnisse strukturierten Ebenmäßigkeit ist dieser Leib schön, und er tut allein das, was der Geist will. Der Wille ist frei, richtet sich jedoch – anders als im adamischen Leib – nicht mehr auf die Sünde, sondern allein auf Frömmigkeit und Gerechtigkeit, da der Leib von den Trieben befreit ist.

Der letzte Teil von *De civitate dei* enthält also eine eschatologische Spekulation über das „Leben" nach dem Tod, in einer unbestimmten Zeit nach der endgültigen Scheidung von Sündern und Heiligen. Augustins Szenario des glückseligen Lebens am Ende aller Zeiten kann auch als Versuch verstanden werden, das platonisch-dualistische Menschenbild zu optimieren: Gemäß der platonisch-christlichen Denktradition geht Augustin weiterhin davon aus, dass der Geist im Leben an den Körper gebunden ist, sich beim Tod von ihm löst, in die supralunare Sphäre aufsteigt und sich danach wieder mit ihm verbinden will. Das Leben des Geistes im irdischen Körper wird als ein Zustand beschrieben, der nach Befreiung verlangt; die irdische Leiblichkeit markiert Schwäche, fördert die Triebhaftigkeit, behindert den Geist in seinem Aufstieg zur höchsten Erkenntnis (nach Weish 9,15). Mit der Annahme der Auferstehung des Leibes wird der Mensch aber nun von der Perspektive befreit, ohne Ende einen Zyklus von Leben, Tod und Rückfall in den Körper durchlaufen zu müssen. Dadurch, dass Augustin seine Vorstellungen in ein zeitenthobenes Jenseitsszenario versetzt, kann er grundsätzliche Probleme der Leib-Seele-Dichotomie aufzeigen und ein Ideal konstruieren, das in der antiken Philosophie so nie diskutiert worden ist: das ewige Lebens des Menschen mit einer unsterblichen und von der irdischen Schwere befreiten Seele in einem vollkommenen und unvergänglichen Körper.

Augustin betont öfter, dass ein auf das Leben im Jenseits projiziertes Ziel sich nicht als Gewissheit, sondern allein als Gegenstand der Hoffnung und des Glaubens definieren lässt. Doch lassen genau „die Gaben, die Gott den guten und schlechten Menschen in ihrem kummervollen Leben zuteilwerden lässt", auf das schließen, „was wir noch nicht erfahren haben und daher auch gar nicht angemessen beschreiben können" (*civ.* 22,21: *de donis eius, quae in hac aerumnosissima vita bonis malisque largitur [...] coniciamus, [...] quantum sit illud, quod nondum experti utique digne eloqui non valemus*).

Literaturverzeichnis

Dietz, Thorsten: *Der Begriff der Furcht bei Luther*. Tübingen 2009.

Fuhrer, Therese: „Der Geist im vollkommenen Körper. Ein Gedankenexperiment in Augustins *De civitate dei* 22". In: Dorothea Frede / Burkhard Reis (Hgg.): *Body and Soul in Ancient Philosophy*. Berlin / New York 2009, 465–491.

Fuhrer, Therese: „Das ‚Zeitalter der Angst' als Konstrukt einer Rhetorik der Verunsicherung – eine Analyse zweier Sequenzen aus Augustins *Sermones ad populum*". In: Ramona Früh / Therese Fuhrer / Marcel Humar / Martin Vöhler (Hgg.): *Irritationen – Rhetorische und poetische Verfahren der Verunsicherung*. Berlin / München / Boston 2015, 61–85.

Müller, Christof: *Geschichtsbewusstsein bei Augustinus. Ontologische, anthropologische und universalgeschichtlich-heilsgeschichtliche Elemente einer augustinischen Geschichtstheorie*. Würzburg 1993.

Schäublin, Christoph: „Zum paganen Umfeld der christlichen Predigt". In: Ekkehard Mühlenberg / Johannes van Oort (Hgg.): *Predigt in der Alten Kirche*. Kampen 1994, 25–49; ders.: *Aus paganer und christlicher Antike. Ausgewählte Aufsätze zur klassischen Philologie (1970–1997)*. Basel 2005, 303–326.

„Bitte gehen Sie rechts!“

Jenseitsreisen in spätantiken Bibelgedichten

Gabriela Ryser

Abstract: Die Vorstellungen des christlichen Jenseits wurden von den heidnischen Darstellungen des Totenreiches beeinflusst. Dies lässt sich anhand der spätantiken Bibeldichter, die im 4. bis 6. Jahrhundert das Leben Jesu in Gedichtform wiedergaben, aufzeigen. Ihr großes Vorbild war die Unterweltsreise des Trojaners Aeneas, die kurz vor Christi Geburt vom lateinischen Dichter Vergil verfasst wurde.

Die Vorstellung eines Lebens nach dem Tod, die Bilder von Himmel und Hölle, dem Paradies und dem feurigen Reich Satans, sind im Christentum weit verbreitet. Dies mag erstaunen, denn in der Bibel lesen wir vom Aufenthaltsort der Toten weit weniger farbige Beschreibungen: so ist zum Beispiel in der Lutherübersetzung im Psalm 88,6 von einer „Grube“, von „Finsternis“ und einer „Tiefe“ die Rede, während in Jesaja (66,24) und in Matthäus (13,42) immerhin von einem „Feuer“ berichtet wird, welches nicht verlöscht, einem Ort mit unsterblichen, nagenden Würmern und „Heulen und Zähneklappen“. Woher aber stammen nun die fantastischen und manchmal auch furchterregenden Szenen, die wir zum Beispiel in mittelalterlichen Darstellungen des Jüngsten Gerichts in Kirchen und Kathedralen sehen können?

Obwohl sie heute beinahe vergessen sind, übten die lateinischen Bibeldichter der Spätantike, die Teile des Alten und Neuen Testaments in Gedichtform nacherzählten, großen Einfluss auf die Kunst im Mittelalter aus. Diese römischen Autoren, die vom 4. bis ins 6. Jahrhundert nach Christi Geburt tätig waren, hatten das Ziel, die biblischen Geschichten in der Art der berühmten heidnischen Heldengedichte zu erzählen. Doch es spielten nicht Achilles, Odysseus oder Herkules die Hauptrolle, sondern christliche Figuren wie Moses und vor allem auch Jesus. Denn gerade Jesus eignete sich hervorragend für die Rolle als Held, nicht zuletzt weil er wie jedes seiner namhaften heidnischen

Vorbilder eine Jenseitsreise unternimmt: Er steigt zu den Toten hinab und kehrt wieder in die Welt der Lebenden zurück.

So ließ zum Beispiel auch der lateinische Dichter Vergil in der *Aeneis* – einem am Ende des 1. Jahrhunderts vor Christi Geburt verfassten Gedicht über die Irrfahrten der Trojaner nach der Zerstörung ihrer Stadt durch die Griechen – seinen Titelheld und Anführer der Trojaner, Aeneas, in die Unterwelt gehen, um mit seinem toten Vater zu sprechen. Aeneas macht sich also zusammen mit seiner ‚Reiseführerin', der Seherin Sibylla, auf den Weg „durch den Schatten, den öden Palast des Dis und sein wesenloses Reich" (6,268–269), nachdem sich die Erde dank eines von den beiden dargebrachten Opfers unter schrecklichem Lärm und heftigem Beben öffnete. „An der Vorhalle, ganz vorn am Schlund des Orcus" (6,273), also des römischen Jenseits, stoßen sie auf die ersten Bewohner: die personifizierten Gestalten Trauer, Sorge, Not und Tod, und andere furchterregende Kreaturen. Von da gelangen die beiden an die Unterweltsflüsse Acheron, Cocytus und den Styx, über den der Fährmann Charon die am Ufer wartenden Toten übersetzt. Auf der anderen Seite treffen Sibylla und Aeneas zuerst auf Cerberus, den dreiköpfigen Wachhund der Unterwelt, bevor sie dann durch verschiedene Regionen wandern, in denen auf unterschiedliche Weise zu Tode Gekommene ihr Dasein fristen: „weinende Seelen von Kindern" (6,427), Selbstmörder und andere. Hier gabelt sich nun der Weg: „[D]er linke […] schickt sie zum verruchten Tartarus" (6,543–544), dem Ort wo die Toten für ihre Vergehen bestraft werden, und zum brennenden Fluss, dem Phlegethon. Aber „der rechte führt zum Palast des Dis", des Herrschers der Unterwelt, und seiner Frau Proserpina; „dies ist der Weg ins Elysium" (6,541–542), Wohnsitz der Seligen, und zum Fluss des Vergessens, Lethe, wo Aeneas seinen Vater findet. Wie stark sich die lateinischen Bibeldichter bei der Beschreibung des christlichen Jenseits an dieser wohlgemerkt heidnischen Darstellung des Totenreiches im berühmten sechsten Buch der *Aeneis* orientierten , soll nun anhand einiger Passagen aus den Werken dreier Autoren aufgezeigt werden.

Gaius Vettius Aquilinus Juvencus lebte in der ersten Hälfte des 4. Jahrhunderts, als sich das Christentum noch als römische Staatsreligion durchsetzen musste. Obwohl ihm als Sohn einer wohlhabenden spanischen Familie auch andere Wege offenstanden, wurde er Presbyter (das heißt, er übte ein Leitungsamt in der frühen Christengemeinde aus) und gilt als Vater der lateinischen Bibeldichtung. In vier Büchern, den *Evangeliorum libri quattuor* („Die vier Bücher der

Evangelien"), die um 330 n. Chr. entstanden, erzählt Juvencus die Evangelien in Gedichtform nach, mit dem Ziel die „Taten Christi" zu beschreiben. So wird auch der Abstieg Jesu zu den Toten, der *descensus ad inferos*, in Buch 4 erzählt. Dabei fällt auf, dass Juvencus zwar, dem Evangelium von Matthäus, seinem Vorbild, alles in allem treu bleibt, doch die einzelnen Vorkommnisse detaillierter ausführt. Aus der dreistündigen Finsternis des Evangeliums wird ein kosmisches Ereignis: Das Tageslicht „entflieht dem Anblick, in pechschwarze Finsternis gekleidet, und die Sonne verbirgt den ängstlichen Tag in Nacht" als Jesus ans Kreuz geschlagen wird (4,687–691). Nach seinem Tod wird die Erde „in ihrer ganzen Masse" erschüttert und „geborstene Felsen werden von ihrer Oberfläche abgesprengt" (4,703–713). Wie Aeneas und Sibylla öffnet Jesus demnach den Eingang zur Unterwelt – mit ähnlichen Begleiterscheinungen –, nämlich dass die Gräber der Vorväter offenstehen und die Toten in die Welt der Lebenden eindringen können. Für eine genauere Darstellung dieser Unterwelt an sich und davon, was Jesus dort eigentlich genau macht, wenden wir uns an die Nachfolger des Juvencus.

Sedulius ist zwar einer der einflussreichsten Dichter der Spätantike, doch wissen wir nur sehr wenig über ihn. Er lebte im 5. Jahrhundert, wahrscheinlich im Süden Galliens, und hatte sich mit Philosophie und Literatur beschäftigt, bevor er zum Christentum konvertierte, Presbyter wurde und sich einer asketischen Gruppierung anschloss. In seinem Gedicht in fünf Büchern, dem *Carmen Paschale* („Ostergedicht"), welches er um 430 n. Chr. vielleicht für den kirchlichen Unterricht schrieb, erzählt Sedulius die Wunder, die im Alten Testament und in den Evangelien berichtet werden. Darunter befindet sich in Buch 5 auch der Abstieg in das Totenreich und die darauf folgende Auferstehung Jesu. Ähnlich wie Juvencus beschäftigt sich Sedulius zuerst ausführlich mit der Dunkelheit, die er als einen Ausdruck des Mitgefühls der Natur interpretiert:

Plötzlich kamen schreckliche Schatten und umfassten den ganzen Himmel und bedeckten den Tag in Schwarz. Die verborgene Sonne, in einen dunklen Mantel gehüllt, versteckte ihre funkelnden Strahlen in einer Wolke und befleckte die betrübte Erde mit ihrer Trauer. (5,232–236)

Wie bei Vergil und Juvencus geht das Öffnen der wortwörtlichen Unterwelt mit Lärm und Erdbeben einher und wird sehr bildhaft beschrieben: „Zerborstene Felsen klafften, nachdem ihre Oberfläche geteilt worden war, und die Körper der heiligen Toten verließen die aufgebrochenen Gräber" (5,266–268). Erschrocken durch die Ereignisse erzitterte die Erde in ihren Fundamenten und man musste befürchten, dass ihr „höchster Gipfel in die Unterwelt fallen und die Masse bezwingen würde, und die Erde ihrem Schöpfer in den Tartarus folgend zugrunde ginge" (5,247–249). Doch Jesus, dem nun der Weg nach unten offenstand, „eilte zu den unbeständigen Schatten", den Toten, „um wieder zurückzubringen, was verloren war, nicht um zu zerstören, was bestand" (5,250–251). Dort tritt er dem Tod entgegen, den Sedulius als Person direkt anspricht und eher wie Dis, den mächtigen römischen Gott der Unterwelt, darstellt:

> Sag nun, schrecklicher Tod, wo ist dein trauriger Sieg, sag, wo ist nun deine Qual? Du bist trotz der Menge an Bösewichten niemals satt und bedrängst alle Leute mit deiner Macht zu Strafen. Doch jetzt, du Übeltäter, kommst du nicht zu Christus, sondern Christus kommt zu dir. (5,276–280)

Ein genaueres Bild dieser Auseinandersetzung zwischen Jesus und dem Tod zeichnet aber erst der nächste Autor.

Blossius Aemilius Dracontius lebte im späten 5. Jahrhundert in Karthago, einer Stadt im heutigen Tunesien. Er war eigentlich ein Anwalt, der wohl in seiner Freizeit Gedichte schrieb, doch nachdem er wegen eines vermeintlichen Verrats im Gefängnis gelandet war, verfasste er sein christliches Werk *De laudibus Dei* („Über das Lob Gottes"). In drei Büchern stellt Dracontius die Zeichen der Gnade Gottes auf Erden dar, und dazu zählen auch die Taten Jesu und natürlich dessen Jenseitsreise, die im zweiten Buch erzählt wird. Auch Dracontius beginnt mit einer detaillierten Beschreibung der Dunkelheit, welche mitten im Tag zurückkam „ohne weder ihre eigenen Regel, noch die himmlischen Gesetze zu beachten" (2,530). Das eigentliche Öffnen der Unterwelt erscheint in diesem Gedicht wenig spektakulär – der Autor lässt uns nur wissen, dass sich die Gräber der Gerechten öffneten und „viele Begrabene in diese Welt zurückkamen" (2,534–535). Dafür wird die Reaktion der Bewohner des Totenreiches auf den göttlichen Besucher umso detaillierter ausgeführt. Die Passage erinnert unweigerlich an Vergil's Aufzählungen des Unterweltspersonals: „Die Peiniger zitterten, die Sünder entkamen ihrer Bestrafung, die gefürchtete Hand der Folterknechte schonte sie unwillig" (2,537–539). Sie alle fürchteten sich vor dem Licht, welches von der Oberfläche der Erde geflohen und Jesus gefolgt war. Tartarus, die personifizierte Unterwelt, übernimmt bei Dracontius sowohl die Rolle von Dis, als auch jene von Charon dem Fährmann in der *Aeneis*, und beschimpft den ungebetenen Gast:

> Der unglückliche Tartarus, der niemals der Schatten überdrüssig wird und sich immer am Sterben erfreut, ist verwirrt und bedauert den Neuzugang demütig, denn dieser Neuzugang wird zukünftigen Schaden bringen. Er seufzt, dass die Seelen, die im Bollwerk der ewigen Kerkern festgehalten werden, zurückgehen und das Licht geniessen werden, und er beweint, dass die Gesetze des Avernus [d.h. der Unterwelt – Anm. d. Verf.] verletzt werden. Unfähig das Licht zu ertragen wünscht er, dass der Herr und König der Himmel zu den Lüften der Oberwelt zurückkehre, damit Christus, das unbezwingbare Licht nicht die ganze Unterwelt bedränge oder auf einmal den schwarzen Geistern die ganze Schar wegnehme, indem er die Seelen durch die Macht seines Vaters an die Oberwelt zurückrufe. (5,541–551).

Die Ähnlichkeiten, die die drei Beschreibungen der Jenseitsreise Jesu mit der Unterweltsfahrt von Aeneas aufweisen, deuten darauf hin, dass die Autoren mit dem Text Vergils vertraut waren. Obwohl sie den Text selten wörtlich zitieren, so benutzen sie doch Erzählmuster und Motive, die uns vom grossen römischen Dichter bekannt sind. Dies versetzte die moderne Forschung anfangs des 20. Jahrhunderts für lange Zeit in Erstaunen, da angenommen wurde, dass die Christen der heidnischen Literatur gegenüber kritisch eingestellt waren und sie – wenn sie die Werke überhaupt lasen – kaum in ihren eigenen Schriften imitieren und somit indirekt loben wollten. Doch muss man bedenken, dass bis in die Spätantike hinein sowohl Heiden als auch Christen die gleichen Schulen besuchten, in denen die grossen ‚Klassiker' der römischen Literatur unterrichtet wurden. Oder in anderen Worten: Heiden und Christen lernten anhand von Vergils *Aeneis* gutes Latein zu schreiben. Warum also sollten die Bibeldichter nicht auf dieses Model zurückgreifen, wenn sie das christliche Jenseits bildlicher und konkreter darstellen wollten, als dies die Vorlage der Evangelien hergibt?

Ein letzter Hinweis, dass genau dies der Fall war und die – heidnische – Schulbildung die literarischen Werke christlicher Autoren wohl stärker beeinflusste als durch die Forschung lange angenommen, soll nun noch aufgeführt werden. Vergil's Aeneas stand in der Unterwelt vor einer Weggabelung: der linke Weg führte in den Tartarus, die Hölle, doch der rechte ins Elysium, das Paradies. Auch Juvencus erwähnt zwei Wege, zwischen denen man wählen muss: „Geht durch die enge Pforte zu den Himmeln, ihr Gerechten. Wie breit und geräumig ist der Weg auf dem linken Pfad, der die steile Reise mit den

Schatten des Todes umgibt und unzählige Scharen betreten ihn leicht! Der lebensspendende Pfad wird durch große Felsen versperrt, und die erhabene Tugend führt nur wenige durch die schroffen Steine" (1,679–684). Bei Sedulius lesen wir folgendes: „Es ist notwendig, dass jeder entweder den rechten oder den linken Weg geht. Doch der rechte Pfad der Tugend ruft nur die offensichtlich Gerechten zu seinen Freuden, zu eurer Schar, Patriarchen. Aber der linke Pfad der Bosheit vollzieht die Strafen und führt zum ruchlosen Tartarus" (2,293–297). Dracontius spielt dann nur noch auf das Motiv der Wege an, erinnert aber trotzdem nicht weniger an Vergil. Er beschreibt Gott kurz und knapp als den, der „den Gerechten das Elysium und den Ungerechten den Tartarus zuteilt" (2,744). Obwohl es im Evangelium von Matthäus eine direkte Vorlage gibt, die vom breiten Pfad ins Verderben und dem schmalen Pfad zum Leben spricht (7,13–14), finden wir bei allen drei Autoren deutliche Anklänge an Vergils rechten und linken Weg. Der in der Schule anhand von heidnischen Texten erlernte literarische Ausdruck nimmt hier ganz offensichtlich nicht nur einen bedeutenden Platz ein; die Entwicklung des Motives von Juvencus bis Dracontius zeigt sogar auf, dass Vergil die biblische Vorlage immer weiter zurückdrängte und sich die christlichen Autoren ungezwungener bei diesem römischen Dichter bedienen konnten.

Falls Sie sich, liebe Leserin und lieber Leser, also jemals auf eine Jenseitsreise begeben sollten und an eine Weggabelung gelangen, dann, bitte, gehen Sie rechts.

Literaturverzeichnis

Gaius Vettius Aquilinus Juvencus: *Evangeliorum libri quattuor*, hg. von Johann Huemer. Wien 1891.

Sedulius: *Opera omnia (ex recensione Johannis Huemer)*, hg. von Victoria Panagl. Wien 2007.

Blossius Aemilius Dracontius: *Oeuvres*, hg. von Claude Moussy, 2 Bde. Paris 1988.

Pfeilschifter, Rene: *Die Spätantike: Der eine Gott und die vielen Herrscher*. München 2014.

Herzog, Reinhart: *Die Bibelepik der lateinischen Spätantike. Formgeschichte einer erbaulichen Gattung*, Bd. 1. München 1975.

Wenn Jesus nach Damaskus kommt

Islamische Vorstellungen zum Ende der Welt

Jens Scheiner

Abstract: Es ist ein fester Bestandteil islamisch-eschatologischer Vorstellungen, dass Jesus, der Sohn Marias, am Ende der Welt erneut auf der Erde erscheinen und auf das weiße Minarett im Osten von Damaskus herniedersteigen wird. Der berühmte Gelehrte Ibn ʿAsākir (gest. 1176) griff diese Vorstellungen auf, um den Vorzug von Damaskus gegenüber anderen Städten herauszustellen. Zudem bediente er sich ausgewählter eschatologischer Motive der jüdisch-christlichen Tradition, um das koranische Jesusbild mit besonderen Eigenschaften Jesu (Körperhaltung, Kleidung und Tränen) zu erweitern.

Schon Karl May hat es gewusst. Im dritten Band seines Orientzyklus, der den Titel *Von Bagdad nach Stambul. Reiseerlebnisse* trägt, beschreibt der Autor die Stadt Damaskus und geht dabei auch auf Jesus ein:

> [...] und in Damask selbst erhebt sich die berühmte Moschee der Ommijaden, auf deren Minareh [Minarett] sich Christus am Tage des Gerichtes niederlassen wird, um zu richten die Lebendigen und die Toten. (1892, 349, 364).

Wenig später führt Karl May weiter aus:

> Die drei Minarehs der Moschee stammen aus verschiedenen Zeiten. [...] Das dritte oder Isa-Minareh hat neben seinem viereckigen Turme noch einen schlanken Turm im türkischen Stile mit Spitzdach und zwei Rundbalkonen für den Mueddin [Muezzin]. Auf dem höheren dieser Balkone wird Christus stehen, wenn er am Ende der Tage die Guten und die Bösen voneinander scheidet.

Der vielgelesene Abenteuerromanautor greift in diesen Passagen die unter sunnitischen Muslimen weitverbreitete Vorstellung auf, wonach Jesus kurz vor dem Ende der Welt auf ein weißes Minarett im Osten von Damaskus herabsteigen wird. Allerdings kleidet May – entsprechend der immer wiederkehrenden Tendenz in seinem gesamten Werk – diese islamische Überlieferung in christliche Worte, indem er in der ersten Textstelle das apostolische Glaubensbekenntnis zitiert und in der zweiten auf Mt 25:31–46 anspielt.

Dieses von Karl May beschriebene Ereignis gehört zu den islamischen Endzeitvorstellungen, von denen im Folgenden diejenigen näher beleuchtet werden, in denen Jesus und die Stadt Damaskus eine besondere Rolle spielen. Solche eschatologischen Überlieferungen finden sich in zahlreichen Werken der arabischen Literatur; an dieser Stelle soll der Fokus jedoch auf den Endzeitvorstellungen des damaszener Gelehrten Ibn ʿAsākir (gest. 1176) liegen, so wie er sie in der Einleitung zu seiner monumentalen *Geschichte der Stadt Damaskus* (*Taʾrīkh Madīnat Dimashq*) überliefert hat. Da Ibn ʿAsākirs Überlieferungen koranische Vorstellungen aufnehmen und verarbeiten, soll zuerst das koranische Jesusbild beschrieben werden.

Jesus, der im kodifizierten Koran meist ʿĪsā oder al-Masīḥ (‚der Gesalbte') genannt wird, findet in 93 Koranversen Erwähnung, so dass sich daraus eine koranische Christologie rekonstruieren lässt. Jesus wird in der Regel zusammen mit Maria genannt, wobei seine Abstammung auf sie und nicht auf seinen Vater zurückgeführt wird (ʿĪsā ibn Maryam; Jesus, der Sohn Marias). Maria wird im Koran als eine von Gott behütete, keusche und reine Frau dargestellt (Q 3:37, 19:20). Ein von Gott gesandter Engel kündigt ihr trotz sexueller Abstinenz die Empfängnis eines Jungen an, den sie in Einsamkeit (und nicht in Bethlehem) an eine Palme gelehnt gebiert (Q 19:19–23). Nachdem Maria zu „ihren Leuten" zurückgekehrt ist, spricht der neugeborene Jesus aus der Wiege und bezeichnet sich als „Diener und Gesandter Gottes" und als „Prophet", dem Gott eine Schrift offenbart hat (Q 19:30), die *al-indjīl* (‚das Evangelium') heißt. Während seines Lebens als Prophet lehrt Jesus dem Koran zufolge den Glauben an Gott, die Einzigheit Gottes und seine Weisheit, sowie die Belohnung nach dem Tod mit dem Paradies bzw. die Strafe durch die Hölle (Q 5:72). Zudem kündigt Jesus nach sich einen Propheten names Aḥmad an (Q 61:6). Jesus, der vom „Geist der Heiligkeit" unterstützt wird, vollführt mit Gottes Erlaubnis Wunder, zum Beispiel die Heilung von Blinden, die Auferweckung von Toten oder die Erschaffung lebendiger Vögel aus Ton (Q 3:49, 5:110). Er schart Schüler um sich, die als „Helfer Gottes" bezeichnet werden (Q 3:52). Dem koranischen Text ist aber auch zu entnehmen, dass seine Lehre Gegner hervorgerufen hat: Einige von diesen, die sogenannten „Söhne Israels" sagen sogar, sie hätten Jesus getötet (Q 4:157). Doch schließt sich daran die Aussage an, derzufolge

Jesus entgegen allem Anschein weder getötet noch gekreuzigt wurde, sondern von Gott „emporgehoben“ wurde (Q 4:157–158). Auch wenn an anderer Stelle Jesu Tod anerkannt wird (Q 19:33, 3:55), ist sich die Forschung darin einig, dass diese „Emporhebung“ nicht als Auferstehung Jesu in christlichem Sinne zu verstehen ist. Auch wendet sich der Koran ganz deutlich gegen Jesu Gottessohnschaft bzw. gegen christlich-trinitarische Vorstellungen (z. B. in Q 4:171) und betont, dass Jesus nur ein Mensch gewesen sei. Jesu Wirken auf Erden endet zwar mit seiner „Emporhebung“, doch wird Jesus – oder der Koran (hier ist der arabische Text mehrdeutig) – später zum Erkennungszeichen der letzten Stunde (Q 43:61); zudem wird Jesus dem Koran zufolge am Tag der Auferstehung gegen diejenigen als Zeuge auftreten, die vor seinem Tod nicht an ihn geglaubt haben (Q 4:159). Somit schildert der Koran nicht nur Aspekte aus Jesu vergangenem Leben, sondern schreibt ihm zugleich eine zukünftige eschatologische Funktion zu.

Auf der Basis dieser Charakteristika schufen die muslimischen Gelehrten späterer Jahrhunderte weitere Jesusbilder, die sich zum Teil deutlich von den soeben beschriebenen koranischen Vorstellungen abhoben. So beschrieben einige von ihnen im Zusammenhang mit mystischen Vorstellungen eine asketische und pilgernde Jesusfigur; andere legten einen besonderen Schwerpunkt auf Jesu Worte (*Agrapha Logia*), die sie zur eigenen besseren Lebensführung heranzogen und an ihre Schüler weitergaben; wieder andere stellten Jesus in die Reihe vorislamischer Propheten und erschufen so einen neuen Kontext und ein sehr lebensnahes Bild von Jesus.

Auch in der sunnitischen Traditions- (oder *Ḥadīth*-) Literatur, deren Hauptaugenmerk auf den Taten und Worten Muḥammads liegt, wurde das Jesusbild des Korans übernommen, gelegentlich jedoch um zusätzliche Motive ergänzt. So lassen sich in der *Ḥadīth*-Literatur fünf thematische Kategorien von Überlieferungen ausmachen:

1. solche, die ein enges Verhältnis zwischen Muḥammad und Jesus ausdrücken
2. solche, welche das Aussehen Jesu beschreiben
3. solche, welche die Verdienste Jesu aufzählen
4. solche, die den christlichen Evangelien ähneln
5. solche, in denen Jesu eschatologische Rolle beschrieben wird.

Diese eschatologischen Überlieferungen bilden den Schwerpunkt der Traditionsliteratur und rekurrieren auf den Koranvers Q 43:61, in welchem Jesus als „Erkennungszeichen der letzten Stunde“ bezeichnet wird. Drei Beispiele dazu, die auch Ibn ʿAsākir gekannt hatte, mögen als Einführung genügen. In der hoch angesehenen Traditionssammlung von al-Bukhārī (gest. 870) heißt es beispielsweise im Kapitel „Über die Propheten":

[...] der Gesandte Gottes sagte: Ich schwöre [...], dass nicht viel fehlt bis [Jesus] der Sohn Marias als gerechter Richter zu euch herabsteigen wird, das Kreuz zerbrechen, die Schweine töten und Krieg erzeugen wird [...]. (Ed. Krehl, Bd. 2, 370; sc. B. 60/Kap. 49)

Der hier erwähnte Krieg bezieht sich auf den Kampf, den Jesus am Ende der Welt gegen seinen endzeitlichen Gegenspieler und Antichrist, *al-dadjdjāl*, gegen die Byzantiner und andere „Feinde Gottes" führen wird. Dazu heißt es in einer anderen Überlieferung, die in der Traditionssammlung von Muslim ibn al-Hadjdjādj (gest. 875) im Kapitel „Über die Versuchungen und die Kennzeichen der letzten Stunde" zu finden ist, und in der anfangs der Kampf gegen die Byzantiner und die Eroberung Konstantinopels durch die Muslime beschrieben wird:

[...] Dann wird Jesus, der Sohn Marias, hinabsteigen und als ihr [der Muslime] Vorbeter fungieren. Wenn der Feind Gottes ihn [auf Erden] sehen wird, wird er dahinschmelzen, wie sich Salz in Wasser auflöst. [...] Aber Gott wird ihn [seinen Feind] durch seine [Jesu] Hand töten und ihnen [den Muslimen] dessen Blut auf seiner [Jesu] Lanze vor Augen führen. (Ed. ʿAbd al-Bāqī, Bd. 4, 9; sc. B. 52/Kap. 9)

In den eschatologischen Überlieferungen wird meist auch der Ort angegeben, an welchem Jesus erscheinen soll: Damaskus. So findet sich etwa folgende Überlieferung in der Traditionssammlung von al-Tirmidhī (gest. 892) im Kapitel „Über die Versuchungen":

Der Gesandte Gottes sagte: [...] Jesus, der Sohn Marias, wird zwischen zwei [gelb] gefärbten Stoffgehängen auf das weiße Minarett [an einem Ort] im Osten von Damaskus herniedersteigen. Seine Hände werden dabei auf den Flügeln zweier Engel liegen. Wenn er seinen Kopf senkt, tropft er, und wenn er seinen Kopf hebt, rinnen von ihm Perlen herab, wie die [anderswo beschriebenen] Perlen. (Ed. Shākir, Bd. 4, 512; sc. B. 34/Kap. 59)

Diese und andere Überlieferungen, die das zweite Erscheinen von Jesus auf Erden am Ende der Zeit zum Inhalt haben, beschreiben folglich wie Jesus – vermutlich aus dem Himmel kommend – im Osten von Damaskus herniedersteigen, wie er als Muslim christliche Symbole zerstören, eine Zeit des Friedens und der Gerechtigkeit einläuten und letztlich dafür sorgen wird, dass beinahe alle Menschen Muslime werden. Diese Zeit tritt jedoch erst ein, nachdem Jesus seinen endzeitlichen Gegenspieler *al-dadjdjāl* und andere Feinde besiegt haben wird. Dann wird Jesus 40 Jahre auf Erden weilen, heiraten, Kinder bekommen, letztlich eines natürlichen Todes sterben und in Medina neben Muḥammad (erstmalig) begraben werden.

Wegen der maßgeblichen Rolle, die Damaskus in diesen eschatologischen Vorstellungen spielt, ist zu erwarten, dass ein religiös-gebildeter damaszener Gelehrter darauf Bezug nimmt. Und in der Tat widmet Ibn ʿAsākir, der Traditionsgelehrte und Direktor einer damaszener Bildungseinrichtung zu prophetischen Traditionen (*Ḥadīth*), Jesus einen Eintrag in seinem biographischen Lexikon *Geschichte der Stadt Damaskus* (Bd. 47, 347–524) und erwähnt ihn zudem in der langen Einleitung zu diesem Werk (Bd. 1, 224–229). In beiden Passagen geht Ibn ʿAsākir dabei auf Jesu Handlungen am Ende der Welt ein. Suleiman Mourad, der den biographischen Eintrag zu Jesus in einer Studie ausführlich untersucht hat, kommt zum Schluss, dass unser damaszener Gelehrte ein historisches und eschatologisches Bild von Jesus schuf, um diesen im Lichte der drohenden Gefahr durch lateinisch-christliche Kreuzfahrer als muslimischen Propheten und finalen Bezwinger der Christen für sich und die Muslime zu vereinnahmen. Zudem habe Ibn ʿAsākir den mit Jesu baldigem Erscheinen verbundenen Vorzug von Damaskus gegenüber anderen Städten herausstreichen wollen.

Was die Einleitung der *Geschichte der Stadt Damaskus* betrifft, so enthält diese zwölf bisher nicht näher untersuchte eschatologische Überlieferungen zu Jesus. Sie sind zusammengefasst im Kapitel „Über die auf Autorität des ‚Herrn des Bassins und der Fürsprache' [Muḥammad] tradierten Überlieferungen, die den Ort [benennen], an welchem Jesus, der Sohn Marias, vor dem Eintreten der [letzten] Stunde herniedersteigen wird". Diesem Titel entsprechend zitiert Ibn ʿAsākir zehn Überlieferungen, in denen Muḥammad Aussagen über den Ort von Jesu Erscheinen macht. Darunter ist eine identische, kurze Überlieferung, die er von sechs verschiedenen Gewährsleuten erhalten hat (Nr. 1, 2, 6, 7, 8, 10) und deren Wiederholung am Anfang, in der Mitte und am Ende dieses Kapitels für den Leser besonders einprägsam ist. Sie lautet:

> Der Gesandte Gottes [Muḥammad] sagte: Jesus, der Sohn Marias, wird auf das weiße Minarett [an einem Ort] im Osten von Damaskus herniedersteigen.

In allen zwölf Überlieferungen führt Ibn ʿAsākir dem Leser vor Augen, dass Jesus in Damaskus erscheinen wird. Wo genau das sein wird, bleibt aber unklar. Sechs der Überlieferungen zufolge liegt der Ort irgendwo im Osten von Damaskus (vermutlich noch im Stadtgebiet), wo sich ein weißes Minarett befindet, so dass es sich wahrscheinlich um eine Moschee handelt. Dass damit, wie Karl May geschrieben hat, das östliche Minarett der Umayyadenmoschee gemeint ist, sagt Ibn ʿAsākir aber nicht. In drei weiteren Überlieferungen (Nr. 5, 11, 12) werden alternative Orte in Damaskus genannt: erstens „die rechte Seite einer weißen Höhle [an einem Ort] im Osten von Damaskus", zweitens „das Minarett am [städtischen] Osttor" und drittens „die weiße Brücke am Osttor von Damaskus". Diese sich teilweise widersprechenden Überlieferungen ergeben somit kein einheitliches Bild des Ortes, an dem Jesus niedersteigen soll.

Doch weiß Ibn ʿAsākir noch mehr über Jesus zu berichten: Jesus wird zwischen zwei gelb gefärbten Stoffgehängen herniedersteigen und von seinem Kopf wird Wasser (oder Perlen) tropfen (Nr. 3, 4, 9). Beide Motive finden sich schon in der 300 Jahre älteren Traditionssammlung von al-Tirmidhī, die weiter oben zitiert wurde.

Ibn ʿAsākir erklärt dann, dass diese drei Traditionen nur Kurzversionen einer langen Überlieferung (Nr. 5) seien, die er im Anschluss daran zitiert und die den Kern seines Jesus-Kapitels darstellt. In dieser Überlieferung berichtet Muḥammad von einer Vision über Jesu Erscheinen bei einer Höhle im Osten von Damaskus, „wobei seine Hände auf den Flügeln zweier Engel liegen werden". In der Überlieferung heißt es dann weiter: „Wenn er seinen Kopf senkt, tropft er; und wenn er seinen Kopf hebt, tropfen Perlen davon herab, wie die Perlen, mit welcher die Gegenwart Gottes einhergeht". Dann wird Jesus der Überlieferung zufolge den *dadjdjāl* „am Tor von Ludd" einholen, der dort – vermutlich durch Jesu Hand – sterben wird. Darauf werden die Ungläubigen „sich ihre Bärte aus- und ihre Häute [vom Leibe] reißen" und die „Christen werden sagen: ‚Dies ist der Dadschdschal, den wir angekündigt haben und dies ist das Ende. Wer aber [Jesus] den Sohn Marias berührt, wird zu den erhabendsten und ranghöchsten Menschen erhöht werden.'"

Danach wendet sich die Überlieferung den beiden Völkern Gog und Magog (zwei wilde Völker) und deren eschatologischen Handlungen zu: Als Gog und Magog erscheinen, offenbart Gott Jesus Folgendes: „Ich habe diejenigen meiner Diener hervortreten lassen, die nur ich töten kann. Deswegen bringe meine [anderen] Diener zum Ṭūr-Berg [auf dem Sinai] in Sicherheit.“ Dann wird geschildert wie Gog und Magog den See Genezareth austrinken, sich ‚dem Haus des Heiligtums‘ [Jerusalem] zuwenden und sagen werden: „Wir haben alle auf Erden getötet. Auf geht's, [nun] werden wir auch alle töten, die im Himmel sind. Sodann werden sie ihre Pfeile in den Himmel schießen, die Gott mit Blut gefärbt zurückkehren lassen wird, was sie [mit den Worten] kommentieren werden: Wir haben [auch] alle, die im Himmel sind, getötet.“ Die Überlieferung endet mit der Zusicherung, dass Jesus mit seinen Anhängern solange in Sicherheit leben wird, „bis der Kopf des Stiers und der Kopf des Kamels mehr Wert sind als 100 Dinar heute [wert seien].“

Ibn ʿAsākir schildert mit Hilfe dieser Motive, die zum Teil der der jüdisch-christlichen apokalyptischen Literatur entlehnt sind, islamische endzeitliche Vorstellungen auf sehr eindrückliche Weise. Zugleich betont er die Rolle, die Jesus und Damaskus dabei spielen. Somit gilt Suleiman Mourads oben referierte theologisch-politische Interpretation nur mit Abstrichen für die Einleitung, da Jesu Sieg über die Christen nur eine sekundäre Rolle spielt. Denn mit der letzten Überlieferung (Nr. 12), die quasi als Zusammenfassung des Kapitels fungiert, legt Ibn ʿAsākir den Schwerpunkt – auch durch die Wiederholung der Informationen – auf den Bezug zu Damaskus und das Aussehen Jesu bei seiner zweiten Ankunft (Körperhaltung, Kleidung, perlenhafte Tränen). So sind es diese Punkte, die dem Leser nach der Lektüre des Kapitels am längstem präsent bleiben und seine Erinnerung an die islamische Vorstellung von Jesu zukünftigem Erscheinen am Ende der Welt prägen werden.

Literaturverzeichnis

Martin Bauschke: „Jesus im Koran und im Islam“. In: Werner Zager (Hg.): *Jesus in den Weltreligionen. Judentum, Christentum, Islam, Buddhismus, Hinduismus*. Neukirchen-Vluyn 2004, 55–86.

Hüseyin İ. Çinar: *Maria und Jesus im Islam. Darstellung anhand des Korans und der islamischen kanonischen Tradition unter Berücksichtigung der islamischen Exegeten*. Wiesbaden 2007.

Oddbjørn Leirvik: *Images of Jesus Christ in Islam. Introduction, Survey of Research, Issues of Dialogue*. Uppsala 1999 (London [2]2010).

Suleiman A. Mourad: „Jesus According to Ibn ʿAsākir“. In: James E. Lindsay (Hg.): *Ibn ʿAsākir and Early Islamic History*. Princeton, NJ 2001, 24–43.

Neal Robinson: *Christ in Islam and Christianity. The Representation of Jesus in the Qurʾān and the Classical Muslim Commentaries*. Basingstoke 1991.

„Die Menschen schlafen; und wenn sie sterben, erwachen sie“

Eschatologische Vorstellungen im Koran

Sebastian Günther

Abstract: Der Beitrag widmet sich prinzipiellen Aussagen im Koran zu den „letzten Dingen“, d.h. den Fragen nach der Endlichkeit des menschlichen Lebens und der diesseitigen Welt sowie der Hoffnung auf Vollendung des Individuums und der gesamten Schöpfung in einer zukünftigen, jenseitigen Welt. Besonders augenfällig sind hierbei die ausdrucksstarken sprachlichen Bilder, die die Offenbarungsschrift der Muslime für diese eschatologischen Vorstellungen verwendet.

Das apokalyptische Ende der diesseitigen Welt, die Endlichkeit des menschlichen Lebens und die körperliche Wiederauferstehung nach dem Tod, das Jüngste Gericht und das ewige Gottesreich in einer zukünftigen, von Gott erst noch zu erschaffenden Welt sind zentrale Themen der koranischen Botschaft. Die Gewissheit dieser „letzten Dinge“ wird an zahlreichen Stellen der Offenbarungsschrift des Islams zum Ausdruck gebracht und bildet daher die Grundlage elementarer Grundsätze des islamischen Glaubens. Diese eschatologischen Aussagen im Koran bestärken Muslime in dem Glauben an den Einen und Einzigen Gott – Allah –, neben dem es keine anderen Götter gibt, wie auch in dem Glauben an Gottes Allmacht. Sie bilden im Weiteren das Fundament für die Doktrin von der Unsterblichkeit der Seele und der Existenz von Paradies und Hölle als reale, physische Welten. Die eschatologischen Visionen im Koran erfüllen somit eine Doppelfunktion: zum einen warnen sie eindringlich vor dem nahenden Ende der Welt und der Vergänglichkeit des menschlichen Lebens; zum anderen vermitteln sie aber auch Freude und die Zuversicht auf einen Neubeginn aller Existenz nach dem Tag des Jüngsten Gerichts sowie die vollkommene menschliche Erfüllung und ein ewiges Leben im Jenseits.

Das Ende der Welt

Seit dem Aufkommen des Islams im 7. Jahrhundert haben die koranischen Vorstellungen zu den „letzten Dingen" intensive Debatten unter Muslimen über die Verantwortlichkeit des Menschen für seine Taten im Diesseits bzw. den Lohn oder die Strafe im Jenseits ausgelöst. Sie haben das Leben von Muslimen auf religiöser, politischer und kultureller Ebene ebenso wie in individueller, gemeinschaftlicher und gesellschaftlicher Hinsicht nachhaltig geprägt. Diese Feststellung gilt sowohl für die (z.T. komplexen) eschatologischen Theorien, die muslimische Gelehrte im Laufe der Jahrhunderte entwickelten, wie auch für entsprechende Vorstellungen, die dem islamischen Volksglauben zuzurechnen sind – ganz gleich ob diese von Sunniten, Schiiten oder Angehörigen anderer muslimischer Glaubensrichtungen vertreten werden. Darüber hinaus bilden die islamischen Auffassungen vom Ende der Welt und des menschlichen Lebens bis heute wichtige Schnittstellen in der gegenseitigen Wahrnehmung von Muslimen und Nichtmuslimen.

Die Letzte Stunde und ihre Vorzeichen

Im Koran fallen der beträchtliche Umfang, die Detailliertheit und die hochpoetische, oft bildhafte Sprache der eschatologischen Aussagen auf. Von den insgesamt 114 Suren (bzw. Kapiteln) im Koran sind nicht weniger als 56 Suren aus der frühen Phase von Muḥammads Prophetentum in Mekka und 11 Suren, die ihm später in Medina geoffenbart wurden, eschatologischen Themen gewidmet. Besonders eindrucksvolle Schilderungen finden sich in dieser Hinsicht in Sure 23, Verse 101–18; 37:35–47 und 60–66; 39:68–75; 69:13–37; 70:1–35 und 76:12–22. Obwohl der Koran keine greifbare Chronologie vom Ablauf des alles entscheidenden *eschaton* (*ἔσχατα*, die „äußersten" oder „letzten" Dinge bzw. Ereignisse) enthält, wird in der islamischen Offenbarungsschrift deutlich, dass die Endzeit mit der vollkommenen Vernichtung allen Lebens und aller Existenz beginnt, d.h., dass alles (wenn auch nur vorübergehend) „dem Untergang geweiht" ist, nur Gottes Antlitz nicht (Q 28:88; 55:26–7). Dem folgt dann eine zweite und letzte Schöpfung im Jenseits (Q 29:20).

Die koranischen Warnungen vor der Endzeit verwenden vor allem den Begriff „der Stunde" (*al-sāʿa*). Andere Bezeichnungen sind

„überwältigende [Stunde der Katastrophe und Bestrafung]" (*ghāshiya*, z.B. Q 12:107), „die eintretende [Stunde des Schreckens]" (*al-wāqiʿa*, Q 56:1), „die unzweifelhafte" oder „unvermeidliche Realität [der letzten Stunde]" (*al-ḥāqqa*, Q 69:1–3) sowie „[die Stunde] des vernichtenden [Trompetenstoßes]" (*al-qāriʿa*, Q 101:1). Eine eindrucksvolle Beschreibung der Vorzeichen und Ereignisse der Stunde (*ashrāṭ al-sāʿa*) findet sich in der in Mekka geoffenbarten Sure 81, die den Titel „Das Einhüllen [in Dunkelheit]" (*al-takwīr*) trägt. Hier werden die Menschen gewarnt:

> [1]Wenn [dereinst] die Sonne [von Dunkelheit] eingehüllt wird, [2]und die Sterne ihren Glanz verlieren, [3]wenn die Berge sich von der Stelle bewegen, [...] [6]und die Meere überlaufen, [7]wenn die Seelen [wieder mit ihren Leibern] gepaart; [...] [10]und die Blätter [mit den Verzeichnissen der menschlichen Handlungen] ausgebreitet werden, [11]wenn der Himmel weggezogen wird, [12]der Höllenbrand [in Erwartung der Sünder] angefacht, [13]und das Paradies [an die Gottesfürchtigen] nahe herangebracht: [14]dann bekommt ein jeder zu wissen, was er hat [an Taten zur Abrechnung] beigebracht.

Im Koran heißt es, dass Gott den Zeitpunkt für das Eintreffen dieser „Stunde" (bzw. des Weltuntergangs) bereits festgelegt und „sie nur für eine bestimmte Frist" aufgeschoben hat (Q 11:104). Sicher ist, dass die Stunde schon „nahegerückt" ist (Q 54:1). Tatsächlich sind „die Voraussetzungen für ihr Eintreffen bereits gegeben" (Q 47:18). Der genaue Zeitpunkt „der Stunde" allerdings ist der Menschheit nicht bekannt. Sie kann in naher oder ferner Zukunft eintreten. Nur Gott allein weiß, wann „die Stunde" bzw. „der Tag [des Gerichts]" eintreten wird (Q 41:47; 43:85; 72:25–6).

Anzeichen der Endzeit

Die Endzeitszenarien, wie sie der Koran vermittelt, werden in der gelehrten muslimischen Literatur in vielfältiger Weise aufgegriffen und weiterentwickelt. In der Ḥadīth-Literatur zum Beispiel, d.h. den Texten mit Berichten und Geschichten über das vorbildhafte Leben und Verhalten des Propheten Muḥammad, wird der Prophet des Islams u.a. mit den Worten zitiert: „Die Stunde und ich wurden gesandt wie diese beiden, wobei er seinen Zeige- und seinen Mittefinger eng aneinander legte" (Ibn Ḥanbal, *Musnad*, Bd. 3, Beirut 1969, 124). Muḥammad wird daher auch als der „Sendbote der Endzeit" verstanden, wobei mit dem Beginn seines Prophetentums das unaufhaltsame Zubewegen der

Welt auf die Apokalypse und den Tag des Jüngsten Gerichts bereits begonnen habe.

Obwohl der Koran keine ausdrücklichen Hinweise auf historische Ereignisse enthält, die den Anfang vom Ende der Welt anzeigen würden, heißt es hier doch, dass „die Stunde" der Endzeit ganz plötzlich eintreten wird (Q 7:187). Ein Erdbeben werde die Welt auf das Stärkste erschüttern: „Jede stillende [Frau wird in ihrer Bestürzung] vergessen, auf ihren Säugling zu achten, und jede, die schwanger ist, [vorzeitig] zur Welt bringen, was sie [als Frucht ihres Leibes in sich] trägt. Und man könnte die Menschen für betrunken halten, ohne dass sie es sind" (Q 22:2). Andere koranische Aussagen prophezeien, dass Gog und Magog, zwei wilde Völker, die Alexander der Große („der Zweigehörnte") hinter einem eiserneren Schutzwall eingeschlossen hat, diesen schließlich durchbrechen und „von jedem Hügel her eilen" werden (Q 18: 93–99; 21:96; siehe auch in der Bibel, Ez 38–39). Es heißt auch, dass Gott „eine ungestüme Kreatur (*ḍabba*) aus der Erde hervorkommen" lassen werde, da die Menschen kein Vertrauen in Seine Zeichen hatten (Q 27:82; siehe auch Parallelen in den Büchern des Alten Testaments, z. B. Jesaja und Jeremia sowie den Büchern der Zwölfprophetenbuches; wie auch im Neuen Testament, z. B. Offb 13:13–16); und dass Gott vom Himmel her eine Rauchwolke herabsenden wird (Q 44:10). Schließlich werde Jesus als „ein Erkennungszeichen der Stunde [des Gerichts]" erscheinen (Q 43:61).

Das Auftreten des Antichristen (*dadjdjāl*) und dessen Vernichtung durch Jesus als Zeichen für den anbrechenden Weltuntergang werden im Koran nicht erwähnt. Diese Ideen sind in der Ḥadīth-Literatur enthalten ebenso wie die oft zitierte eschatologische Auffassung, dass in der Morgendämmerung des Jüngsten Tages die Sonne im Westen aufgeht.

Das Jenseits

Das Weltenende

Die Vielfalt der Bezeichnungen für das Weltenende und das Jüngste Gericht veranschaulicht sowohl die prinzipielle Bedeutung als auch das vielfältige thematische Spektrum, welches die Offenbarungsschrift des Islams mit diesen Geschehnissen assoziiert. Der Koran verwendet dafür solche Begriffe wie der „Tag der Auferstehung," „Tag des Heraustretens [der Toten aus den Gräbern]," „der letzte Tag," „ein gewaltiger Tag," „ein großer Tag," „ein allumfassender Tag," „ein stürmischer Tag," „ein schmerzhafter Tag," „ein vernichtender Tag," der „Tag des Gerichts," „ein Tag, an dem es weder Handel noch Freundschaft gibt," ein „Tag des [schmerzlichen] Bedauerns," ein „finsterer unheimlicher Tag, ein „schwer [zu ertragender] Tag," der „Tag der Versammlung," der „Tag der Abrechnung," der „Tag der Entscheidung," und der „[schlimme] Tag für die Heidenvölker bzw. -parteien," aber auch „der Tag, [an dem die Gläubigen gegenüber den Ungläubigen] im Vorteil sind," der „Tag des Ewigen [Lebens]" und der „Tag des Sieges".

Der Trompetenstoß

Die Auferstehung der Toten und das göttliche Gericht werden durch ein Signal aus der himmlischen Trompete angekündigt. „Wenn dann ein einziges Mal in die Trompete geblasen wird und die Erde und die Berge hochgehoben und auf einmal [zerstoßen und] zu Staub gemacht werden, an jenem Tag bricht die Katastrophe [des Gerichts] herein" (Q 69:13–15). An diesem Tag werden „die Menschen wie [versengte] Motten sein, die verstreut [am Boden] liegen, und die Berge wie zerzauste Wolle" (Q 101:4–5). Die wilden Tiere werden alle an einem Ort versammelt werden und die Meere überkochen (Q 81:5–6). Und „die Berge, von denen du meinst, dass sie unbeweglich seien, [werden] sich von der Stelle bewegen, wie Wolken das tun" (Q 27:88). Gott wird sie zu „Staub" zermahlen und „nichts von ihnen übriglassen als eine kahle Fläche" (Q 20:105–106). „Sonne und Mond werden zusammengebracht werden." Der Himmel wird sich spalten und rot sein „wie ein [frisch abgezogenes] Fell" (Q 55:37). Er wird wie „geschmolzenes Metall" sein (Q 70:8), heftig hin und her schwanken (Q 52:9) und sich schließlich öffnen (Q 78:19), auf dass „die Engel [zur Einleitung des Jüngsten Gerichts in Scharen zu Erde] herabgesandt werden" (Q 25:25).

Die Auferstehung

Im markanten Unterschied zum vorislamischen Arabien, wo der Glaube an *ein Leben* und *einen Tod* vorherrschte, vermittelt der Koran die Vorstellung, dass diejenigen, die „zu Knochen und Staub" wurden, in einem erneuten göttlichen Schöpfungsakt zu neuem Leben erweckt werden (Q 17:49). Damit verbunden ist die Zuversicht, dass der Tod nicht das Ende, sondern ein neuer Anfang ist: Gott bewirkt, dass die Menschen sterben und begraben werden. Aber wenn er will, wird er sie zu neuem Leben erwecken (Q 80:21–22). Im Koran ist ausgesagt, dass die menschlichen Körper in ihrer irdischen Form wiederauferstehen. Diejenigen aber, die an dieser Wiederauferstehung zweifeln, sollten bedenken, dass Gott „euch aus Erde geschaffen hat, hierauf aus einem Tropfen [Sperma], hierauf aus einem Embryo, hierauf aus einem Fötus; dass Er euch als Kind heranwachsen und das Erwachsenalter erreichen lässt; und dann den einen frühzeitig abberuft und den anderen erst im hohen Alter“ (Q 22:5). Während die Herzen der Ungläubigen am Tag der Auferstehung vor Schreck zittern und ihre Augen vor Entsetzen erstarren werden (Q 79:8–9, 14:42–43), werden alle diejenigen, „die an Gott und den Jüngsten Tag glauben und Gutes tun“ – hier werden Juden, Christen und Sabäer ausdrücklich mit eingeschlossen – ihren Lohn erhalten. Sie „brauchen keine Angst zu haben und werden nicht traurig sein“ (Q 2:62). Am Tage der Auferstehung wird die Erde eingeebnet; und sie wird auswerfen, was sie an Toten in sich hat (Q 84:3–4). Ein Trompetenstoß wird die Auferstehung der Toten signalisieren. (Nur Q 39:68 spricht davon, dass es einen ersten Trompetenstoß gibt, bei dem alle, „die im Himmel und auf Erden sind, tot niederstürzen,“ während beim zweiten Trompetenstoß die Toten „wieder stehen und sehen können.“) Mit dem Erwachen der Toten wird ein „Rufer“ (der Erzengel Israfil <Raphael?> oder der Erzengel Gabriel) aus einer nahegelegenen Stätte rufen (dem Tempelberg in Jerusalem, wie die spätere muslimische Tradition weiß), so dass die Toten aus ihren Gräbern treten (Q 50:41).

Das Jüngste Gericht

Am Tag der Abrechnung werden acht Engel „den Thron deines Herrn tragen“ (Q 69:17). Jeder der von den Toten Auferstandenen wird von einem Engel, dem „Rufer“, dem alle geradewegs folgen müssen (Q 20:108), zum Gerichtsplatz gerufen. Ein Engel wird den Menschen zum Richtplatz treiben, wobei ihn ein weiterer Engel begleitet, der für ihn Zeugnis ablegt (Q 50:21). Gott selbst wird jede Person einzeln und schnell richten (z.B. Q 2:202).

An diesem Tag werden den Frevlern keine Ausreden nützen (Q 30:57). Doch für diejenigen, die an Gott glauben und gottesfürchtig sind, gibt es eine „frohe Botschaft im diesseitigen Leben und im Jenseits“ (Q 10:62–64). Die Taten der Menschen in dieser Welt werden vergolten, wie sie in den himmlischen Büchern von ihren Hütern und edlen Engeln, „die (alles) aufschreiben, und die wissen, was sie tun“, verzeichnet sind

(Q 82:10–12). Jede Person hat ihr eigenes „Register, das am Tage des Gerichts herbeigebracht und weit geöffnet wird", so dass der betreffenden Person befohlen werden wird „lies deine Schrift", damit sie sich ihre irdischen Taten vergegenwärtigt (Q 17:13–14). Auch Völker und Gemeinschaften haben ihre Verzeichnisse mit ihren Taten, so dass zu ihnen gesagt werden wird: „Heute wird euch für das vergolten, was ihr [in eurem Erdenleben] getan habt" (Q 45:28). Während die Münder der Menschen versiegelt sein werden, „sprechen ihre Hände [...] und legen ihre Füße Zeugnis darüber ab, was sie [in ihrem Erdenleben] begangen haben" (Q 36:65). Die Menschen werden einzeln vortreten, um ihre während des Erdenlebens vollbrachten Werke zu sehen (Q 99: 6–8).

Paradies und Hölle

Die koranischen Beschreibungen von Paradies und Hölle sind geprägt von ausdrucksstarken sprachlichen Bildern und vielfältigen Symbolen, welche die Rezipienten des koranischen Textes nicht nur rational, sondern auch emotional ansprechen. Was die Struktur der Himmel betrifft, so heißt es, dass Gott „sieben Himmel" (Q 67:3) oder „Firmamente" (Q 78:12) geschaffen hat. Die Hölle wiederum besitze „sieben Tore" (Q 15:44). Das Paradies wird als „Garten" (*djanna*) bezeichnet, in dem „diejenigen, die [in ihrem Erdenleben] gläubig waren und getan haben, was recht ist, [...] Ergötzung" finden (Q 30:15). Es ist der Garten, „der für diejenigen bereitsteht, die an Gott und seinen Gesandten glauben" (Q 57:21). Seine Bewohner „sind [...] mit Armringen aus Gold geschmückt und in grüne Gewänder aus Brokat gekleidet" (Q 18:31). Sie liegen auf „Betten, die mit Brokat gefüttert sind" (55:54), „auf grünen Decken und schönen Teppichen" (Q 55:76; 88:16). Zu ihnen wird gesagt werden: „Esst und trinkt und lasst es euch wohl bekommen!" (Q 52:19; 69:24), während ewig junge Knaben Humpen und Kannen voll Wein kredenzen, von dem die Paradiesbewohner „weder Kopfweh bekommen noch betrunken werden" (Q 56:17–19). Die Phantasie gleichermaßen beflügelnd sind die Aussagen, dass im Paradies „gereinigte Gattinnen" auf die Gottesfürchtigen warten (Q 2:25; 3:15; 4:57), aber auch „die Augen [sittsam] niedergeschlagen, weibliche Wesen," die „[so strahlend schön] sind, als wenn sie [aus] Hyazinth und Korallen wären" (Q 55:56–58). Gute und schöne weibliche Wesen, „großäugige Huris, [in ihrer Anmut] wohlverwahrten Perlen zu vergleichen, sind in den himmlischen Zelten abgesperrt", so dass sie den Blicken von Fremden entzogen sind (Q 55:70–72). Jungfrauen, die kein Mann oder Dschinn je berührte, heiß liebend und gleichaltrig (Q 55:56, 74; 56:37), erwarten jene, die Gott nahestehen, in den „Gärten der Wonne" (Q 56:12). Doch es heißt im Koran auch, dass Gott die Gläubigen mit ihren Vorfahren und Nachkommen (Q 13:23; 40:8) sowie ihren Ehepartnern ins Paradies einkehren und glückselig sein lässt (Q 43:70).

Die Ungläubigen, Sünder und Hochmütigen allerdings erwartet die Hölle, „ein Quartier aus heißem Wasser und [...] [ein] Feuerbrand" (z.B. Q 16:29; 18:102; 39:32; 56:93–4). „Das Feuer [der Hölle] verbrennt ihnen das Gesicht, wobei sie [in ihrer Qual] die Zähne fletschen" (Q 23:104). Denn die Frevler sind, wie der Koran warnt, nichts als „Brennstoff für die Hölle" (Q 21:98), womit der Koran einmal mehr die strikte Einhaltung eines ethischen Lebensstils im Diesseits als Voraussetzung für die göttliche Belohnung im Jenseits betont, während Unglaube und unmoralisches Verhalten direkt in die Hölle führen.

Tod und Leben nach dem Tod

Der Tod im Zyklus der Existenz

Der Koran ist konkret im Hinblick auf den Verlauf und das letzte Ziel des Lebens: auf die Geburt und das diesseitige Leben folgen Tod, Auferstehung und ein ewiges Dasein im Jenseits. Dieser Zyklus gehöre zu den anschaulichsten Manifestationen von Gottes ewiger Existenz, Allmacht und Barmherzigkeit, so dass sich die mahnende Frage stellt: „Wie könnt ihr an Gott nicht glauben, wo ihr doch tot wart und Er euch lebendig gemacht hat, und Er euch dann [wieder] sterben läßt und darauf [am Tag der Auferstehung wieder] lebendig macht, worauf ihr zu ihm zurückgebracht werdet?" (Q 2:28; auch 40:11).

Über den Tod des Menschen als Individuum sagt der Koran nur wenig. So wird u.a. erwähnt, dass der Tod zu einem von Gott festgelegten Zeitpunkt erfolgt (Q 56:10); dass er ein Prozess ist, den jeder Mensch hilflos und individuell erfährt, wenn ihn der Engel des Todes besucht (Q 36:11); dass die Seele dem Sterbenden über seine Kehle entweicht (Q 56:83); und dass (dereinst am Tage des Gerichts?) die Engel ihre Hände ausstrecken, um die Seelen der Frevler einzufordern (Q 6:93–94).

Die Existenz im Grab und der Barzakh

Keine eindeutigen Aussagen enthält der Koran darüber, was mit den Toten bis zur Auferstehung geschieht. Zwar heißt es, dass es deutliche Unterschiede zwischen den Lebenden und den Toten gibt, doch scheint es auch, dass die Toten im Grab bis zu einem gewissen Grad ihre Sinne behalten: denn Gott kann jeden, den Er will, Seine Botschaft hören lassen, auch diejenigen, die in ihren Gräbern sind (Q 35:22). Auch über das *Leben im Grabe*, das die spätere islamische Literatur ausführlich behandelt, sagt der Koran fast nichts. Erwähnt werden lediglich die Strafengel, die den Ungläubigen unter den Verstorbenen im Grabe erscheinen, um ihnen ins Gesicht und auf den Rücken zu schlagen, damit sie auf diese Weise schon einen Vorgeschmack auf die Hölle erhalten (Q 8:50). Doch während Gläubige und Ungläubige gleichermaßen bis zur Auferstehung in ihren Gräbern verharren, sind die Märtyrer von dieser Wartezeit befreit, denn diejenigen, „die um die Sache Gottes getötet werden, [...] sind lebendig“, auch wenn die Menschen dies nicht wahrnehmen (Q 2:154). Nur einmal wird im Koran der *barzakh* im Sinne von einem Zwischenzustand oder Ort erwähnt, in bzw. an dem die Ungläubigen unter den Verstorbenen zwischen Tod und Auferstehung verweilen (Q 23:100). Erst die spätere muslimische Gelehrsamkeit deutet diesen koranischen Begriff (a) als eine *zeitliche Barriere* zwischen Tod und Auferstehung, welche die Rückkehr der Toten in die Welt der Lebenden verhindert; oder (b) als eine *Zeitspanne* (von 40 Jahren), die den ersten und zweiten Trompetenstoß am Tag der Auferstehung trennt; oder auch (c) als einen *physischen Ort*, an dem die Toten die Auferstehung erwarten.

Zeitgenössische liberale muslimische Denker wie der ägyptische Philosoph Ḥasan Ḥanafī (geb. 1935) begreifen die koranischen Vorstellungen vom Paradies bzw. einer „idealen Welt“ im Jenseits als Metaphern für ihre Visionen von einer Zivilgesellschaft islamischer Prägung. In diesem Sinne nutzt sie auch die französisch-marokkanische Publizistin Nadia Tazi (geb. 1953) für ihren feministischen Zugang zum Islam. Diese innovativen Bezugnahmen auf eschatologische Vorstellungen im Koran zeigen, dass die koranischen Aussagen zu den „letzten Dingen“ bis heute nichts von ihrer Bedeutung und Kraft als grundsätzliche Prinzipien des islamischen Glaubens und der muslimischen Spiritualität verloren haben. Sie können darüber hinaus sogar als Inspiration für bestimmte, im islamischen Kontext geborene Visionen von gesellschaftlichem und kulturellem Wachstum dienen. Diese Feststellung unterstreicht einmal mehr ein signifikantes Merkmal der eschatologischen Aussagen im Koran und in der islamischen Tradition: es ist die diesen Texten inhärente menschliche Sehnsucht, den Kreis zu schließen und zu dem Idealzustand eines Lebens im Paradies und in Gottesnähe zurückzukehren – Vorstellungen also, die im Islam ebenso tief verwurzelt sind wie in anderen großen Religionen. Ganz in diesem Sinne ist auch ein vor allem unter islamischen Mystikern weitverbreiteter Ausspruch zu verstehen, der ʿAlī ibn Abī Ṭālib (gest. 661), dem von den Schiiten besonders verehrten Vetter und Schwiegersohn des Propheten Muhammad, zugeschrieben wird und der besagt:

الناس نيام ، فإذا ماتوا انتبهوا.

„Die Menschen schlafen; und wenn sie sterben, erwachen sie."

Literaturverzeichnis

Günther, Sebastian: „«*Gepriesen sei der, der seinen Diener bei Nacht reisen ließ*» (Koran 17:1): Paradiesvorstellungen und Himmelsreisen im Islam – Grundfesten des Glaubens und literarische Topoi". In: Erik Hornung / Andreas Schweizer (Hgg.): *Jenseitsreisen: ERANOS 2009 und 2010*. Basel 2011, 15–56.

Günther, Sebastian / Lawson Todd (Hgg.): *Roads to Paradise: Eschatology and Concepts of the Hereafter in Islam*, 2 Bde. Leiden 2016.

Lange, Christian: *Paradise and Hell in Islamic Traditions*. Cambridge 2015.

Paret, Rudi: *Der Koran*. Stuttgart [9]2004. Diese Übersetzung wurde in diesem Beitrag – gelegentlich mit einigen Modifikationen – verwendet.

Stieglecker, Hermann: *Die Glaubenslehren des Islam*. München 1962 („Die Eschatologie", 730–808).

Die Autopsie des Mondes

Vom kosmischen Körper zum kalligraphischen Prophetenbild

Angelika Neuwirth

Abstract: Die Sure 54 spiegelt den Versuch des Propheten, ein metereologisches Ereignis, eine Mondspaltung, eschatologisch auszulegen – vergeblich, denn die Gegner wünschen sich eine Wundertat des Propheten selbst. Gleichwohl macht die Tradition ihn für das Ereignis verantwortlich, mehr noch: sie feiert ihn in ihrer Ikonographie als den „wahren Mond" – zugleich aber auch das wahre von ihm vollbrachte Wunder: die Überbringung der Schrift: sein Portrait ist eine Mond-gerahmte Kalligraphie.

In unserer kulturellen Erinnerung ist Johannes der Täufer der Rufer in der Wüste schlechthin. Mit seinem Aufruf „Tut Buße, denn das Himmelreich ist nahe herangekommen" (Mt 3.2) tritt er als letzter israelitischer Prophet hervor, wenn auch für die Nachwelt seine eigene Prophetenrolle gegenüber seinem Rang als Vorbereiter, Vorläufer, *prodromos*, Jesu, verblasst ist. Der mit ihm verbundene Ruf zur Buße verhallt aber nicht gänzlich ungehört: 600 Jahre später nimmt der arabische Prophet Muḥammad in Mekka die Botschaft von der nahegekommenen Endzeit in einer Form wieder auf, in der Johannes' Aufruf als deutliches Echo nachhallt. Er verkündet seinen Hörern: „Die Stunde ist nahe!"

Er fügt noch ein äußeres Beglaubigungszeichen hinzu: „Der Mond hat sich gespalten!"

Mit dieser Szene beginnt die 54. Sure, die zu den mittelmekkanischen Verkündigungen gehört. Eine viel spätere, safawidische Miniatur hat das Ereignis bildlich darzustellen versucht (Abb. 1).

Der Prophet, erkennbar an seinem verhüllten Gesicht, zeigt auf den Mond, der offensichtlich in zwei Teile gespalten ist. Veränderungen von kosmischen Körpern gelten in der Spätantike als Vorboten bevorstehender apokalyptischer Ereignisse. Schon das Matthäus-Evangelium stellt diese Verbindung her:

Abb. 1: Muḥammad spaltet den Mond; aus: *Fal-Nameh*, astrologisches Manual, Iran 16. Jahrhundert; Sächsische Landesbibliothek Staats- und Universitätsbibliothek Dresden.

„In jenen Tagen wird sich die Sonne verfinstern, der Mond wird seinen Schein nicht mehr geben, und die Sterne werden vom Himmel fallen. Dann wird man den Menschensohn auf einer Wolke vom Himmel kommen sehen“. (Mt 24,29–31).

Und entsprechend heißt es bereits in der frühmekkanischen Sure 82:

Wenn der Himmel sich spaltet
und die Sterne sich verstreuen […]
und in Sure 81:
Wenn sich die Sonne mit Finsternis umhüllt
und die Sterne glanzlos werden […]
dann weiß eine jede Seele was sie vollbracht hat, d. h. dann trifft der Jüngste Tag ein.

Die zeitlich spätere Sure 54 geht einen entscheidenden Schritt weiter. Hier wird das bereits-Eingetroffensein eines solchen kosmischen Vorzeichens konstatiert. Die Hörer hatten immer wieder von Muḥammad gefordert, die den Jüngsten Tag ankündigenden Zeichen doch materiell beizubringen; denn anders als die jüdisch gebildete Gemeinde um Johannes begegneten sie biblischen Verheißungen mit Unverständnis. Der Referenztext Bibel, durch den man anderswo die Welt messianisch zu lesen gelernt hatte, war im paganen Milieu der Halbinsel unbekannt oder doch ohne Autorität; nur Empirie zählte. Muḥammads Voraussagen des Jüngsten Tages bedurften daher in den Augen der Gegner der sichtbaren Beweise. Die damit eingeforderte Autorität, über die beiden Welten, die empirische und die biblisch imaginierte gleichermaßen zu verfügen, hatte der Prophet vor dieser Verkündigung immer wieder von sich gewiesen. Bis dahin waren die Vorzeichen des Jüngsten Tages als Ereignisse einer unbestimmten Zukunft hingestellt worden. Nun schien eine – mit Wahrscheinlichkeit historisch eingetretene – Mondverfinsterung diese Verbindung zu erlauben. Der Jüngste Tag warf seine sichtbaren Schatten voraus.

Dennoch waren die Hörer nicht zu überzeugen. Man war vielleicht auch an zeitweilige Veränderungen von Himmelskörpern schon gewöhnt. Warum sollte der gespaltene Mond also über sich selbst hinausweisen?

Der Text geht also weiter (Q 54:2):

Doch wenn sie ein Zeichen sehen, sagen sie nur: „Fortwährend nichts als Zauberei!, (*siḥrun mustamirr*).

Sie geben den Ball also an den Propheten zurück, dem sie Augenwischerei, Manipulation unterstellen. Gemeint mit Zauberei ist nämlich nicht etwa seine eigenhändige Veränderung des Himmelskörpers, sondern die Manipulation der Welt als solcher durch „Wortmagie", insofern er das empirisch Gesehene als etwas anderes ausgibt als es ist, nämlich als eschatologisch bedeutsames Zeichen. Jede Unterfütterung der Wirklichkeit mit transzendenten Bedeutungen erscheint ihnen als Magie, als ein mit rhetorischen Mitteln „fabriziertes", gezaubertes Trugbild. Was wir hier vor uns haben, ist eine Miniatur des Streites zwischen den beiden großen Deutungstraditionen der Spätantike, der Deutung von Text und Welt im Literalsinn und ihrer Deutung in einem darüber hinausgehenden, von der Schrift inspirierten, anagogischen Sinn.

Der Weg hin zur Überzeugung der Hörer von der hier gepredigten Textreferentialität der Welt ist zum Zeitpunkt dieses Streites noch weit. Doch ist es dem Verkünder, wie die Entwicklung der Geschichte beweist, schließlich gelungen, mit seinem „Wortzauber" zu überzeugen und seine eschatologisch unterlegte Lesung der Welt gegen die einfache, literale, durchzusetzen, denn der heilige Text des Islam als ganzer ist faktisch ein durch und durch anagogisch orientierter Text. Auch die Tatsache, dass sich das Argument nicht bewahrheitet hatte, dass die versprochene Konsequenz aus der Mondspaltung gar nicht eingetroffen war, wurde nicht zum Verhängnis. Man ordnete den Vers später einfach unter die vielen Dereinst-Voraussagen ein.

Die Mondspaltung hätte daher als eine Episode ohne Nachwirkung vergessen werden können, hätte sich nicht die spätere Volksfrömmigkeit gerade dieses Ereignis zu Eigen gemacht. Hier rangiert das *shaqq al-qamar*, die Spaltung des Mondes, als ein Prophetenwunder, d.h. ein vom Propheten nicht nur beobachtetes, sondern von ihm selbst bewirktes Zeichen. Propheten hatten – das lernte man im Frühislam von den Juden und Christen – Wunder, und zwar materielle Wunder, vorzuweisen. Das Muḥammad in der Orthodoxie einzig zugestandene Wunder der Überbringung des Koran war vielen nicht konkret genug.

Die Erinnerung an die Spaltung des Mondes blieb jedenfalls lebendig; vielleicht auch deswegen, weil ein verwandtes Szenario der „Mondbeobachtung" als religiöses Ritual allgemein vertraut war. Im Fastenmonat Ramadan ist die Autopsie, die *ru'ya*, das ‚Ansichtigwerden des Neumondes' durch vertrauenswürdige Beobachter, gefordert, damit der Anfang und das Ende der Fastenzeit rechtsgültig festgestellt werden kann. Das Hinausgehen einer Gruppe von Männern zur Beobachtung des Mondes, dasselbe Szenario, das wir auf der Darstellung der Mondspaltung auch vor uns haben, ist also ein geläufiges Bild. Seit

Abb. 2: Osmanische Astronomen stellen den Neumond fest; Manuskript vom 17. Jahrhundert; Istanbul University Library, Gianni Degli Orti [The Art Archive].

dem 11. Jahrhundert benutzte man dazu Fernrohre (vgl. Abb. 2); die Feststellung des Neumonds kommt aber auch heute, nach der längst eröffneten Möglichkeit, den Termin zu errechnen, vielerorts nicht ohne menschliche „Autopsie“ aus.

Diese uns hier beschäftigende volkstümliche Darstellung aus der Safawidenzeit (Abb. 1) hat das Szenario nur wenig verändern müssen, um aus dem Autopsie-Bild eine Abbildung des Mondwunders zu machen.

Aber haben wir hier wirklich eine Illustration des Koranverses vor uns? Sieht man näher hin, ist es gar nicht der gespaltene Mond, der im Blickmittelpunkt steht, sondern die Figur des Propheten selbst. Zwar zeigt er selbst auf den Mond – vielleicht sind seine gespreizten Finger auch als Instrumente der Spaltung zu verstehen, denn einzelne Traditionen sprechen ihm selbst die Wunderhandlung der Mondspaltung zu – doch weisen die Blicke der Mehrzahl der Männer neben ihm und sogar der Arm seines nächststehenden Begleiters gar nicht auf den kosmischen Körper, sondern auf ihn, der offenbar der eigentliche Mond ist. Wie ist das zu verstehen?

Man hat hier bereits die Bildwelt der sufischen Prophetenpreisungen vorauszusetzen, die ihn als den Vollmond, *al-badr*, den Inbegriff männlicher Schönheit feiern. Allbekannte und in verschiedensten Festsituationen insbesondere von Sufis gesungene Hymnen auf den Propheten beginnen mit den Worten: *Ṭalaʿa l-badru ʿalaynā* ‚Aufgegangen ist der Vollmond über uns […]‘. Der Prophet soll bereits bei seinem Einzug in Mekka, als er kurz vor seinem Lebensende seine Heimatstadt wieder einnehmen konnte, mit diesem Preislied gefeiert worden sein. Der Philosoph al-Ghazālī (gest. 1111) zitiert den Hymnus als einen legitimen Ausdruck der Freude über das Kommen des Propheten Muḥammad. Das Bild des Mondes ist also in der Volksfrömmigkeit schon früh eng mit dem Propheten verbunden.

Vielleicht war es schließlich gerade dieses allzu erbauliche, „untheologische“ Muḥammad-Bild, das zu einer reflektierteren Deutung seines Verhältnisses zum Mond herausforderte, nämlich in der späteren osmanischen Kunst. Dabei kommen noch einmal die Argumente aus Sure 54 zum Tragen, nun aber nicht der Mond als für die Nähe der Stunde reklamiertes Zeichen, sondern die Wahrnehmung der Gegner von der „Wortmagie“ des Propheten. Es ist ja die ihm polemisch vorgeworfene Verwandlung der Welt in ein über die Empirie hinausweisendes Zeichensystem, die sein eigentliches Verdienst ausmacht. Die Zeichen, aus denen die Welt besteht, *āyāt*, verweisen wiederum auf die transzendente Schrift als die höchste Autorität. Diese Autorität der Schrift hat in der osmanischen Kunst bewirkt, dass ihre irdische Manifestation – als Kalligraphie und sogar als Arabeske – zum erstrangigen Medium künstlerischer Darstellung wurde. Die gängige figürliche Darstellung des Propheten war nun entsprechend zu korrigieren. Dabei brauchte seine Assoziation mit dem Mond nicht geopfert zu werden. Beides, seine besondere Beziehung zum Mond und seine „Wortmagie", wurden in raffinierter Weise zusammengeführt. (Abb. 3)

Das neue Prophetenportrait heißt *ḥilya* ‚Schmuck, Ornament'.

Es besteht aus mehreren Bildfeldern, einem Kreis, einem Quadrat oder Rechteck und einigen Rahmenteilen. Das wichtigste Feld ist der Kreis, die Form des Vollmondes. Es ist dieses Feld, in das eine Darstellung der äußeren Erscheinung des Propheten Muḥammad eingeschrieben ist: Nach seinem Cousin und Schwiegersohn ʿAlī ibn Abī Ṭālib, der hier zitiert wird, war er „hochgewachsen, hatte große Augen, lange Augenbrauen, einen dichten Bart und einen hellen Teint. Wenn er ging, dann so, als würde er eine Anhöhe heraufsteigen. Wenn er sich umwandte, dann wandte er sich ganz um.". So offenbar die Erinnerung der Zeitgenossen, d.h. seiner historischen Glaubensgemeinde. Im unteren quadratischen Feld finden sich weitere poetische Preisungen des Propheten. Überschrieben ist alles mit der Basmala, der Formel, mit der alle relevante Rede eingeleitet wird, „Im Namen Gottes, des barmherzigen Erbarmers", als Trenner zwischen den beiden Bildfeldern liest man verschiedene koranische Verse, auf unserer *ḥilya* ist es *wa-mā arsalnāka illā raḥmatan li-l-ʿālamīn*, ‚Wir sandten Dich einzig aus Barmherzigkeit für die Menschen'. Unten steht – um die Verbindung zu den kosmischen Körpern, und damit auch zum Mond eindeutig zu machen: *lawlāka lawlāk mā khuliqati l-aflāk*, ‚Wäre es nicht um deinetwillen, die Sphären wären nicht erschaffen'. Eine *ḥilya* (Abb. 4) macht die Bedeutung des Kreises durch einen realistisch dargestellten Mond ganz eindeutig.

Die historische Auseinandersetzung des Propheten mit dem apokalyptischen Zeichen des gespaltenen Mondes, die für den Moment gescheitert war, ihm aber in der Volksfrömmigkeit den Ruhmestitel eines Mondgleichen eingetragen hatte, und seine keineswegs gescheiterte, sondern nachhaltige Verbindung der Welt mit der Schrift werden in der *ḥilya* zusammengeführt. Gemäß der von ihm selbst eingeführten Hermeneutik, nach welcher die Welt ein Schriftzeichensystem reflektiert,

Abb. 3: Anonyme in der Türkei im Umlauf befindliche Hilya.

Abb. 4: Hilye-i Sherif, Efendi, Yedikuleli Seyyid Abdullah (1670–1731), datiert: 1698; Istanbul Sabanci University Sakip Sabanci Museum.

musste er selbst auch in Schriftzeichen darstellbar sein. Sein Portrait musste eine Kalligraphie sein. So entsteht ein hybrides Bild, das, wenn man genau hinschaut, aus diskursiv spätantiken Elementen (Eschatologie), sufisch-folkloristischen Elementen (Mondgleiche Schönheit) und schließlich abstrakt-kalligraphischen Elementen ein einzigartiges Portrait des Stifters und Anstifters aller dieser Traditionen geformt hat.

Ethik

Gebt dem Kaiser was des Kaisers ist?

Philosophen und Kaiser in der frühen Kaiserzeit

Stefanie Holder

Abstract: Im 1. Jahrhundert n. Chr. wandelte sich das Römische Reich endgültig von einer Adelsrepublik zur Monarchie. Was eine Regierung zu dieser Zeit legitimierte, und was eine gute Regentschaft in den Augen der zeitgenössischen Geschichtsschreiber ausmachte, soll am Beispiel Vespasians und jener Opposition stoischer Philosophen gegen ihn, von der Cassius Dio berichtet, untersucht werden.

Das erste Jahrhundert n. Chr. war gekennzeichnet von Prozessen der Staatsbildung und -umbildung, in denen zwischen den Polen „Freiheit" und „Einheit des Gemeinwesens" die innenpolitische Neuausrichtung des Römischen Reiches verhandelt wurde. Debatten um das, was einen Kaiser legitimiere, und das, was eine gute Regentschaft kennzeichne, lassen sich exemplarisch an Cassius Dio's Darstellung Vespasians und seiner philosophischen Kritiker erhellen.

Cassius Dio, geboren in der Mitte des 2. Jahrhunderts im bithynischen Nikaia, beginnt das 65. Buch seiner *Römischen Geschichte*, das die Regierung Vespasians und die Etablierung der flavischen Dynastie beschreibt, mit der Frage nach der formalen Legitimation der Herrschaft Vespasians. Dio beginnt wie folgt:

> Das war nun der Ablauf dieser Geschehnisse [gem.: der Bürgerkriege nach dem Sturz Neros]; zum Kaiser aber wurde sodann Vespasian auch vom Senat bestellt [nicht nur durch seine Truppen, siehe 65,13], und Titus wie Domitian erhielten den Titel Caesar. Das Konsulat traten Vespasian und Titus an.

Einerseits war mit dem Sturz Neros gerade ein Kaiserhaus abgesetzt worden, was zu erbitterten Bürgerkriegen zwischen den Prätendenten führte. Anderseits war der Senat bereit, nicht zur aristokratischen Senatsregierung der Späten Republik zurückzukehren, sondern sogar eine neue Dynastie zu etablieren und nicht nur einen einzelnen Kaiser. Die Übernahme des Kaiseramtes war dabei für Vespasian, wie für alle früheren Kaiser, gebunden an eine Akklamation durch die unter seinem Kommando im Einsatz stehenden Heeresteile und eine Bestätigung durch den Senat. Dies war das Minimum dessen, was ein Kaiser erreichen musste. Zusätzlich, als Garant für Stabilität, wurden Vespasians Söhne zu Thronfolgern (*principes iuventutis*) designiert und sein ältester Sohn Titus zum Mitkonsul gemacht.

Schon Augustus hatte seine Enkel Caius und Lucius Caesar 5 und 2 v. Chr. zu *principes iuventutis* und Mitkonsuln erhoben. Nach dem frühen Tod seiner Enkel adoptierte Augustus 4 n. Chr. seinen Stiefsohn Tiberius. Zum Mitkonsul oder Mitregenten machte Augustus ihn nicht, da sich Tiberius längst im Staatsdienst und als Feldherr bewährt hatte. Tiberius Großneffe Caligula adoptierte kurz nach Amtsantritt im Jahr 37 n. Chr. den Tiberius'-Enkel und eigentlichen Thronerben Tiberius Gemellus und erhob ihn zum *princeps iuventutis* – ein geschickter Schachzug, da Caligula nie adoptiert oder anderweitig zum Nachfolger designiert worden war. So aber hatte Caligula seinen Konkurrenten nachgeordnet, ohne dessen Stellung völlig zu missachten. Claudius, unter dem Einfluss Agrippinas, adoptierte 50 n. Chr. seinen Großneffen und Stiefsohn Nero, machte ihn zum *princeps iuventutis* und Mitkonsul, und setzte so seinem leiblichen Sohn Britannicus in der Thronfolge zurück. Galba, als er 68 n. Chr. zum Kaiser eingesetzt wurde, hatte Calpurnius Piso Licinianus adoptiert, den Bruder jenes Calpurnius Piso, der sich drei Jahre zuvor gegen Nero verschworen hatte, und ließ Piso als seinen Adoptivsohn zum Caesar erheben. Galba erreichte damit, dass die anderen patrizischen Familien ihn als neuen Kaiser akzeptierten. Er scheiterte am militärischen Misserfolg gegen seinen Konkurrenten Otho noch im selben Jahr seines Amtsantritts, doch auch Otho überlebte das Jahr nicht, und aus denselben Gründen.

Was in dem kurzen ersten Satz bei Dio beschrieben wird, ist folglich das übliche Vorgehen bei Einsetzung eines neuen Kaisers (Akklamation durch Heer und Senat), kombiniert mit wohletablierten Mitteln der Herrschaftssicherung (Söhne als Mitregenten; Mitkonsulat des Nachfolgers). Obwohl Vespasian in den Wirren nach der Ermordung Neros und dem Sturz der julisch-claudischen Dynastie auf den Kaiserthron gelangte, war seine Amtserhebung und die Einsetzung seiner Familie als neue, flavische Dynastie keineswegs illegitim oder aus formalen Gründen zweifelhaft.

Cassius Dio fährt in seiner Darstellung damit fort, wie Domitian im Namen seines Vaters die innere Verwaltung des Reiches ordnete (65,2), ein angeheirateter Verwandter einen Usurpationsversuch niederwarf (65,3), Vespasian eine Generalamnesie aussprach und alle Astrologen aus Rom verbannte (65,9): Damit zeigt er auf, wie die innere Sicherheit des Reiches wiederhergestellt, und allem, was diese gefährden könnte, vorgebeugt wurde. Die äußere Einheit und Sicherheit des Reiches stellten Titus und Vespasian wieder her, indem sie aufständische Regionen im Osten befriedeten (65,4–8). Cassius Dio antwortet auf die zweite Leitfrage des vorliegenden Beitrags, was im ersten Jahrhundert n. Chr. einen fähigen Regenten ausmache, also zunächst gut römisch mit dem Verweis auf die Kernkompetenzen eines Kaisers: die Stabilität des Reiches sowohl Innen als auch Außen zu sichern, und eine effiziente Verwaltung und starke Armee zu leiten.

Dann aber wechselt die Perspektive in eine genuin griechische Richtung: Ist ein Kaiser gut, weil er ohne viel Federlesens seinen Obliegenheiten nachkommt – oder weil er zudem bemüht ist, gerecht zu regieren? Und was braucht es, um gerecht zu regieren? Gewaltenteilung? Öffentliche Meinung? Fertigkeiten, die man in einem Ämterkursus oder als Feldherr erwirbt? Oder sind bestimmte Charaktereigenschaften wichtiger – womit sich jeder Privatmann zumindest für eine Teilhabe an politischen Entscheidungen qualifizieren könnte?

Im vierten vorchristlichen Jahrhundert schlug Platon einen Tugendkanon vor, auf den sich die gesamte spätere Antike berief: Gerechtigkeit kennzeichne eine gute Regierung. Sie sei abhängig von den persönlichen Tugenden Tapferkeit, Mäßigung und Weisheit. Diese müssten jedem zu Eigen sein, der Anteil nehmen wolle an staatlichen Entscheidungen. Die Stoiker ersetzten später „Weisheit", das Wissen auch um die letzten Geheimnisse alles Seienden, durch „praktische Lebensklugheit" und veränderten damit den Schwerpunkt des platonischen Konzepts weg vom Philosophen als idealem Herrscher hin zu Amtsträgern oder Magistraten.

Liest man Cassius Dio's Beschreibung der Regentschaft Vespasians mit diesem Tugendkatalog vor Augen, so findet sich ein jedes der Elemente berücksichtigt: Vespasians Tapferkeit in den Passagen zur Machtergreifung und Befriedung des Ostens (64; 65) und seine Klugheit in der Ausgewogenheit seiner Entscheidungen (64,8). Mäßigung sei ihm nicht nur selbst eigen gewesen, sondern er habe auch seinen Sohn Domitian zu Bescheidenheit angehalten (65,10). Auf Schmähungen und Ausfälligkeiten habe Vespasian gelassen reagiert (65,11), Gegnern gegenüber ließ er Milde widerfahren und das Vermögen Exilierter habe er an deren Kinder weitergegeben statt es dem Staatsschatz zuzuführen. Vespasian habe ohne Luxus und Wachpersonal gelebt und sei nicht nur für Amtsträger und Senatoren, sondern für alle Einwohner seines Reiches zu sprechen gewesen (65,10):

> Mit kurzen Worten, Vespasian wurde lediglich, was Fürsorge für das allgemein Beste anlangte, als Kaiser betrachtet, in allen anderen Dingen war er volksverbunden und lebte mit seinen Untertanen auf gleichem Fuß. (65,11).

Im Anschluss an diese Eloge findet sich jedoch eine bemerkenswerte Passage. Cassius Dio spricht von einer stoischen Opposition gegen Vespasian, die nicht nur zu einer Ausweisung aller Philosophen aus der Stadt Rom führte (65,13) sondern auch zur Hinrichtung eines Senators, Helvidus Priscus (65,12).

Die Passagen über Helvidius Priscus und die Ausweisung stoischer Philosophen aus Rom sind bemerkenswert, weil Cassius Dio – unter Beibehaltung des historischen Materials – die Ausrichtung seiner Quellen, Tacitus und Sueton, signifikant verändert: Im 15. und 16. Buch von Tacitus' *Annalen* war es noch eine genuin senatorische Opposition, die sich den Groll des Kaisers zuzog (zunächst Neros, danach bricht der erhaltene Teil des Werkes ab). Von einem stoischen Umfeld dieser Senatoren, die eine Generation vor Helvitius Priscus gegen einen Kaiser opponierten, erfahren wir nur am Rande. Die Leitfrage des gesamten taciteischen Werkes ist, ob der Senat auch ohne Kaiser die Regierung des Reiches bewältigen könne. Tacitus Antwort fällt negativ aus, denn er erkennt, dass der Schritt von einer Adelsrepublik zur Monarchie nicht rückgängig gemacht werden kann. Doch plädiert er für eine möglichst starke Einbindung der alten Familien. Philosophie ist für Tacitus eine vernachlässigbare Größe, entscheidend ist für ihn stattdessen das über Generationen erworbene Herrschaftswissen.

Sueton wiederum kritisiert in seiner *Lebensbeschreibung Vespasians* jeden Privatmann als „Philosophen", der sich öffentlich zu politischen Themen äußert. Suetons Kritik zielt nicht auf eine bestimmte philosophische Schule, sondern er will politische Entscheidungen auf Kaiser und Amtsträger limitiert wissen. Die Frage, was eine gute Regierung ausmache, beantwortet auch Sueton mit einseitigem Verweis auf praktische Kenntnisse wie sie in Heeres- und Verwaltungsdienst zu erwerben sind. Anders als bei Tacitus schließt der Personenkreis, den Sueton sich in dieser Rolle vorstellen kann, aber Ritter (*equites*) mit ein. Beider Autoren Haltung verwundert wenig: Tacitus wie Sueton rechtfertigen jeweils die Regierungsbeteiligung ihres eigenen Standes. Tacitus war Mitte des 1. Jahrhunderts in eine senatorische Familie hineingeboren worden und durchlief den senatorischen Ämterkursus (*cursus honorum*), Sueton war Ritter und durchlief Ende des 1. Jahrhunderts die prokuratorischen Posten im kaiserlichen Verwaltungsdienst.

Cassius Dio, geboren in eine griechische Familie senatorischen Ranges, trat unter Commodus in den Senat ein. Unter Pertinax war er Praetor, unter Septimius Severus Konsul. Er leitete die Provinzen Africa, Dalmatien und Oberpannonien und beendete seine Karriere 229 n. Chr. als Mitkonsul des Kaisers Severus Alexander. Dio steht am Ende jener Entwicklung, deren Anfänge Tacitus und Sueton kritisch beäugten: der Einbeziehung griechischer Familien in den Reichsdienst, deren Aufstieg bis zu Konsularen und die Integration griechischen Gedankenguts in die römische Herrschaftspraxis.

Entsprechend sind die Philosophen in Cassius Dio's Darstellung keine Störenfriede, weil sie Privatleute sind, die sich zu politischen Themen äußern, wie bei Sueton. Sie treten auch nicht an die Stelle der taciteischen Senatoren, die aristokratische Freiheiten und angestammte Herrschaftsrechte bis zum Selbstopfer verteidigen. Vor dem Hintergrund des durch Sokrates vorgegebenen Rollenmodells, das etwa die zeitgleichen *Acta Alexandrinorum* bestimmt, hätte man dies vielleicht erwarten mögen. Doch Dio's Urteil über die stoische Opposition ist ausgewogener.

Wie Sueton und Tacitus beantwortet Cassius Dio die Frage nach dem Personenkreis, der Anteil an der Regierung haben soll, mit Verweis auf die führenden Amtsträger und den Kaiser. Diesen muss unbedingte Treue gelten, solange sie Treue und Fürsorge gegenüber dem Reich beweisen (63,5). Doch Dio lässt eine öffentliche Meinung in Gestalt des Philosophen als Korrektiv zu: Ein Philosoph äußerte sich offen gegen Neros Verbindung mit Sporus (62,28) und nicht ein Senator. Annaeus Cornutus ergreift in seiner Eigenschaft als Stoiker das Wort gegen Neros Lyrik, der Cornutus die Werke Chrysipps entgegenhält mit dem ausdrücklichen Vermerk, selbige seien maßgeblicher, da „sie Hilfen für die Lebensführung der Menschen sind" (62,29). Und Musonius Rufus ist nicht nur als einziger ausgenommen von der Verbannung stoischer Philosophen durch Vespasian (65,13), sondern er wird im Gegensatz zur taciteischen Tradition bei Dio als gleichrangig mit Epicharis aufgewertet (62,27). Noch unter der Folter von der Verschwörung des Calpurnius Piso schweigend, ist sie Tacitus'

Musterbeispiel für Standhaftigkeit. Musonius erwähnt Tacitus weder im Zusammenhang mit Epicharis (Tac., *ann.* 15,51; 57), noch der Verschwörung, sondern er sagt nur, dass Musonius wegen „der Berühmtheit des Namens" verbannt worden sei, und weil er „durch Weisheitslehren die Bestrebungen der Jugend befördert habe" (*ann.*15,71). In hist. 3,81 gerät Musonius sogar an den Rand des Lächerlichen.

Nie aber sollen Philosophen dem Stereotyp entsprechen, das Dio den Mucianus äußern lässt, als dieser Vespasian gegen die Stoiker aufbringt mit der Aussage:

> [...] dass sie alle voll nichtiger Prahlerei seien, und wenn einer von ihnen sich einen langen Bart wachsen lasse, die Augenbrauen hochziehe, seinen abgeschabten Mantel rückwärts über die Schulter schlage und barfuß daherkomme, so beanspruche er gleich, als weise, tapfer und gerecht zu gelten. Und er blase sich gewaltig auf, auch wenn er, wie man sagt, weder von Buchstaben noch Schwimmen etwas verstehe. Sie sehen auf alle anderen verächtlich herab und nennen einen Mann aus guter Familie Weichling, den Niedriggeborenen Schwachkopf, einen netten Kerl zuchtlos und eine häßliche Person wohlgewachsen, während der Reiche bei ihnen habgierig und der Arme Sklavenseele heißt (65,13).

Dio will keine öffentliche Meinung, die sich in Eitelkeiten erschöpft, sondern eine, die dank ihrer persönlichen Integrität beispielgebend, und mit ihrem Vorbild richtungsweisend ist.

Und Cassius Dio will keine öffentliche Meinung, die mehr Schaden als Nutzen hervorbringt, oder den Staat destabilisiert. In 65,10–11 als Inbegriff philosophischer Herrschertugend geschildert, scheint ihm Vespasian das falsche Ziel einer philosophischen Opposition zu sein. Folglich erwähnt Cassius Dio nirgendwo in seinen Schriften Stoiker, die Charaktereigenschaften Vespasians kritisieren oder Auswüchse in dessen Regierungspraxis zu mildern versuchen wie im Fall Neros (s. oben). Dio's Beispiele stoischer Opposition gegen Vespasian lehnen entweder eine monarchische Regierung im Allgemeinen ab, wie der Stoiker Hostilianus (65,13), oder die Flavier im Besonderen, wie Helvitius Priscus und die Stoiker seines Umfelds, „als wäre es die Aufgabe der Philosophie, die Machthaber in den Schmutz zu ziehen, die Massen aufzuwiegeln, die bestehende Ordnung zu verwirren und einen Umsturz herbeizuführen" (66,12). Dies ist Philosophie für Dio gerade nicht. Auch der Kyniker Diogenes, der mit einer Rede im vollbesetzten Theater in Rom die Menge gegen Berenike aufstachelte, die Titus' Leben zu dieser Zeit teilte, jedoch dem jüdischen Königshaus angehörte

(65,15), wurde nicht verbannt, weil Diogenes seine Meinung äußerte, sondern weil sich an Berenike die Kritik der gesamten politischen Opposition gegen die Flavier bündelte, womit Diogenes denen zuspielte, die Vespasian absetzen wollten. Nicht die Absetzung eines Kaisers an sich stört Dio hier (für Nero rechtfertigt er sie), sondern dass ein fähiger Kaiser ohne zwingenden Grund abgesetzt werden sollte.

Wie seine Quellen Sueton und Tacitus vertrat damit auch Cassius Dio die Auffassung, dass eine Regentschaft durch die korrekte Amtseinsetzung formal legitimiert ist, dass dies aber nicht ausreicht, um eine Regierung in sich legitim sein zu lassen. Eine in sich legitime Regierung müsse vielmehr eine gute Regierung sein, und eine „gute" Regierung ist für Dio durch äußere und innere Sicherheit definiert. Sie ist das Resultat praktischer Fertigkeiten, wie man sie als Feldherr und Amtsträger erwirbt, sowie mit der charakterlichen Integrität des Amtsinhabers verbunden, die Dio mittels des platonischen Tugendkanons definiert. Anders als seine lateinischen Vorläufer beschränkt Dio die Personenkreise, die Anteil an politischen Entscheidungen haben sollen, nicht auf Kaiser und Amtsträger, sondern mittels der Figur des Philosophen integriert Dio die griechische Auffassung, der um das Staatswohl besorgte Privatmann sei legitimes – und notwendiges! – Korrektiv der Mächtigen.

Literaturverzeichnis

Cassius Dio: *Römische Geschichte*, übers. von O. Veh. Düsseldorf 2007.

Tacitus: *Sämtliche Werke*, übers. von W. Bötticher. Essen 2004.

Malitz, Jürgen: „Helvidius, Priscus und Vespasian – Zur Geschichte der ‚stoischen' Senatsopposition". In: *Hermes* 113 (1985), 231–246.

Hahn, Johannes: *Der Philosoph und die Gesellschaft – Selbstverständnis, öffentliches Auftreten und populäre Erwartungen in der hohen Kaiserzeit* (*Heidelberger althistorische Beiträge und epigraphische Studien* 7). Stuttgart 1989.

Tischregeln im Neuen Testament

Konrad Vössing

Abstract: Tischregeln im Neuen Testament stehen nicht nur im Schnittpunkt von Bildung und Religion, sie zeigen auch, wie christliche Bankette einerseits in der antiken sympotischen Tradition verwurzelt waren, diese andererseits aber auch transzendierten. Beispielhaft wird dies am drei Regeln gezeigt, die sich zunehmend von der üblichen Ratgeberliteratur entfernen: wo soll man Platz nehmen, wen soll man einladen, und wie soll man das ‚Herrenmahl' halten?

Das Thema ‚Tischregeln im Neuen Testament' scheint auf den ersten Blick eher randständig zu sein und jedenfalls weder mit Bildung noch mit Religion allzu viel zu tun zu haben. Doch das täuscht. In mancher Hinsicht befindet man sich damit sogar im Zentrum dieser beiden Zeichensysteme und jedenfalls in einem Kernbereich der antiken Ethik. Dies bedarf der Erklärung. Was zunächst die Bildung angeht, ist auf die in vielen Kulturen verbreitete (und anthropologisch begründbare) Verbindung von gemeinsamem Essen und kultureller Tradition hinzuweisen, die im antiken Kontext noch verstärkt wird durch den spezifischen Beitrag der Literatur. Diese begleitet die Bankette (*symposia*, *convivia*) von Anfang an, also beginnend mit den homerischen Epen, in denen viel vom Gastmahl die Rede ist (typische Elemente der Beschreibung sind Ankunft, Bad, Begrüßung, Platzwahl, Händewaschung, Zubereitung der Speisen, Opfer, Mischung des Weines, Zuteilung der Speisen und Ausschank des Weines). Aber die Helden streckten nicht nur „die Hände aus nach den Speisen, die ihnen bereitet und vorgesetzt wurden", „aßen unendlich viel Fleisch und tranken süßen Wein"; zum Gastmahl gehörte mehr: Wenn Hunger und Durst gestillt waren, begannen Lieder und Erzählungen (z.B. Homer, *Ilias* 9,89–93; *Odyssee* 5,194–202).

Bereits bei Homer ist also die gemeinsame Tafel der Ort, an dem in vorgeprägten, literarischen Formen all das verhandelt wurde, was für die Speisegemeinschaft wichtig war. Seitdem gehören das Mahl und die Literatur in der Antike in doppelter Weise zusammen (und viel enger, als wir es gewohnt sind): Für das Bankett und beim Bankett entstanden Textsorten verschiedenster Art, die beim Essen oder danach vorgetragen wurden, daneben entwickelte sich aber eine umfangreiche ‚Ratgeberliteratur', in der über die Auswahl der Gäste, die Platzordnung, die Menüfolge, das Tischgespräch, das Unterhaltungsprogramm usw. gehandelt wurde.

Schon bei Homer geht es in den Erzählungen über Bankette ja auch um das richtige und das falsche Verhalten bei Tisch (z.B. Homer, *Ilias* 20,280–383). Dies war viel mehr als eine Etikettenfrage, da man regelmäßig zu diesen Essen zusammenkam und sich gerade hier als – keineswegs nur ephemere – Gemeinschaft konstituierte. In seinen berühmten „Gastmahlgesprächen" (*Symposiaka*) bringt der kaiserzeitliche Gelehrte Plutarch all das zusammen, worüber man beim Essen kommunizieren konnte: über das Bankett selbst, aber auch über andere Themen, die für diesen Anlass passend erschienen. Die zahllosen Trinklieder stehen für diese letztgenannte Art von Texten, *sympotika* genannt, also für die ‚Unterhaltungsliteratur' beim Bankett. Hinzukommt als drittes ‚sympotisches' Genre die Beschreibung eines berühmten oder denkenswerten Gastmahls. Das prominenteste Beispiel für diese Gattung ist zweifellos das *Symposion* Platons, in dem die Gäste reihum Reden über den Eros hielten. Die lange und verzweigte Wirkungsgeschichte dieses Werkes steht für ein Charakteristikum der literarischen Kommunikation in der Antike insgesamt, nämlich den permanenten und intensiven Bezug auf frühere Werke, auf die Tradition. Wer also in dieser Kultur Tischregeln dauerhaft vermitteln wollte, konnte gar nicht anders als in Dialog mit früheren Stimmen einzutreten, ein Konzert, zu dem nur einigermaßen Gebildete Zugang hatten.

Was den religiösen Bezug der Tischregeln angeht, nähern wir uns mit dieser Frage dem Christentum. Denn die paganen kultischen Praktiken waren zwar eng mit dem antiken Bankett verbunden (schon über das Opfermahl, bei dem die Kultgemeinde das Fleisch der getöteten Tiere gemeinsam verzehrte), hatten aber wenig mit ethischen Imperativen zu tun. Diese waren dagegen von Anfang an ein zentraler Bestandteil der christlichen Lehre, besonders mit Blick auf das Verhältnis von Arm und Reich. Aber wurde diese Perspektive in die sympotischen Regeln der neuen Lehre integriert, und wenn ja auf welche Weise?

Die ausführlichste und facettenreichste neutestamentliche Behandlung und Bewertung von Tischsitten stammt bekanntlich aus dem Lukas-Evangelium (Kapitel 14,1–24). Jesus ist am Sabbat im Haus eines führenden Pharisäers zu Gast und erteilt dabei drei thematisch sehr unterschiedliche Ratschläge; es ist gut möglich, dass der Text hier drei getrennte Situationen zu einer zusammenfasst. Auf das Bankett bezieht sich nur die zweite und dritte Thematik. Die zweite betrifft die Platzwahl:

Als er bemerkte, wie sich die Gäste die Ehrenplätze aussuchten, nahm er das zum Anlass, ihnen eine Lehre zu erteilen. Er sagte zu ihnen: Wenn du zu einer Hochzeit eingeladen bist, such dir nicht den Ehrenplatz aus. Denn es könnte ein anderer eingeladen sein, der vornehmer ist als du, und dann würde der Gastgeber, der dich und ihn eingeladen hat, kommen und zu dir sagen: Mach diesem hier Platz! Du aber wärst beschämt und müsstest den untersten Platz einnehmen. Wenn du also eingeladen bist, setz dich lieber, wenn du hinkommst, auf den untersten Platz; dann wird der Gastgeber zu dir kommen und sagen: Mein Freund, rück weiter hinauf! Das wird für dich eine Ehre sein vor allen anderen Gästen. Denn wer sich selbst erhöht, wird erniedrigt, und wer sich selbst erniedrigt, wird erhöht werden. (14,7–11, Einheitsübersetzung).

In der Forschung hat man sich teilweise bemüht, im Hintergrund dieses Textes das Genre eines hellenistischen „Symposion" zu sehen, das entsprechend modifiziert worden sei. Dies wäre zwar die perfekte Verbindung von Bildung und Religion, lässt sich aber nicht wahrscheinlich machen. Die immer wiederkehrenden Elemente dieser Literaturform sind hier viel zu wenig ausgeprägt, und es fehlen wichtige Teile, wie die Wechselreden oder die Wortbeiträge ringsum, der Bezug auf bestimmte Etappen des Mahls, die Regelung des Trink-Comments usw. Hier dagegen ist alles ausschließlich fokussiert auf die Lehre des einen, des besonderen Gastes.

Dennoch spielt auch bei diesem ‚Symposion' die literarische Tradition eine wichtige Rolle, jedoch nicht die Tradition der klassischen Antike. Denn der Ratschlag, sich nicht eigenmächtig auf den besten Platz zu legen (bei den antiken Banketten lag man zu Tisch, und dies gilt auch für die des neuen Testaments, bis hin zum ‚Letzten Abendmahl'), sondern sich einen schlechten Platz zu suchen, um dann vom Gastgeber gebeten zu werden, „höher zu rücken", ist traditionelle jüdische Spruchweisheit (man vergleiche das *Buch der Sprüche* 25,6–7). Der Ton der Ratschläge bei Lukas erinnert dabei aber durchaus an die griechische Popularphilosophie, auch weil der Fokus allein auf dem Wohlergehen des Adressaten liegt, während die anderen Teilnehmer völlig ausgeblendet sind, und weil die Bescheidenheit im Grunde ja nur taktisch begründet ist: sie ist Mittel, noch größere Ehre zu erlangen.

Typisch christlich ist hier auf den ersten Blick gar nichts, jedenfalls wenn man den Ratschlag für sich betrachtet.

Die dritte Tischregel dieses Gastmahls dagegen ist deutlich spezifischer (14,12–14), denn der Gastgeber wird aufgefordert, nicht seine Freunde, Brüder, Verwandten oder reichen Nachbarn einzuladen, da sie seine Einladung später erwidern würden, sondern Arme, Krüppel, Lahme und Blinde. Die Vergeltung für diese auf Erden nicht auszugleichende Wohltaten werde dann „bei der Auferstehung der Gerechten“ erfolgen. Mit dieser eschatologischen Perspektive durchbricht der Text den Rahmen paganer, aber auch jüdischer Tischregeln und etabliert eine neue Wertung.

Man sollte allerdings nicht übersehen, dass dabei an der Art und Weise des gemeinsamen Speisens gerade nichts geändert wird. Der Einladende akkumuliert aufgrund des asymmetrischen Verhältnisses zwischen Gastgeber und Gästen gewissermaßen symbolisches Kapital, und dies durchaus mit dem Ziel, es zurückzuerhalten, nur eben nicht bei nächster Gelegenheit und nicht von den Begünstigten, sondern am Ende der Tage und von Gott. Die traditionelle Frage, wen man einladen solle, geht hier zwar unmittelbar über in die – jede irdische Tischregel sprengende – Lehre vom Reich Gottes, die Bauform der sympotischen Veranstaltung, von der dabei ausgegangen wird, bleibt aber erhalten. Anders als beim erstgenannten Beispiel handelt es sich wohl auch gar nicht um einen konkreten Ratschlag für die Bankettgestaltung, diese wird vielmehr gleichnishaft verwendet, wie auch der Schluss des Abschnitts zeigt, der den Übergang zum „Gleichnis vom Festmahl“ (14,15–24) bildet.

Wir haben nun zwei Kategorien von neutestamentlichen Tischregeln kennengelernt, beide eingefügt in den Ablauf eines konkreten Banketts. Beide Ratschläge (die auch in klassischen *Symposiaka* ihren Platz haben könnten) sind dabei in traditioneller Weise mit inhaltlich von der Bankett-Thematik unabhängigen Texten (*Sympotika*) verknüpft, hier sind es belehrende Reden. Die beiden Tischregeln Jesu unterscheiden sich darin, wie weit sie inhaltlich von den in diesem Kontext üblichen Ratschlägen entfernt sind. Auf dieser Skala gibt es noch eine dritte Stufe, und auf ihr geht es um Regularien für ein dezidiert christliches Mahl, das sich auch in seiner Grundstruktur – und nicht nur in der damit verbundenen Botschaft – verändert hat. Es ist durchaus folgerichtig, dass diese Regeln nicht zur überlieferten Lehre Jesu, sondern in die ersten Christengemeinden gehören.

Die Rede ist von der berühmten Herrenmahlpassage im 1. Brief des Apostels Paulus an die Christen in Korinth, geschrieben um die Mitte der 50er Jahre. Nach Ephesos war ihm von Mahlpraktiken in Korinth berichtet worden, die er für gemeinschaftsschädlich, ja zerstörerisch hielt. Deshalb formuliert er ein paar einzuhaltende Regeln, die den damaligen Missstand beenden sollten, den heutigen Exegeten aber Kopfzerbrechen machen. Ich beschränke mich hier auf eine mir plausibel erscheinende Interpretation, die davon ausgeht, dass es um die Mahlordnung für einen größeren Personenkreis geht, die folglich im Kontext antiker Gemeinschaftsmähler zu sehen ist.

Hier war es üblich, in mehreren, sozial abgestuften Bankettgruppen zu speisen, mit durchaus unterschiedlichen Niveaus der Getränke und Speisen. Innerhalb der einzelnen Speisegruppen (zwischen ca. 6 und 12 Personen) fand zwar ein materieller Ausgleich statt, nicht aber über die Gruppengrenzen hinweg. Vor diesem Hintergrund erklären sich Paulus' Klagen über zeitliche und inhaltliche Diskrepanzen beim Essen (man beginnt nicht gleichzeitig, und „der eine hungert, der andere ist betrunken") und über die Beschämung der Armen. Der Apostel spricht dieser Veranstaltung, bei der offenbar auch die das Mahl rahmenden Brot- bzw. Kelch-Riten nicht von allen gemeinsam und gleichzeitig, sondern in zeitlicher Versetzung vollzogen wurden, sogar grundsätzlich ab, dem Willen Jesu zu entsprechen; dieses Zusammensein bringe daher auch keine Gemeinschaft mit sich, sondern den Tod.

Die zur Abhilfe dieser Missstände formulierte Regel ist scheinbar einfach: „Wartet aufeinander", das heißt: feiert das Mahl gemeinsam. Da die unterschiedlichen Mahlgemeinschaften sich aber nicht aus rein praktischen Gründen voneinander getrennt hatten, sondern entlang bestimmter Gruppengrenzen, war diese Vorschrift nur unter einer Bedingung umzusetzen: Das Bankett sollte unifiziert werden und das hieß: es sollte und musste seine sozialen Markierungen einbüßen, was für die Bessergestellten bedeutete: es musste an Niveau verlieren und als Medium der Repräsentation weitgehend ausfallen. Und es musste auf ein Zentrum hin ausgerichtet und dadurch (nicht nur zeitlich) homogenisiert werden. Das Ergebnis war ein gänzlich neuer Typus von Mahl, bei dem auf ein eigentlich mit dem antiken Bankett innerlich eng verbundenes Charakteristikum verzichtet werden sollte: darauf, patronale Sozialbeziehungen durch ostentativen Konsum vorzuführen, ja im eigentlichen Sinn zu leben.

Paulus konnte sich wohl darauf verlassen, dass seine Gemeinde diese Konsequenz verstand, obwohl er es bei einem knappen „Wartet aufeinander“ beließ; die modernen Leser und Hörer sind, weil ihnen der genaue Kontext fehlt, in einer schwierigeren Situation, die noch dadurch verschärft wird, dass wir es hier eben mit einem neuen Typus zu tun haben, der nicht einfach aus Vorgängern hergeleitet werden kann und über den wir – aber das ist ein anderes Problem – auch in der frühchristlichen Literatur kaum etwas erfahren.

Jedenfalls war die in dem Text steckende subversive Kraft keineswegs nur eine ironische Volte christlicher Bankettregeln, sondern passt sehr genau zu den inhaltlichen Gegensätzen: Während auf der einen Seite das gemeinsame, rituelle Essen der Christengemeinden wegen der Verbindung zum letzten Mahl Jesu einen einzigartigen Bedeutungszuwachs erfuhr, nahm ihm Paulus auf der anderen Seite mit seinen Mahnungen (unabhängig von der unbeantwortbaren Frage, welche konkreten Erfolg er damit hatte) gerade das, was in der herkömmlichen Bankettkultur sein soziales Zentrum war: die Distinktion des Starken, der seine Entourage zwar an seinen Genüssen teilhaben ließ, aber gerade dadurch seine dominierende Stellung befestigte.

Übrigens zeigt uns auch dieser Text wieder die enge Verbindung von Tischregeln und *Sympotika*, und zwar sowohl auf der literarischen Ebene als auch auf der faktischen. Denn in die Ermahnungen des Apostels eingelassen ist bekanntlich die bereits zur Tradition (*paradosis*) gewordene Erzählung vom Letzten Abendmahl (der sog. Einsetzungsbericht), und aus der auf unseren Passus folgenden Behandlung der verschiedenen Charismen in der Gemeinde kann geschlossen werden, dass die Gemeinde sich nach dem Essen auch räumlich noch einmal konzentrierte, um ‚Wortbeiträge‘ auszutauschen: „einer steuert einen Psalm bei, ein anderer eine Lehre, wieder ein anderer Zungenreden, dieser eine Offenbarung, jener eine Auslegung“ (14,26). Bei den homerischen Mählern, mit denen diese kurze Skizze begann, war dies der Zeitpunkt, an dem der Sänger seine Leier zur Hand nahm und Heldengesänge anstimmte.

Literaturverzeichnis

Klinghardt, Matthias: *Gemeinschaftsmahl und Mahlgemeinschaft, Soziologie und Liturgie frühchristlicher Mahlfeiern*. Tübingen / Basel 1996.

Smith, Dennis E.: *From Symposium to the Eucharist. The Banquet in the Early Christian World*. Minneapolis 2003.

Stein, Hans Joachim: *Frühchristliche Mahlfeiern. Ihre Gestalt und Bedeutung nach der neutestamentlichen Briefliteratur und der Johannesoffenbarung*. Tübingen 2008.

Vössing, Konrad: *Mensa Regia. Das Bankett beim hellenistischen König und beim römischen Kaiser*. München / Leipzig 2004.

Ders.: „Das ‚Herrenmahl' und 1 Cor. 11 im Kontext antiker Gemeinschaftsmähler". In: *Jahrbuch für Antike und Chistentum* 54 (2011), 41–72.

Ders.: „Platzordnung". In: *Reallexikon für Antike und Christentum* 28 (erscheint 2016).

Die Entdeckung der Freiheit im frühen Christentum

Alfons Fürst

Abstract: Der christliche Philosoph Origenes hat den Gedanken in die Welt gesetzt, dass das Wesen des Menschen von seinen freien Entscheidungen bestimmt wird. Er hat dafür auf das kompatibilistische Nachdenken über Determinismus und Freiheit in der stoischen und aristotelischen Handlungstheorie zurückgegriffen und diese Tradition zu einem Libertarismus weiterentwickelt, in dem Gott, Welt und Mensch konsequent und universal vom Gedanken der Freiheit her konzipiert werden. Seine Idee der Freiheit als Spontaneität und Selbstbestimmung bildet die Grundlage für die Entwicklung der modernen Konzepte von Autonomie und Menschenwürde.

Wir sind Freiheit – die ursprüngliche Einsicht des Origenes

Wir sind Freiheit (...) – Diese kühne Behauptung ist die Entdeckung, die in der Philosophie des frühen Christentums gemacht worden ist. Sie gehört nicht unbedingt zu den weithin bekannten Daten der antiken und europäischen Geistesgeschichte. Aber sie hat diese Geschichte massiv beeinflusst und von Grund auf verändert. In der Neuzeit ist sie so weithin Gemeingut politischen und juristischen Denkens und Maxime individuellen wie sozialen Handelns geworden, dass ihre in ferner Vergangenheit liegenden Wurzeln faktisch in Vergessenheit geraten sind.

Der erste antike Philosoph, der die Freiheit zum Zentrum seiner Deutung des Menschen und der Welt gemacht hat, war der christliche Theologe Origenes aus Alexandria. Im dritten Jahrhundert schuf er die christliche Metaphysik und legte damit die Grundlage für die in der Spätantike Gestalt annehmende christliche Theologie. Seine Überlegungen zur Freiheit Gottes, des Menschen und der gesamten Wirklichkeit gingen in die sich bildenden christlichen Traditionen ein. In der Renaissance und im Humanismus wurden sie neu entdeckt und befruchteten das Nachdenken über den Menschen, das in der Neuzeit mit bis dahin ungekannter Intensität einsetzte. Dieses Freiheitsdenken liegt den modernen Konzepten von Autonomie und Menschenwürde zugrunde. In säkularen Varianten hat es Eingang in die Basisüberzeugungen der modernen Demokratien und Staatsverfassungen gefunden: Alle Menschen sind frei und gleich an Rechten geboren, die Würde des Menschen ist unantastbar.

Die ursprüngliche Einsicht des Origenes besteht in der Entdeckung der unhintergehbaren Freiheit des Menschen als eines selbstbewussten und selbstbestimmten Wesens. Nicht seine Natur im Sinne einer unveränderlichen physischen, psychischen und geistigen Ausstattung, sondern seine aus freiem Willen getroffenen Entscheidungen und die sich daraus ergebenden Handlungen bestimmen, wer er ist. Sein Tun folgt nicht seinem Sein, wie der spätere scholastische Lehrsatz für diese Position lautete, sondern umgekehrt: Sein Wesen ergibt sich aus seinem Tun.

Freiheit als Postulat der praktischen Vernunft – philosophisch und biblisch

Diesen weitreichenden Freiheitsbegriff entwickelte Origenes einerseits aus der Philosophie, andererseits aus der Bibel. Anknüpfend an die stoische Handlungstheorie, versteht Origenes den Menschen als das Wesen rationaler Selbstbewegung. Das vernunftbegabte Lebewesen erkennt man an der Fähigkeit, „durch sich selbst" zu handeln. Den Nachweis für dieses „Vermögen der Selbsttätigkeit" führte er mit Hilfe von sprachlogischen Argumenten, aus denen sich die Unhintergehbarkeit der Spontaneität des Selbst ergibt. Sowohl in Aussagen über Verrichtungen des alltäglichen Lebens wie zu essen, spazieren zu gehen oder zu urteilen als auch in moralischen Sprechakten wie Lob und Tadel kann das Selbst des Subjekts nur um den Preis aufgegeben werden, auf sinnvolle Aussagen über das Denken und Handeln des Menschen zu verzichten. Einen solchen Skeptizismus gegenüber der Realität lehnte Origenes jedoch ausdrücklich ab: Nur um den Preis der Selbstverleugnung kann der Mensch der Überzeugung, dass er selbst Subjekt seines Wollens und Tuns ist, die Zustimmung vorenthalten. Basierend auf einer Analyse der Sprache postulierte Origenes die Selbstbestimmung als *a priori* menschlichen Tuns und begründete so *avant la lettre* die Freiheit als Postulat der praktischen Vernunft.

Biblisch untermauerte Origenes das Postulat der Freiheit ebenfalls mit einem sprachanalytischen Argument: Die allermeisten Partien der

Bibel mit ihren Geboten und Verboten und mit ihren Aufforderungen zur Entscheidung zwischen Gut und Böse werden sinnlos, wenn nicht angenommen wird, dass der Mensch die Fähigkeit dazu besitzt. Freiheit ist für Origenes deshalb eine denknotwendige Voraussetzung der gesamten Bibel ebenso wie der daraus entspringenden kirchlichen Verkündigung, insbesondere eines künftigen Gerichts Gottes über die Taten der Menschen, denn Lohn und Strafe sind nur sinnvoll für Taten, die den Menschen als von ihnen bewusst selbst begangen zugerechnet werden können. Als Grundvorraussetzung der biblischen und christlichen Verkündigung erhob Origenes die Freiheit regelrecht in den Rang eines vierten Glaubensartikels.

Vorsehung und Prädestination – der Libertarismus des Origenes

Schwierigkeiten für dieses Konzept ergeben sich zum einen philosophisch-theologisch aus der Annahme einer Lenkung der Welt durch die Vorsehung Gottes. Paradoxerweise hängen das Vorherwissen und das Vorsehungshandeln Gottes im Konzept des Origenes von den späteren menschlichen Freiheitstaten ab, sind aber nicht deren Ursache. Diese Aporie versuchte er so zu lösen, dass er die Erkenntnis nicht vom Objekt, sondern vom Subjekt, dem der Zeit enthobenen Gott, abhängig machte, der die menschlichen Taten als kontingent und frei vorherweiß und sie in den zeitlos vorherbestimmten, gut endenden Weltlauf einordnet. Das Bemerkenswerte an diesem Vorsehungskonzept ist, dass Origenes an der Freiheit der Akteure im Heilsdrama als Basisgedanken festhält. Zum anderen gibt es in der Bibel vereinzelt deterministische Aussagen, deren Problematik Origenes scharf erkannte und die er im Rahmen seiner Freiheitslehre auslegte. Diese Stellen, etwa die Verstockung des Pharao oder des Volkes Israel durch Gott oder die Verwerfung Esaus und die Erwählung Jakobs bereits vor ihrer Geburt, sollten in der christlichen Theologiegeschichte für unaufhörliche Diskussionen sorgen. Gegen den Paulus des Origenes, der pädagogisch-protreptisch in die Freiheit Gottes und des Menschen einführen will, gibt es auch die Paulusdeutung, die deterministisch auf eine strenge Prädestination hinausläuft. Diese besonders von Augustinus propagierte Deutelinie war oft viel einflussreicher als die auf Origenes zurückgehende Freiheitstradition. Erst in der Neuzeit und innerhalb der Theologie sogar erst in der Gegenwart hat letztere zunehmend Anhänger gefunden.

Autonomie und Menschenwürde – Freiheit konkret

Mit seinem Freiheitsdenken hat Origenes die Autonomie und Würde des Menschen grundgelegt. Die Würde des Menschen gründet in seiner Fähigkeit, kraft seiner Vernunft und seiner natürlichen Disposition zur Tugend ein bewusstes und selbstbestimmtes Leben zu führen. Bestreitet man ihm diese Freiheit mit dem Verweis auf eine angeblich unentrinnbare Determiniertheit des Daseins, raubt man ihm zugleich seine Würde. Damit einher geht ein überaus sensibles Bewusstsein für die vielfältigen Einschränkungen der konkreten Freiheitsausübung. Jeder Mensch ist tief geprägt von seiner Herkunft, seiner Kultur, seiner Erziehung und Bildung, seiner körperlichen Konstitution, seinem Charakter. Nicht nur Origenes, sondern auch andere christliche Theologen zählen in oft langen Elendskatalogen immer wieder die zahllosen Begrenzungen des menschlichen Daseins auf. Diese vielfache Bedingtheit des Menschen dient seit eh und je als Haupteinwand gegen die Freiheit – und gegen Gott. Das Leid ist der Fels des Atheismus. In den antiken Debatten waren die Ungleichheiten zwischen den Menschen und die damit einhergehende Ungerechtigkeit die Bastion des Determinismus. Vor allem dagegen hat Origenes sein Freiheitsdenken entwickelt.

Freiheit Gottes und der Welt – die Wirklichkeit als Freiheitsdynamik

Er blieb damit nicht beim Menschen stehen. Freiheit ist für Origenes nicht nur das *a priori* menschlichen Denkens, Redens und Handelns, sondern die Signatur der gesamten Wirklichkeit. Auch deren Urgrund, Gott, kann nur als Freiheit gedacht werden, als „ungezeugte Freiheit", wie Origenes ihn im Unterschied zur geschaffenen Freiheit der Welt und des Menschen nannte. In umfassender kosmischer Dimension versteht Origenes Natur und Geschichte antiaristotelisch als die Bewegung Gottes, in der dieser sich in liebender Selbstbewegung aus reiner Güte zur Fülle der vielfältigen Wirklichkeit entfaltet und diese, da sie sich in ihrer freien Selbstbewegung von ihrem Urgrund abgewandt hat, in einem lange andauernden Prozess der Erziehung, zu der als pädagogisches Mittel auch Strafen gehören, zur Einheit mit sich zurückführt. Die Wirklichkeit ist für Origenes nicht ein statisches Gebilde, sondern ein dynamisches Kontinuum sich selbst bewegender

Freiheiten, das sich in interagierenden multiplen Prozessen ständig verändert und entwickelt.

Selbstbestimmung zur Freiheit des Selbstseins – der Neuplatoniker Plotin

Es verhält sich nun nicht so, dass Origenes der einzige in seiner Zeit gewesen wäre, der die zentrale Bedeutung der Freiheit erkannte. Eine Generation nach ihm hat der Begründer des Neuplatonismus, Plotin, ebenfalls eine Metaphysik der Freiheit entworfen. Plotin und Origenes hatten denselben Lehrer, den legendären Ammonios Sakkas in Alexandria. Anders als der Christ Origenes verblieb Plotin jedoch in den nichtchristlichen Traditionen der Antike und formte auf dieser Grundlage sein neuplatonisches Freiheitsmodell. Auch in diesem ist Freiheit als Selbstverwirklichung durch Selbstbestimmung konzipiert. Der Kerngedanke des Platonismus, in dem die denkerisch notwendig zu postulierende Einheit der vielfältigen Wirklichkeit gründet, ist „das Eine“. Dieses Eine *ist* seine Freiheit, da es von nichts Anderem in oder außerhalb seines Selbst bestimmt sein kann. Seine Freiheit ist sein Wesen. Diese absolute Freiheit des Selbstseins geht über Selbstbestimmung hinaus, denn das Eine als reine Einheit ist reines Selbst und als solches vollkommen sich selbst genug, bedarf also nicht erst einer Bestimmung seines Selbst, die eine Dualität von Bestimmendem und Bestimmten in die Einheit eintragen würde. Für die vernünftige Seele hingegen gilt, dass sie sich zu diesem Selbstsein bestimmen muss. Diese fundamentale Dimension der Freiheit als Selbstbestimmung zum Guten geht über die Freiheit der Wahl insofern hinaus, als sie nur eine Wahl hat, nämlich von äußeren Zwängen vollständig frei zu werden und ihr höchstes Potential vollkommen zu realisieren. Wahre Freiheit besteht demnach im Streben nach der freien Bestimmung des Menschen zu sich selbst. Freies Leben in diesem Sinne ist die von allen äußeren oder wesensfremden Einflüssen unbeschwerte Betätigung des wahren Selbst. Dieses innere Prinzip persönlicher Freiheit ist der unbedingt erforderliche Grund dafür, dass der Mensch für sein Tun und Lassen Verantwortung übernehmen kann.

Determinismus und Verantwortung – die Stoiker Chrysipp und Epiktet

Dieses Nachdenken über die Freiheit in Verbindung mit der Verantwortung hat in der Antike schon vor dem spätantiken Platonismus eingesetzt. Besonders in den Schulen der Stoa und des Aristoteles, im Peripatos, wurde die Freiheit zum Thema gemacht. Die Kernfrage hierbei war die, ob Determinismus und Freiheit vereinbar sind. Für strikte Deterministen, wie sie insbesondere unter den Stoikern zu finden waren, sind Freiheit und Selbstbestimmung bloße Worte ohne Bedeutung. Schon in der Alten Stoa setzte allerdings eine Debatte darüber ein, ob unter allen Ursachen die Seele (der Mensch) die wirkmächtige Ursache für ein Geschehen und in diesem Sinne selbstmächtig sein kann. Gibt es etwas, „das an uns liegt", wie die stoische Formel dafür lautete? Das Thema geht schon auf Aussagen Platons über ursprünglich wirkende Bewegungen der vernünftigen Seele zurück, die auch Plotin aufgriff, gewann jedoch an Brisanz im Kontext eines strengen Determinismus. Den Stoikern ging es darum, ihre physikalische Theorie eines lückenlosen Netzwerks aus Ursachen und Wirkungen gegen den Vorwurf zu verteidigen, sie zerstöre die Verantwortung und untergrabe damit jegliche Moral. Im Rahmen eines Ursache-Wirkungs-Zusammenhangs also fragten die Stoiker danach, ob es Wirkungen gibt, deren Ursache „an uns" liegt und für die wir konsequenterweise zur Verantwortung gezogen werden können.

In der Alten Stoa hat vor allem Chrysipp diese Frage untersucht und bejaht: Es gibt etwas, „das an uns liegt", insofern, als wir Vorstellungen und Antrieben unsere Zustimmung geben oder verweigern können. Ein Anreiz ist nicht von uns zu beeinflussen – etwa Hunger, also das Verlangen nach Nahrung –, wohl aber unsere Reaktion darauf – im Beispiel also: dem Verlangen nachzugeben oder nicht, es gleich zu stillen oder später. In seiner Zustimmung wird ein rationales Lebewesen zur Hauptursache einer Handlungskette: Je nachdem, wie es auf bestimmte Anreize reagiert, entwickeln sich die folgenden Ereignisse unterschiedlich weiter. In diesem Sinne kann ein Vernunftwesen den in seiner Zustimmung gründenden Anfang einer Handlungsfolge setzen. Wofür ein bestimmtes Individuum sich konkret entscheidet, hängt von seiner geistig-seelischen Disposition ab, die ihrerseits wiederum schicksalhaft geprägt ist. Chrysipp geht es also nicht um Freiheit als Wahl zwischen Alternativen oder als Selbstbestimmung, sondern um die Frage nach der Verantwortung für menschliches Tun, die er der Disposition der Vernunftseele zuschreibt. Notwendigkeit, verstanden als lückenloser Kausalzusammenhang, und Freiheit im Sinne der Fähigkeit zur Zustimmung, die je nach geistig-seelischer Disposition konkretisiert wird, sind vereinbar. In der späteren Stoa, besonders bei Epiktet, verschiebt sich dieses Nachdenken über Freiheit als Fähigkeit der Zustimmung zu äußeren Antrieben zu der Frage, welche konkreten Dinge es sind, „die an uns liegen". Kurz gesagt, sind wir in allem, doch auch nur da frei, wozu wir uns innerlich bewusst verhalten können, auch wenn die äußeren Umstände nicht zu ändern sind. Die Freiheit des Menschen liegt in seiner inneren Unabhängigkeit von äußeren Eindrücken, die auf ihn eindringen; anders gesagt: Die Freiheit dieser Stoiker ist eine Freiheit des Geistes.

Freiheit als Wahlmöglichkeit – der Peripatetiker Alexander von Aphrodisias

Alexander von Aphrodisias, ein Lehrer der aristotelischen Philosophie in Athen und eine Generation älterer Zeitgenosse des Origenes, hat das Freiheitsdenken der Stoiker kritisch aufgegriffen und weiterentwickelt. Den Stoikern ging es lediglich darum, die Verantwortung eines vernunftbegabten Lebewesens im Rahmen eines Determinationszusammenhangs aufrecht zu erhalten, indem sie manche seiner Handlungen seiner in der Vernunft begründeten Fähigkeit, einem äußeren Reiz zuzustimmen oder nicht, zuschrieben. Deren konkrete Ausübung war freilich von der Disposition seiner Vernunftnatur determiniert, weshalb ein bestimmter Mensch in einer bestimmten Situation nach stoisch-chrysippeischer Ansicht nur in einer vorbestimmten Weise und nicht anders reagieren kann. Alexander ging über dieses Konzept hinaus. Er verstand unter Freiheit die nicht prädeterminierte und nicht von seiner physischen und ethischen Veranlagung konditionierte Fähigkeit eines Individuums, in einer bestimmten Situation so oder auch anders entscheiden zu können. Damit machte er eine Bemerkung des Aristoteles, der das, „was an uns liegt", an die Möglichkeit der Wahl des Gegenteils gebunden hatte, zur Grundlage seiner Freiheitstheorie. Freiheit war für Alexander nicht nur die Freiheit von Zwang und äußerer Determinierung, sondern die Freiheit des Wählenkönnens zwischen Alternativen. Das Missverständnis dieser Wahlfreiheit als Willkür vermied er dadurch, dass er die Wahl streng an die Vernunft band. Für diese nicht willkürliche, sondern vernunftgesteuerte Möglichkeit alternativen Handelns argumentierte Alexander mit ähnlichen sprachlogischen Argumenten wie Origenes.

Das frühchristliche Freiheitsdenken – eine Ressource für die Gegenwart?

Angesichts des antiken Nachdenkens über Freiheit kann man nicht sagen, dass die christlichen Theologen die ersten oder die einzigen gewesen wären, die die Freiheit zum Thema ihres Denkens machten. Das geschah vielmehr bereits in der antiken Philosophie. Doch die christlichen Philosophen haben diese Denktraditionen aufgegriffen, sie mit den biblischen Erzählungen über die Freiheits- und Befreiungstaten ihres Gottes verknüpft und damit die Freiheit in einer Weise in das Zentrum ihres Gottes-, Welt- und Menschenbildes gerückt, wie das nie zuvor der Fall gewesen war. In diesem Sinne kann man, zugegebenermaßen etwas zugespitzt, von der Entdeckung der Freiheit im frühen Christentum reden.

Der Ahnherr dieses christlichen Freiheitsdenkens war und blieb Origenes aus Alexandria. Er hat das Postulat der Freiheit nicht nur argumentativ breit grundgelegt, sondern den Freiheitsbegriff weit über das Gebiet der Handlungstheorie hinaus zum Signum der gesamten Wirklichkeit und ihres Grundes, Gott, ausgeweitet. Anders als die philosophische Tradition vor ihm nahm er nicht einen Determinationszusammenhang als Ausgangspunkt und suchte die moralische Zurechnungsfähigkeit des Menschen damit zu vereinbaren. Wie sein Platoniker-Kollege Plotin nach ihm machte er vielmehr den Freiheitsgedanken zum Dreh- und Angelpunkt seiner Welterklärung. Gegen den Determinismus vertrat Origenes entschlossen einen Libertarismus, bejahte also die nicht-determinierte Willens- und Entscheidungsfreiheit, hegte aber zugleich unverkennbare Sympathien für den Kompatibilismus, da er die Freiheit im Rahmen des Vorsehungsglaubens für vereinbar mit der Vorherbestimmung hielt.

So sehr die origeneische Theologie im Zuge der späteren dogmatischen Entwicklungen dem Verdacht der Ketzerei verfiel und manche ihrer Einzelzüge, durchweg vergröbert und verzerrt, für häretisch erklärt wurden, so wenig wurde Origenes für seine ursprüngliche Einsicht kritisiert: die Freiheit des Menschen im Angesicht eines freien Gottes. So fundamental dieses Thema auch war, stand es zwar nie im

Zentrum der dogmatischen Debatten der späteren Jahrhunderte, und Denkrichtungen, in denen die Freiheit mehr oder weniger skeptisch betrachtet wurde, waren vielfach stärker. Doch gänzlich untergegangen ist der Freiheitsimpuls des Origenes nicht. In der Neuzeit wurde er dafür als „das Wunder der christlichen Welt“ gepriesen, nämlich im 17. Jahrhundert von dem Cambridger Platoniker Henry More, der sich für sein philosophisches Konzept eines verpflichtenden inneren Sollens im Menschen wesentlich vom Freiheitsdenken des Origenes hat inspirieren lassen. Philosophie und Theologie der Moderne haben sich die Einsicht, dass wir nicht nur Freiheit in unterschiedlichem Ausmaß haben, sondern wesentlich Freiheit sind, neu errungen, manchmal mit Rekurs auf Origenes, manchmal aus anderen Diskurszusammenhängen heraus. Die theologische Perspektive des Origenes, im Horizont der unhintergehbaren Freiheit des Menschen nach Gott zu fragen, scheint jedenfalls kompatibel zu sein mit dem modernen Selbstverständnis des Menschen als eines sich dynamisch veränderbar selbst bestimmenden Wesens, der in Freiheit wählt, was und wer er sein will, und der eben darin seine unantastbare Würde sieht, die ihren konkreten Ausdruck in Menschenrechten findet. Das Freiheitsdenken dieser christlichen philosophischen Tradition stellt daher eine Ressource dar, aus der sich im schwierig gewordenen Gespräch zwischen der Theologie und den anderen Wissenschaften der Gegenwart vermutlich mit Gewinn schöpfen lässt.

Literaturverzeichnis

Bobzien, Susanne: *Determinism and Freedom in Stoic Philosophy*. Oxford 1998 (^{2}2005).

Hengstermann, Christian: *Origenes und der Ursprung der Freiheitsmetaphysik*. Münster 2016.

Kobusch, Theo: *Christliche Philosophie: Die Entdeckung der Subjektivität*. Darmstadt 2006.

Schockenhoff, Eberhard: *Zum Fest der Freiheit: Theologie des christlichen Handelns bei Origenes*. Mainz 1990.

Westra, Laura: *Plotinus and Freedom: A Meditation on Ennead 6.8*. Lewiston NY 1990.

Glücklich leben mit Augustin

Peter Gemeinhardt

Abstract: Augustins Dialog *De beata vita* greift eine Grundfrage philosophischer Ethik auf und diskutiert sie im Horizont antiker platonischer, stoischer und skeptischer Philosophie. Glücklich sein heißt, Gott zu haben – das aber heißt, wie im Laufe des Dialogs klar wird, den *christlichen* Gott zu erkennen und zum glücklichen Leben vermittels einer christlichen Bildung angeleitet zu werden.

Glücklich leben will gelernt sein. Dazu bedarf es entsprechender Literatur. Sogar vom Kirchenvater Augustin stammt ein Ratgeber „Über das glückliche Leben". Und wenn das Büchlein sich auch vom Verkaufserfolg her nicht mit seinem Bestseller, den „Bekenntnissen", messen kann, so hat es doch in den vergangenen 1.600 Jahren seine Leser gefunden. Und wenn Augustins These stimmt: „Wir alle wollen glücklich sein" (*De beata vita* [*BV*] 2,10), dann ist es die wohl zeitloseste unter den großen Fragen der Menschheit, die hier diskutiert wird.

Eine Anleitung zum glücklichen Leben – nur auf den ersten Blick. Es ist in der Tat eine der Grundfragen der antiken Philosophie, um die es Augustin geht. Aber lebenspraktische Hinweise – soviel sei vorweggenommen – sucht man vergebens. Und schon die Übersetzung von *beata vita* mit „glücklichem Leben" provoziert zum Nachdenken. Mit „Glückshormonen" oder damit, dass der Mensch „seines Glückes Schmied" sei, hat Augustin nämlich herzlich wenig im Sinn. Und es ist auch noch nicht der wichtigste Theologe des Abendlandes, der hier schreibt, sondern ein philosophisch ambitionierter, aber bislang völlig unbekannter Mittdreißiger, der eben erst sein Geschäft als Rhetor aufgegeben, eine lange angebahnte Eheschließung abgesagt und sich mit Freunden und Familienmitgliedern auf ein Landgut nahe Mailand zurückgezogen hat und nun darüber nachsinnt, was „glückliches Leben" ist. Die Form des Dialogs imitiert ohne falsche Bescheidenheit den Übervater der lateinischen Rhetorik, Cicero.

Es ist ein mutiger Einstieg Augustins in die philosophische Schriftstellerei. Damit will sich er einem gewissen Flavius Manlius Theodorus als Protégé empfehlen, denn wer in der Spätantike literarischen Erfolg sucht, braucht einen Promotor. Und so leitet Augustin seinen Traktat mit blumigen, vielmehr nautischen Metaphern ein – er wolle Theodorus demonstrieren, wie man sicher „in den Hafen der Philosophie" einlaufe, „von dem aus man ins Gebiet des glücklichen Lebens" gelange (*BV* 1,1). In einem kurzen biographischen Abriss, der in den „Bekenntnissen" später breit ausgeführt wird, beschreibt Augustin seine Suchbewegung unter den spätantiken Philosophien – von Ciceros *Hortensius* über die Manichäer und die akademische Skepsis bis hin zum Neuplatonismus und der christlichen Religion (*BV* 1,4). Er weiß also, wovon er spricht, wenn er philosophische Diskurse anklingen lässt.

De beata vita eröffnet Einblicke in das Denken Augustins in die Phase tiefgreifender Umwälzungen seines Glaubens, Lebens und Denkens, quasi in den Prozess seiner Wiedergeburt als christlicher Philosoph, nach seiner Bekehrung zum Christentum und noch vor der Taufe, die an Ostern 387 folgen wird. Das Glück als Thema der Philosophie wird hierbei auch zu einem Thema der Bildung, und diese Verbindung von Philosophie, Religion und Bildung steht im Zentrum von Augustins Interesse – und zwar lebenslang.

Über die *vita beata* nachzudenken erfordert ein angenehmes Ambiente. Und so lädt Augustin an seinem 32. Geburtstag, dem 13. November 386, in das Badehaus des Landguts Cassiciacum ein: seine Mutter Monnica, seinen Bruder Navigius, seine Rhetorikschüler Trygetius und Licentius, seine Vettern Lartidianus und Rusticus (die bar der schulischen Bildung in dieser Runde für den gesunden Menschenverstand zuständig sind) und seinen vierzehnjährigen Sohn Adeodatus, der von Zeit zu Zeit mit erstaunlichen Einsichten aufwartet. Das gilt auch für Monnica, die als Frau und Nicht-Philosophin eigentlich zu schweigen hätte, die Dinge aber so prägnant auf den Punkt bringt, „dass wir beinahe, ohne auf ihr Geschlecht zu achten, geglaubt hätten, ein berühmter Mann sitze unter uns" (*BV* 2,10). Das erklärte Ziel ist Konsens: Immer wieder wird betont, dass die Diskussion nicht weitergehen kann, bevor nicht alle den erreichten Gesprächsstand akzeptiert haben. Was glückliches Leben ist, wird nicht per Kampfabstimmung entschieden.

„Wir alle wollen glücklich sein" – darin sind sich alle einig. Was heißt das konkret? „Glücklich ist", so eine erste Antwort, „wer hat, was er begehrt" (*BV* 2,10). Aber nicht alles, was man begehren kann, macht wahrhaftig glücklich; es darf nicht vergänglich und verlierbar, sondern muss „ewig und von zeitloser Dauer" sein. Das gilt zweifellos für Gott, und so scheint das Problem nach wenigen Seiten gelöst zu sein: „Wer also Gott hat, ist glücklich" (*BV* 2,11).

Doch „glücklich" scheint noch nicht präzise genug bestimmt zu sein – und was ist das überhaupt für ein Gott, den man „haben" kann? Augustin erweist sich als gelehriger Platoniker, insofern es für ihn gegenüber dem Guten, Wahren, Seienden nur dessen Negation gibt, weshalb gilt: „Glücklich ist jener, der keinen Mangel leidet" (*BV* 4,23). Doch wäre es falsch, dies auf irdische Bedürfnisse zu beziehen, die im Überfluss gestillt werden können und doch nicht zum Glück führen. Vielmehr ist das glückliche Leben Sache des Geistes, und zwar des *weisen* Geistes: „Wem es an Weisheit nicht mangelt, dem kann es an überhaupt nichts mangeln", so Licentius, und umgekehrt ist Torheit Mangel, also Unglück (*miseria*; *BV* 4,27 f.). Der Weise allein ist glücklich, denn ihn kann nichts Äußerliches tangieren, selbst wenn er Tod und Schmerz nicht immer und überall vermeiden kann. Augustin zitiert den Dichter Terenz (*Andria* 205): „Da du nicht kannst, was du willst, so wolle, was du kannst" (*BV* 4,25) – er argumentiert wie ein geübter Stoiker. Die lange Reise durch die spätantiken philosophischen Schulen hat ihm einen Vorrat an Wissensbeständen verschafft, den er gerne zum Besten gibt.

Dies gilt auch in kritischer Hinsicht. Augustin diskutiert ausführlich die Skepsis der platonischen Akademie, die er durch seine Cicero-Lektüre, aber auch aus eigener Erfahrung kannte (*Confessiones* 5,10,19). Die drei Bücher *Contra Academicos* sind Zeugnisse von Diskussionen über die Skeptiker vor und nach der Abfassung von *De beata vita*. Hiernach gilt: Wenn es den Weise auszeichnet, dass er „keiner Sache zustimmt" (*sapiens nulli rei assentitur*), weil man keine sichere Erkenntnis erlangen könne (*nihil percipi potest*; *Contra Academicos* 2,5,11), dann sind die Akademiker nichts als Mangelverwalter – denn wie alle Philosophen suchen sie die Wahrheit, finden sie aber aus prinzipiellen Gründen nicht, entbehren damit, was sie begehren, und sind darum grundsätzlich unglücklich. „Niemand aber ist weise, wenn er nicht glücklich ist!" (*BV* 2,14).

Aber Augustin setzt der Skepsis nicht einfach eine platonische oder stoische Position entgegen. Er entwickelt eine dezidiert *christliche* Philosophie. Das wird an der Frage deutlich, wer über Wollen und

Können bestimmt. Wenn glücklich sein bedeutet, ein gutes Leben zu führen, und wenn „ein gutes Leben führt, wer Gottes Willen tut" (*De beata vita* 3,18) – dann ist dieser Gott nicht ein Gut, das man haben kann, sondern ein Akteur, dessen Willen man entsprechen soll; und je nachdem, ob das gelingt, „hat" man entweder einen gnädigen (*propitius*) oder feindlichen Gott (*infestus deus*; *BV* 3,19). Monnica insistiert darauf, dass – wenn Gott will, dass der Mensch ihn sucht – er auch dem Suchenden gnädig ist, der Gott noch nicht „hat" (*BV* 3,21). Gerade sie als einfache, aber gläubige Christin lenkt den Blick auf das *christliche* Verständnis von Weisheit. Denn wenn Weisheit das Kriterium des Glücks ist, dann ist zu fragen, was genau unter *Gottes* Weisheit zu verstehen ist. Augustin lässt hier keinen Zweifel: „Der Sohn Gottes ist nichts anderes als die Weisheit Gottes, und der Sohn Gottes ist wahrlich Gott. Gott hat also jeder, der glücklich ist", und diesen Gott zu „haben" heißt, „Gott völlig zu genießen" (*BV* 4,34). Jahre später wird Augustin mit dem Begriffspaar „genießen" (*frui*) und „gebrauchen" (*uti*) grundsätzlich definieren, wie sich der Mensch zu Gott einerseits, zur Welt andererseits verhalten soll (*De doctrina christiana* 1,4,4). Diese und andere Grundentscheidungen der Theologie Augustins sind in *De beata vita* angelegt, aber nicht ausgeführt.

Erneut ist es Monnica, die den Schlussakkord anstimmt, indem sie einen Hymnus des Ambrosius von Mailand zitiert, der Augustin im Folgejahr taufen wird: „Den Betern hilf, Dreieinigkeit!" Monnica fügt hinzu: „Das ist zweifellos das Glück, das ist vollkommenes Leben! Ihm eilen wir entgegen, und wir erwarten mit Recht, dorthin gelangen zu können, in festem Glauben, freudiger Hoffnung und flammender Liebe" (*BV* 4,35). Damit endet nach drei Tagen das philosophische Gespräch im und auf der Wiese am Badehaus.

Es ist kein Ratgeber zur Lebenshilfe, den Augustin verfasst, sondern ein mit allem Ernst argumentierender und dennoch höchst unterhaltsamer philosophischer Dialog. So spielt die symposiastische Gestaltung mit der Korrespondenz von leiblichen und geistigen Speisen: Augustin will an seinem Geburtstag „nicht nur unserer Seele, sondern auch unserem Körper ein etwas köstlicheres Frühstück anbieten" (*BV* 2,9), unterbricht einmal die Wahrheitssuche, weil „auch der Geist bei seinen Mahlzeiten so etwas wie Schwelgerei kennt", offeriert aber einen „Nachtisch", der „aus dem Honig der Rhetorenschulen schmackhaft zubereitet" sei (*BV* 2,13). Schon das Prooemium an Theodorus soll mit der Metapher vom Navigieren durch die stürmische See des Lebens zum bergenden Hafen der Philosophie mehr als nur Augustins rhetorische Fähigkeiten unter Beweis stellen, und so ist auch das Thema der Speise keineswegs nur Ornament: Es muss ja nicht nur der Leib essen, sondern, wie Monnica hellsichtig bemerkt, auch die Seele „nährt sich von Einsicht in die Dinge und von Wissen" (*BV* 2,8). Eine unterernährte Seele leidet hingegen Mangel. Augustin bezeichnet dies als *nequitia* – die Seele verliert das Maß und hält sich nicht mehr an Normen, womit die *nequitia* zur „Mutter aller Laster" wird (ebd.). Dagegen zeichnet sich die wohlgenährte Seele durch *frugalitas* aus: Sie hält Maß, weiß, worin sie sich zu orientieren hat, und kann insofern (mit Cicero) als „Mutter aller Tugend" gelten (*BV* 4,31).

In der Frage, wie es zum „Hunger des Geistes" kommen kann, kehrt die platonische Sicht des Negativen als Mangel wieder: Der Geist von maßlosen und desorientierten Menschen ist keineswegs „voller Fehler und Nichtigkeiten", wie Trygetius anmerkt – als hätte die *nequitia* Substanz –, sondern schlicht „leer". Die Sättigung des Geistes unterscheidet die „Hochgelehrten" (*doctissimi*) von den „Unwissenden" (*imperiti*) (*BV* 2,8). Seele und Geist können und müssen gespeist, d.h. gebildet werden. Aber wie? Für Augustin ist „der Geist solcher, die weder irgendeinen Unterricht genossen noch aus den schönen Künsten geschöpft haben (*qui nullis disciplinis eruditi sunt nihilque bonarum artium hauserint*), noch nüchtern und gewissermaßen hungrig" (ebd.). Satt sind Seele und Geist derer, die den Unterricht in Grammatik und Rhetorik absolviert haben, den Augustin selbst viele Jahre lang erteilt hatte. Ein Bildungsprogramm, nur unter christlichen Vorzeichen, entwickelt Augustin unmittelbar nach *De beata vita* im dritten Dialog aus Cassiciacum, *De ordine*, mit dem Ziel einer Neubegründung der *artes liberales* aus christlicher Perspektive. Kurz zusammengefasst lautet die These: Die Kenntnis der *Wissenschaften* als eines geordneten Zusammenhangs führt zur Erkenntnis der *Wahrheit* und diese zur Einsicht in die *Weisheit*. Man steigt also über Wissenschaft und Wahrheit zur Weisheit empor – und lernt, dass Gott „besser durch Nichtwissen gewusst wird" (*scitur melius nesciendo*; *De ordine* 2,16,44). Aber dieses reflektierte Nichtwissen ist Ergebnis eines *Lernprozesses*, der den Menschen zu Gott und damit zu sich selbst führt – es ist also *Bildung*.

Es ist für die *beata vita* nicht gleichgültig, ob man zu den *doctissimi* oder zu den *imperiti* zählt. Was im Rahmen spätantiken Bildungsdenkens unmittelbar plausibel ist, steht freilich in Spannung zum Verlauf des Dialogs, in dem der *sensus communis* von Rusticus und Lartidianus zwar nur eine sekundäre Rolle spielt, die geistliche Hellsichtigkeit der schulisch ungebildeten Monnica aber umso mehr. Auch wie sich Bildungserwerb und Gottessuche zueinander verhalten, bleibt in der Schwebe. Vor allem aber ist Augustins Auffassung, was ein glückliches Leben sei, noch im Fluss. Gegen den „akademischen" Zweifel betont er, dass man die Wahrheit erkennen, zu Weisheit gelangen und also wissen könne, wie man gut lebe; dem Neuplatonismus entlehnt er die Ansicht, dass der Gegensatz zum Sein der Mangel sei, so dass Sein habe, Wahrheit erkenne und gut lebe, wer keinen Mangel leide; und mit der Stoa ist er sich einig, dass der nicht unglücklich sei, dem nichts wider Willen widerfahre, weil er dem „göttlichen Gesetz der Weisheit" folge. Augustin übt am Ende seines Lebens Selbstkritik (*Retractationes* 1,2,3 f.): Er sei damals zu sehr den Auffassungen antiker Philosophen verhaftet gewesen, anstatt sich konsequent christlicher Denkfiguren zu bedienen. Einem langjährigen Rhetor und eifrigen Adepten aller zeitgenössischer Philosophenschulen musste das offensichtlich schwerfallen.

Die Selbstkritik gilt nicht nur der Ethik, sondern auch dem Konzept einer christlichen Bildung. Zu *De ordine* bemerkt Augustin: „An diesen Büchern missfällt mir, dass ich soviel Aufmerksamkeit den ‚freien' Wissenschaften gewidmet habe, die viele Heilige gar nicht kennen, während die, die sie kennen, keine Heiligen sind" (*Retractationes* 1,3,4). Wie man ein Heiliger nach christlichem Verständnis wird und in diesem Sinne gut lebt – das ist Augustins Projekt der kommenden Jahrzehnte, und dabei tritt die Erbsünde an die Stelle des anthropologisches Optimismus des Frischbekehrten. Aber schon in *De beata vita* macht Augustin deutlich, dass der Mensch nichts sich, sondern alles Gott verdankt: „Nur das ist vollkommene Sättigung des Geistes, nur das ist das Glück: Ehrfürchtig und vollkommen zu erkennen, wer uns zur Wahrheit führt, zu erkennen, welches die Wahrheit ist, die wir genießen, zu erkennen, wodurch wir dem höchsten Maß verbunden sind" (*BV* 4,35). Gott zu genießen und in diesem Sinne ein glückliches Leben zu führen: Das will in der Tat gelernt sein, und in diesen lebenslangen Lernprozess nimmt uns Augustin mit hinein.

Literaturverzeichnis

Augustinus: *Confessiones. Bekenntnisse*. Übers. von Josef Bernhart. Frankfurt 1987.

Augustinus: *Philosophische Frühdialoge*. Übers. von Bernd Rainer Voss, Ingeborg Schwarz-Kirchbauer, Willi Schwarz und Ekkehard Mühlenberg. Zürich/München 1972.

Fuhrer, Therese: „Frühschriften". In: Volker Henning Drecoll (Hg.): *Augustin Handbuch*. Tübingen 2007, 261–275.
Topping, Ryan N.S.: *Happiness and Wisdom. Augustine's Early Theology of Education*. Washington D.C. 2012.
Uhle, Tobias: *Augustin und die Dialektik. Eine Untersuchung der Argumentationsstruktur in den Cassiciacum-Dialogen*. Tübingen 2012.

Tötung aus Notwehr als Sünde

Mittelalterliche Ethik bei Peter Abaelard

Tobias Georges

Abstract: Abaelard profiliert in seiner ethischen Schrift *Erkenne dich selbst* die menschliche Zustimmung zu einer gegen Gottes Willen gerichteten Tötung als sündhaftes Moment, das auch die Tötung aus Notwehr zur Sünde macht. Durch seine Auseinandersetzung mit Augustinus sowie seinen Rückgriff auf antike Traditionen erweist er sich dabei als Repräsentant mittelalterlicher Ethik.

Warum ist Tötung aus Notwehr Sünde? Diese ethisch brisante Frage wirft Peter Abaelard – neben anderen Fragen – in seinem Werk *Scito te ipsum* („Erkenne dich selbst“) (1,5–6) auf. Abaelard ist nicht nur durch seine Liebesgeschichte mit Heloisa bekannt, sondern auch als einer der führenden Köpfe der sogenannten Frühscholastik. Er wirkte in der ersten Hälfte des 12. Jahrhunderts in Paris und verfasste so namhafte Werke wie die *Theologia* und eben das *Scito te ipsum*, das er selber auch als „Ethica“ betitelte und in dem er sich bewusst mit dem Thema Ethik auseinandersetzte. Mit dieser expliziten Thematisierung war das Werk ein Meilenstein in der Entwicklung der mittelalterlichen Ethik.

Während man der oben genannten Frage heute als grundsätzliche Infragestellung begegnen kann (in dem Sinne: Ist Tötung aus Notwehr denn wirklich Sünde?), stand die Sündhaftigkeit der Tötung aus Notwehr im Mittelalter als solche fest. Diskutiert wurde dementsprechend nicht darüber, *ob* diese Tötung Sünde sei. Die Frage strebte vielmehr nach einer stichhaltigen Begründung dafür, dass Tötung auch aus Notwehr sündhaft ist. Was macht nun die Tötung aus Notwehr zur Sünde? Abaelard führt hier – im fiktiven Zwiegespräch mit einem Schüler – das Beispiel eines unschuldigen Dieners an, dessen „grausamer Herr“ ihn „in sinnloser Wut […] mit gezogenem Schwert verfolgt, um ihn zu töten.“ Nachdem alle seine Versuche, zu fliehen und so „der eigenen Tötung zu entgehen“, fehlgeschlagen sind, tötet der Diener „schließlich seinen Herrn, um nicht von ihm getötet zu werden" (1,5,1).

Mit seinem Beispiel konnte Abaelard auf Augustin zurückgreifen, den für das lateinische Christentum prägenden Denker, der am Übergang vom 4. zum 5. Jahrhundert gewirkt hatte. Schon Augustin hatte den Fall reflektiert, bei dem ein Sklave seinen Herrn aus Notwehr tötet, und sich gefragt, warum dieser damit ein schuldhaftes Verbrechen begehe (*De libero arbitrio* 1,4,25–31). Augustin hatte als Grund dafür die menschliche Begierde (*cupiditas*) bzw. den Willen kenntlich gemacht, die im Falle des Sklaven danach strebten, der Furcht vor dem Tod zu entgehen. Augustin – und mit ihm die denkerische Tradition, der Abaelard entstammte – hatte somit das ausschlaggebende Moment für die Sündhaftigkeit der Tötung aus Notwehr dem menschlichen Willen, dem „bösen Willen" (*mala voluntas*) zugewiesen. Von dieser Lösung distanzierte sich Abaelard in prägnanter Weise: Er unterstrich die Zwangslage des Dieners und stellte seinem fiktiven Schüler, der für Augustins Position eintrat, die Gegenfrage: „Sage mir [...] welchen bösen Willen er [der Diener] bei dieser Tat hatte" – natürlich nur, um zu unterstreichen, dass der Diener den Herrn getötet habe, „ohne es zu wollen" (1,5,2), und dass sein Wille vielmehr allein danach gestrebt habe, der eigenen Tötung zu entgehen. Warum aber hatte der Diener dann gesündigt? Abaelards Antwort auf diese Frage lautete: Aufgrund seiner „Zustimmung zur Tötung, der er nicht hätte zustimmen dürfen" (1,5,8), weil sie dem Willen Gottes entgegensteht. Der Begriff der „Zustimmung" (*consensus*) war – zusammen mit der Vorstellung von der „Missachtung Gottes" (*contemptus dei*) – für Abaelards Sündendefinition zentral. Gegenüber Augustin, von dem er natürlich wie seine Zeitgenossen stark geprägt war, meinte er, den schuldhaften Impuls im sündigenden Menschen besser greifen zu können, indem er innerhalb des weiten Willens-Konzeptes differenzierte: Augustin hatte in seinen *Confessiones* („Bekenntnissen") eindrücklich beschrieben, wie im sündigenden Menschen verschiedene Regungen des Willens – der gute und der böse Wille – im Widerstreit lagen. Abaelard hingegen unterschied scharf zwischen dem „Laster des Geistes" (*vicium animi*), welches nur einen „Hang um Sündigen" bewirke (1,2,9), dem „Willen", welchen er im Blick auf die Sünde allenfalls als „unausweichliche Schwachheit" (1,4,3) ansah, der Handlung an sich, welche „zur Vermehrung der Sünde nichts beitrage" (1,14,2) – hier hätte ihm auch Augustin zugestimmt –, und schließlich eben der „Zustimmung“, welche er als Sünde „im eigentlichen Sinn“ profilierte.

Diese Sündendefinition war und ist, wie Abaelards Ethik insgesamt, keinesfalls unumstritten. Abaelard erwies sich mit ihr aber in jedem Falle als herausstehender Repräsentant mittelalterlicher Ethik: Erstens wird an Abaelards Überlegungen sehr anschaulich, was für seine Zeit insgesamt und zumindest bis zum Beginn des 13. Jahrhunderts galt, also bis zu der Zeit, ab der dann Aristoteles zunehmend rezipiert werden sollte: Vor dem 13. Jahrhundert ist Augustinus in ethischen – wie auch insgesamt in theologischen – Fragen die Autorität schlechthin. Sicher setzt sich Abaelard kritisch mit Augustin auseinander. Seine Reflexionen gehen aber von Augustins Fragen und Begrifflichkeiten aus, und auch seine Lösungsansätze bewegen sich bei aller Differenzierung in Augustins Bahnen. So entstammt der Terminus *consensus* (‚Zustimmung‘), mit dem Abaelard sich von Augustin abgrenzt, wiederum den Aussagen Augustins zur Sünde – nur mit dem Unterschied, dass Augustin nicht scharf zwischen Zustimmung und Wille differenzierte. Zweitens steht Abaelards Ethik, über Augustin hinausgehend, für den zu seiner Zeit verbreiteten Rückgriff auf antike Traditionen, vor dessen Hintergrund man sogar von einer „Renaissance des 12. Jahrhunderts“ gesprochen hat. Konkret lässt sich hierfür erneut auf den Begriff *consensus* verweisen, den Abaelard zwar von Augustin übernimmt, den Augustin seinerseits aber der stoischen Philosophie entlehnt hatte. Darüber hinaus sei nur auf den Werktitel „Erkenne dich selbst“ verwiesen, der offensichtlich auf das gleichlautende Motto anspielte, welches seit der Antike dem delphischen Orakel zugeschrieben wurde. Drittens ist Abaelard mit seinem Rückgriff auf die Tradition gerade darin repräsentativ für seine Zeit, dass er sich mit den Vorbildern der Vergangenheit kritisch auseinandersetzte. Seine partielle, und recht offene Infragestellung der Autorität Augustins war sicher ein gewagtes Unterfangen – Abaelards intellektuelle Kühnheit spielte wohl nicht zuletzt dafür eine Rolle, dass er schon zu Lebzeiten von zwei Konzilien verurteilt wurde. Aber grundsätzlich war die kritische Reflexion tradierter Glaubenssätze ein wesentlicher Motor mittelalterlichen Denkens: Das *auctoritas-ratio*-Problem, also die Frage, wie das Verhältnis zwischen autoritativer Überlieferung und menschlicher Vernunft zu bestimmen sei, wird nicht umsonst als wichtiges Charakteristikum der Zeit beschrieben.

Indem Abaelard sich kritisch mit der überragenden Autorität Augustins und dessen Reflexionen zur Tötung aus Notwehr auseinandersetzte, strebte er danach, mit der „Sünde im eigentlichen Sinne" das Moment möglichst präzise zu greifen, mit dem der Mensch schuldig wird, für das er allein – und keine ihm vorgegebenen Faktoren, mithin auch nicht Gott – verantwortlich ist. Für diese Konzentration auf das menschliche Subjekt ist Abaelard einerseits als „erster moderner Mensch" gerühmt worden, andererseits allerdings auch schon zu Lebzeiten des Subjektivismus bezichtigt worden, also der Beurteilung menschlichen Handelns allein aus der Warte des menschlichen Subjekts. Kann Abaelard somit als Subjektivist bezeichnet werden? Diese Frage ist meines Erachtens eindeutig zu verneinen. Hinsichtlich seiner Ethik ist hierfür zunächst darauf zu verweisen, dass er bei seiner Definition der Sünde als *consensus* zwar den Blick auf das menschliche Innere konzentriert, aber den göttlichen Willen eindeutig als die Instanz vor Augen hat, gegenüber der sich diese Zustimmung verfehlt. Das mag angesichts Abaelards Ausdrucksweise bei einer ersten Lektüre nicht ganz klar sein, da er die Zustimmung in vagen Ausdrücken auf das bezieht, „was sich nicht gehört, dass wir es tun oder unterlassen" (1,2,9; vgl. 1,3,4) – d.h. im konkreten Fall auf die Tötung, welcher der Diener „nicht hätte zustimmen dürfen" (1,5,8) –, und an anderer Stelle verstärkt Abaelard die subjektive Note sogar noch, indem er von der „Zustimmung zu etwas" spricht, „dem man glaubt, nicht zustimmen zu dürfen" (1,37,1). Es kann aber kein Zweifel daran bestehen, dass Abaelard mit der göttlichen Instanz als Richtschnur rechnet, die hinter dem steht, „was sich nicht gehört" bzw. was nicht geschehen darf. Das ist schon daran ablesbar, dass er die sündhafte Zustimmung gleichsetzt mit der „Missachtung Gottes und seine[r] Beleidigung" (1,3,2) und auch ausdrücklich von der „Zustimmung zum Bösen" (1,38,2; 1,59,1) spricht – das ja in seinen Augen gerade dem Willen Gottes entgegensteht.

Dass Abaelard kein Subjektivist war, wird hinsichtlich seiner Ethik aber ganz besonders dann deutlich, wenn man betrachtet, wie er das „Tun des Guten" konzipiert. Wie schon am Aufriss seines Werkes „Erkenne dich selbst" ablesbar ist, sieht sein Ethik-Entwurf zwei Teile vor: erstens die „Abwendung vom Bösen", in deren Zusammenhang eben die Sünde eine wesentliche Rolle spielt, sowie zweitens das „Tun des Guten" (2,1,2). Beim „Tun des Guten" könnte man ja angesichts der Sündendefinition vermuten, dass Abaelard es einfach umgekehrt definiert als Zustimmung zu dem, was sich gehört bzw. als Zustimmung zum Willen Gottes. Dem ist aber keineswegs so: Der Begriff *consensus* findet im Kontext rechten Handelns keine Verwendung. Stattdessen nimmt Abaelard hier die menschliche Absicht (*intentio*) in den Blick und steht damit übrigens wiederum in der Tradition Augustins, bei dem dieser Terminus zentral ist. Zunächst einmal wird die Konzentration auf das menschliche Subjekt auch hier wieder sichtbar, insofern als Abaelards die *intentio* für die Beurteilung menschlichen Handelns in den Fokus rückt (1,30–36): Taten sind nicht an sich gut oder böse, sondern aufgrund der ihnen zugrunde liegenden Absicht (1,30,1); und Handlungen, die in der Absicht geschehen, dem Willen Gottes zu entsprechen, können nicht als Sünde im eigentlichen Sinne bezeichnet und als schuldhaft erachtet werden (1,36,1–1,37,2). Was aber, wenn die Absicht in ihrer Einschätzung des göttlichen Willens irrt? Diesen Fall reflektiert Abaelard eingehend (1,36), und hier wird sehr deutlich, wie sehr er in seinem ethischen Denken mit dem Handeln Gottes rechnet: Handelt der Mensch in „irriger", also den Willen Gottes falsch einschätzender „Absicht" (*intentio erronea*; 1,36,3), so ist seine Handlung zwar nicht als schuldhaft, aber auch keineswegs als gut anzusehen. Damit von einer „rechten Absicht" (*intentio recta*; 1,36,4) gesprochen werden kann, muss diese Absicht gemäß Abaelards Vorstellung von Gott erleuchtet werden (vgl. zur Bedeutung des göttlichen „Erleuchtens" für Abaelard *Collationes* 2,166), damit sie den Willen Gottes schauen kann. Abaelard spricht in diesem Zusammenhang mit Blick auf die *intentio* vom „lauteren Auge" (*oculus simplex; Scito te ipsum* 1,36,4), das von Gott selbst sehend gemacht wird, und greift auch hiermit auf ein Bild zurück, das Augustin geprägt hat, in Auslegung von Mt 6,22 f. Rechtes Handeln ist somit immer von Gott gelenktes Handeln. Abaelard sagt es nicht ausdrücklich, aber an dieser Stelle lässt sich erahnen, warum der Begriff *consensus* nur im Blick auf die Sünde Verwendung findet, die *intentio* hingegen auch das Tun des Guten benennen kann: Beim rechten Handeln greifen göttliches und menschliches Handeln untrennbar ineinander. Mit der Absicht wird die Perspektive zwar auf das menschliche Innere gelenkt, eine rechte Absicht ist aber nur dann gegeben, wenn Gott den Menschen lenkt. Der Mensch entscheidet sich nicht für die rechte Absicht, sie ist nicht Gegenstand seiner Zustimmung. Allein das Herausfallen aus der Gemeinschaft mit Gott kann mit dem *consensus* bezeichnet werden. Für die Sünde im eigentlichen Sinne ist allein der Mensch verantwortlich. Mit dieser tragischen Möglichkeit des Menschen rechnet Abaelard, und für sie benennt er dessen Verantwortlichkeit präzise mit dem Terminus „Zustimmung". Aber – das sei noch hinzugefügt –, wie in Abaelards sonstigem Schrifttum noch deutlicher wird, ist auch dieses Tun des Menschen in ein Verständnis von Sünde „in einer weiten Bedeutung" (im Unterschied zur Sünde „im eigentlichen Sinn"; *Scito te ipsum* 1,45,2) eingebettet, in deren Zusammenhang Abaelard auch auf den augustinischen Begriff der „Ursünde" (*originale peccatum*) zurückgreift und mit dem Machtcharakter der Sünde rechnet (vgl. *Römerbriefkommentar*, zu Röm 5,19): Dieser Macht sieht er einerseits das menschliche Subjekt ausgesetzt und andererseits das göttliche Handeln entgegenwirken.

Es bleibt für Abaelard dabei: Tötung aus Notwehr ist Sünde, nicht weil der tötende Mensch sie will, sondern weil ihr die menschliche Zustimmung zu dieser gegen Gottes Willen gerichteten Handlung zugrunde liegt. Gott steht der Sünde aber entgegen und wirkt darauf hin, dass der Mensch mit seinem Willen dem Willen Gottes entspricht und damit das Gute tut, in der rechten Absicht. So typisch diese ethische Position für ihre Zeit in ihrem kritischen Rekurs auf Augustin und antike Traditionen war, so herausragend war sie zugleich in ihrer gedanklichen und begrifflichen Schärfe.

Literaturverzeichnis

Chenu, Marie-Dominique: *L'éveil de la conscience dans la civilisation médiévale*. Montréal/Paris 1969.

Clanchy, Michael T.: *Abaelard: ein mittelalterliches Leben*. Darmstadt 2000.

Georges, Tobias: *Quam nos divinitatem nominare consuevimus. Die theologische Ethik des Peter Abaelard* (*Arbeiten zur Kirchen- und Theologiegeschichte* 16). Leipzig 2005.

Petrus Abaelardus: *Scito te ipsum. Erkenne dich selbst*, hg. von Rainer M. Ilgner (*Fontes Christiani* 44). Turnhout 2011.

Rydstrøm-Poulsen, Aage: *The Gracious God: Gratia in Augustine and the Twelfth Century*. Kopenhagen 2002.

Die Grenzen der Gerechtigkeit

Einsiedlerethik des Isaak von Ninive

Dmitrij F. Bumazhnov

Abstract: Gerechtes Handeln gilt normalerweise als gut und angemessen. Der ostsyrische Kirchenvater Isaak von Ninive (7. Jahrhundert) war jedoch anderer Meinung. Der Beitrag stellt die entsprechenden Ansichten Isaaks in ihrem Kontext vor und erwägt, inwiefern man heute von ihm lernen kann.

In einem uns unbekannten Jahr, gegen das Ende des 7. Jahrhunderts, sah sich ein ostsyrisch-christlicher Einsiedler veranlasst, seine Schülerschar über das richtige Verhalten in einer eher ungewöhnlichen Lebenssituation zu belehren: Sollte ein Anachoret, d.h. ein Mensch, der sich aus dem bewohnten Land (*chora*) zurückzieht, für die Behandlung eines Streitfalls als Richter herangezogen werden, und sollten die Umstände ihm ein Todesurteil nahe legen, so dürfe er dieses auf keinen Fall aussprechen, sondern müsse den Täter auch dann freisprechen beziehungsweise nicht hinrichten lassen, wenn ihm selbst als Vergeltung für dieses Unrecht der Tod drohe.

Auch wenn diese Anweisung uns heute fraglich, ja skurril erscheinen mag, so handelt es sich dabei jedoch um einen in der Geschichte äußerst seltenen und umso mehr ehrwürdigen Versuch, die ethischen Grundsätze des Evangeliums im rechtlichen Bereich zur Geltung zu bringen. Ob die empfohlene Handlungsweise im Gerichtswesen praktikabel ist oder nicht, soll hier nicht diskutiert werden, sondern es soll gezeigt werden, wie die Verankerung dieser Handlungsweise in der Ideenwelt des ostsyrischen Mönchs Isaak von Ninive verankert ist. Wie der Titel dieses Beitrags andeutet, sollen dabei einige Grenzlinien des gerechten Verhaltens schärfer umrissen werden. Zunächst seien aber die Person und das literarische Werk des Isaak von Ninive vorgestellt, auf den diese merkwürdige Empfehlung zurückgeht.

Das einzige mehr oder weniger historisch gesicherte Ereignis seines Lebens war die Erhebung zum Bischof von Ninive (heute Mosul im Nordirak), die zwischen 676 und 680 geschehen sein dürfte. Nach nur fünf Monaten im Amt zog sich Isaak in eine bergige Gegend in Chusistan im heutigen Südwestiran zurück, wo er wohl bis zum Tode als Einsiedler gelebt hat. Seine in syrischer Sprache verfassten Schriften behandeln unterschiedliche Aspekte des Mönchslebens in der Abgeschiedenheit. Sie waren für die Unterweisung der Anachoreten geschrieben und gelten als klassische Werke der christlichen asketischen Literatur. Bis in die achtziger Jahre des 20. Jahrhunderts war nur der erste Band der Werke des Isaak von Ninive bekannt, inzwischen hat man die syrischen Originale der zwei weiteren Bände gefunden und einem breiten Leserpublikum zugänglich gemacht. Beim Zitieren wird mit den römischen Zahlen I bis III auf den Band, mit den arabischen auf die Nummer des entsprechenden Werkes und auf das jeweilige Kapitel beziehungsweise Seite verwiesen.

Kehren wir zum Rat Isaaks zurück, einen Verbrecher gegen die ganze Evidenz seiner Schuld freizusprechen. Einen heutigen Leser mag dabei am meisten stören, dass es Isaak zweifellos bewusst ist, dass diese Tat vollkommen ungerecht ist. Er scheint dies sogar extra betonen zu wollen:

> Und bitte Gott, dass dies [das Todesurteil] nicht von dir hervorgehen möge, sondern, wenn er [der Verbrecher] Böses verdient hat, möge er das Urteil für seine Tat durch die anderen entgegennehmen. Zu schauen, was seine Taten verdienen, ist nicht deine Sache. Durch dich soll ihm [nur] Gutes zuteilwerden. [...] Sei statt Rächer Befreier, statt Streitsüchtiger – Friedensstifter, statt jemand, der [einen anderen] ausliefert, – Märtyrer, statt Kläger – Verteidiger, statt Ankläger – Anwalt. [...] Beschäme die, die das Gerechte lieben, mit deiner Barmherzigkeit. (I 65,456–457).

Dabei versteht Isaak die Gerechtigkeit durchaus konventionell, wie seine Erklärung dieses Begriffes zeigt: „Die Gerechtigkeit (*kenuta*) ist eine gleich bleibende Richtigkeit des Maßes, die jedem gibt, was er verdient hat" (I 50,345). Zu vergleichen wäre die klassische Definition der Gerechtigkeit in der *Rhetorik* I 9 1366b des Aristoteles: „Die Gerechtigkeit (*dikaiosyne*) ist eine Tugend, durch die jeder das Seine erhält." Die Gerechtigkeit, welche Isaak im Blick hat, ist also vor allem gerechte Vergeltung.

Trotz der Übereinstimmung mit Aristoteles fasst Isaak die Gerechtigkeit ausdrücklich negativ auf: „Die Gerechtigkeit (*kenuta*) gehört nicht zur christlichen Lebensweise und sie ist nicht erwähnt in der Lehre Christi.“ (I 50,349). Das gerechte Handeln – Hilfe den Bedürftigen, Nächstenliebe, Ehrlichkeit und ähnliches – war nach Isaak bereits im Alten Testament geboten (I 4,43). Das Neue Testament geht viel weiter: will man die Vollkommenheit (*gmiruta*) im Sinne des Evangeliums erlangen, sagt Isaak, so muss man z. B. jedem, der von dir etwas verlangt, geben, ohne zu erwarten, das Gegebene zurück zu bekommen (I 4,43), eine Einstellung, die das bloße gerechte Handeln übersteigt.

Die scharfe Gegenüberstellung der Gerechtigkeit und Vollkommenheit, bei der die erste mit dem Alten und die zweite mit dem Neuen Testament in Verbindung gebracht werden, war in der christlichen syrischen Literatur nicht neu: Isaak dürfte es aus dem sogenannten „Stufenbuch“ bekannt gewesen sein, einem ostsyrischen asketischen Werk, welches wohl gegen Ende des 4. Jahrhunderts im Nordmesopotamien geschrieben worden ist. Im Mittelpunkt der dreißig Traktate (*Mimre*) des „Stufenbuches“ stehen zwei christliche Gruppen: die Gerechten (*kene*) und die Vollkommenen (*gmire*), die sich an die Gebote des Alten beziehungsweise des Neuen Testaments halten. Wichtig ist, dass die Vollkommenen im „Stufenbuch“ auch als „Einsiedler“ (*ihidaye*) bezeichnet werden (vgl. z. B. XXX 1), ein Wort, das Isaak für sich selbst und für seine Mitmönche verwendet.

Das Verhältnis zwischen den Gerechten und den Vollkommenen (ihre andere Bezeichnung ist „die Jünger des Glaubens“ für die Gerechten und „die Jünger der Liebe“ für die Vollkommenen) ist im „Stufenbuch“ mehr als gespannt: im Traktat (*Mimra*) XXX 4 wird berichtet, dass die Jünger der Liebe von den Jüngern des Glaubens verfolgt und getötet werden. Wenn Isaak schreibt, dass ein Einsiedler, soll er als Richter auftreten und einen Verbrecher zum Tode verurteilen müssen, diesen auch dann „vor dem Bösen (d h. vor dem Todesurteil) bewahren“ soll, wenn er selbst deswegen ums Leben kommen würde (I 65,456), dann spricht viel dafür, dass wir vor uns einen möglichen Fall dieser blutigen Verfolgungen haben: die enttäuschten Kläger vergehen sich an einem mönchischen Schiedsrichter, der bei der Verhandlung ihres Falles die neutestamentlichen Kriterien der Feindesliebe angelegt und den Verbrecher als unschuldig freigesprochen hat.

Nach Isaak wäre das Todesurteil zwar gerecht, aber mit den Idealen eines an die Gebote des Neuen Testaments sich richtenden Einsiedlers nicht vereinbar. Dabei hat Isaak offensichtlich nichts dagegen, dass die Todesstrafe durch andere ausgesprochen und vollzogen sein wird:

„du weißt, wenn jemand [die Todesstrafe] verdient, egal, wer er sei, es ist [von ihm] durch keine lange Zeit entfernt, dass die Justiz ihn durch andere fesselt, die sich dafür eignen." (I 65,457).

Der Einsiedler muss nur zusehen, dass er selbst in die gerechte Vergeltung des Bösen mit dem Bösen nicht verwickelt würde (vgl. Mt 5,38–42). Die kritische Einstellung Isaaks gegenüber der Gerechtigkeit ist aber viel radikaler begründet, als es im „Stufenbuch" der Fall ist. Nach Isaak ist sogar Gott selbst nicht gerecht, natürlich nicht in dem Sinne, dass Er Unrecht schafft, sondern weil seine Gerechtigkeit durch Barmherzigkeit und Liebe überboten wird. Isaak findet für diese Erkenntnis bewusst paradoxale, ja provokative Formulierungen: „Du sollst nicht Gott als gerecht bezeichnen, denn seine Gerechtigkeit ist nicht daraus ersichtlich, wie es dir ergeht." (I 50,357)

Dass Gott, wenn auch mit guten Gründen, als nicht gerecht gelten soll, ist in der frühchristlichen Literatur eine ziemlich ungewöhnliche These. Als Hintergrund dazu sei auf ein anderes Gottesbild hingewiesen, welches Dionysios Areopagita im späten 5. – frühen 6. Jahrhundert n. Chr. entwirft. Nach Dionysios ist die Gerechtigkeit (*dikaiosyne*) einer der Namen Gottes. Gott heißt so, weil Er „allem das gebührende zuteilt" (vgl. oben die Definition des Aristoteles) und dies nicht allein im zwischenmenschlichen Bereich. Vielmehr ist die Gerechtigkeit Gottes bei Dionysios eine kosmische Größe, die das Universum so erhält, wie es ist:

Denn die Göttliche Gerechtigkeit ordnet und bestimmt alles und schenkt, indem sie alles unvermischt und unvermengt vor allem bewahrt, allem Seienden im Hinblick auf die jedem einzelnen Seienden zukommende Würde das ihm Zustehende (vgl. *Die Namen Gottes*, VII 7; Übersetzung von Beate R. Suchla).

Für die Behandlung der Menschen durch Gott bedeutet dies unter anderem einen unentrinnbaren Zusammenhang zwischen dem irdischen Tun und dem jenseitigen Ergehen. Dionysios macht das am Beispiel der Gebete für die Verstorbenen deutlich. Denen, die „ein heiliges Leben geführt haben", verleiht Gott „durch völlig gerechte Abwägung ihrer Verdienste als Gegengabe" das „glänzendste göttliche Leben". Für diese und auch für die, die „zwar unter dem Höchstmaß gottähnlichen Lebens geblieben sind, immerhin aber ein geheiligtes Leben geführt" haben, darf der Bischof bei ihrem Begräbnis beten, dass das ihnen von Gott Verheißene auch wirklich einträfe. Nie würde er dagegen als Verkünder der göttlichen Gerechtigkeit (*dikaiosis*) für die verstorbenen „Nichtgeheiligten" (*anieroi*) bitten, weil ihnen gemäß ihrer irdischen Lebensweise kein „künftiges Geschenk nach Gottes Art verheißen worden" ist (*Über die kirchliche Hierarchie*, VII 557A–564A, Übersetzung von Günter Heil). Die eigentlichen Sünder können also nach Dionysios weder bei Gott noch bei seinen Hierarchen mit einer milden Behandlung rechnen.

Während also der gerechte Gott des Dionysios an den Tun/Ergehen-Zusammenhang gebunden ist und sich darüber nur bei kleineren Vergehen hinwegsetzt, entfaltet Isaak von Ninive eine Theologie der Barmherzigkeit, die das nur gerechte Handeln – sei es bei Gott oder bei den Menschen – bewusst und konsequent bekämpft. Dabei nimmt Isaak sowohl die dies- als auch die jenseitige Perspektive in den Blick und appelliert bei der ersten an unsere Lebenserfahrung mit sich selbst: Gott sorgt für dich, auch wenn du dessen unwürdig bist, und obwohl du in vielerlei Hinsicht Schuld auf dich geladen hast, sucht Er nicht, an dir zu rächen, und für kleinere Dinge, bei denen du den guten Willen gezeigt hast, vergilt Er dir mit großen (I 50,357). Die Bilanz lautet: „Sei Verkünder seiner Güte" (ebenda), das heißt, mach es auch so deinen Mitmenschen gegenüber.

Das Vergelten mit dem Großen für das Kleine impliziert bei Isaak auch das Leben nach dem Tode. In III 6,13–14 erklärt er, wie Gott die Menschen trotz grundsätzlicher Unzulänglichkeit ihrer Natur und ständiger Vereitelung aller menschlichen Anstrengungen, die der Rechtfertigung würdigen Werke zu vollbringen, durch eigene Gnade rechtfertigt. Diese Rechtfertigung braucht sogar keinen menschlichen Umkehrwillen als ihre Voraussetzung (III 6,8). Auch der Gedanke von der Umkehr, den Isaak auf den ersten Blick für das Minimum der menschlichen Leistung hält, wird von Gott selbst eingepflanzt (III 6,14).

Die Frage nach der jenseitigen Bestrafung bei Isaak verdient eine gesonderte Darstellung, hier sei nur so viel gesagt, dass die Höllenqualen nach Isaak durchaus real und schrecklich, wenn auch nicht ewig sind (II 40,7.12). Eine ewig dauernde Strafe wäre nach Isaak mit der Liebe Gottes zu den Menschen unvereinbar und würde eine Veränderung in Gottes Beziehung zu seinen Kreaturen voraussetzen, eine nach Isaak unmögliche und Gottes unwürdige Unterstellung (I 50,357–358, II 40,1–5).

Isaak stellt sich also Gott grundsätzlich und konsequent in allen Bereichen (auch im Handeln durch seinen Sohn, vgl. I 50,357) nicht als gerecht, sondern als barmherzig vor und macht seine Leser für ihr alltägliches Verhalten mit diesem Gottesbild vertraut, an dem sie sich orientieren können (siehe z.B. I 74,507–508).

In diesem Licht sind auch die auf den ersten Blick extravaganten Aussagen zu sehen, in denen Isaak die Gerechtigkeit und die Barmherzigkeit einander gegenüber stellt:

Barmherzigkeit (*mrahmanuta*) und Gerechtigkeit (*kenuta*) in einer Seele sind wie jemand, der Gott und Götzen im gleichen Haus verehrt. Überall ist die Barmherzigkeit der Feind der Gerechtigkeit. (I 50,345).

Der Barmherzige (*mrahmana*), wenn er die Gerechtigkeit (*kenuta*) nicht überwindet, ist nicht barmherzig. Das bedeutet, dass er nicht allein aus sich heraus mit Menschen barmherzig umgehen, sondern auch die Ungerechtigkeit mit Freude und freiwillig ertragen soll. Auch soll er die volle Gerechtigkeit im Umgang mit seinem Mitmenschen weder etablieren noch suchen, sondern ihn barmherzig behandeln und Gerechtigkeit durch Barmherzigkeit besiegen [...]. (I 4,43).

Barmherzigkeit [...] vergilt nicht dem, der Böses verdient. (I 50,345).

Denke daran, dass Christus für die Gottlosen gestorben ist [...], nicht für die Guten. Siehe, wie groß es ist, für die Bösen zu leiden und den Sündern Gutes zu tun! (I 50,348).

Die Bemerkungen Isaaks über das Ertragen der Ungerechtigkeit und den freiwilligen Tod für die Sünder um der Barmherzigkeit willen sind nur durch einen kleinen Schritt von der am Anfang dieses Aufsatzes besprochenen Anweisung entfernt, ein Einsiedler solle einen Verbrecher auch unter Opferung seines eigenen Lebens im Gericht rechtfertigen (I 65,456–457). Wie klein auch dieser Schritt im Denken Isaaks von Ninive sein mag, in der Ideengeschichte bedeutet er nicht weniger als ein Versuch, die Ethik des Neuen Testaments als verbindlichen Maßstab des Handelns im öffentlichen Bereich zu setzen.

Auch wenn dieser Beleg für die heutige Diskussion wahrscheinlich nur eine historische Bedeutung hat, so mahnt der von Isaak von Ninive umrissene Konflikt zwischen Gerechtigkeit und Barmherzigkeit in der Gotteslehre, der individuellen Ethik und der Eschatologie dagegen an die möglichen Engführungen der unausweichlich vergeltenden Gerechtigkeit und ist meines Erachtens für unterschiedliche geisteswissenschaftliche Bereiche hoch aktuell. Eine hervorragende literarische Illustration des negativen Potenzials des durch nichts gemilderten Gerechtigkeitsgefühls bietet die Erzählung von Heinrich von Kleist *Michael Kohlhaas*, die mit der Bemerkung anfängt, dass Kohlhaas „einer der rechtschaffensten zugleich und entsetzlichsten Menschen seiner Zeit“ war.

Literaturverzeichnis

Werke des Isaak von Ninive

1. Band: Isaac of Nineveh: *Mystic Treatises*, übers. von Arend J. Wensinck. Amsterdam 1923.
2. Band: Isaac of Nineveh (Isaac the Syrian): *The Second Part: Chapters IV–XLI*, hg. und übers. von Sebastian Brock. Leuven 1995.
3. Band: Isacco di Ninive: *Terza collezione*, hg. und übers. von Sabino Chialà. Leuven 2011.

Sekundärliteratur

Bumazhnov, Dmitrij F.: „Der Tod des Einsiedlers für einen Verbrecher beim heiligen Isaak von Ninive und das syrische Stufenbuch. Ein neues Zeugnis für die „Märtyrer der Liebe"?". In: Peter Gemeinhardt/Johan Leemans (Hgg.): *Christian Martyrdom in Late Antiquity (300–450 AD). History and Discourse, Tradition and Religious Identity*. Berlin 2012, 225–236.

Chialà, Sabino: *Dall'ascesi eremitica alla misericordia infinita: Ricerche su Isacco di Ninive e la sua fortuna*. Firenze 2002.

„Vernachlässige deine Begabung nicht!"

Die Pflicht zur Bildung im Islam

Lale Behzadi

Abstract: Eine zentrale Forderung mittelalterlicher islamischer Gelehrsamkeit ist das stete Bemühen um Vervollkommnung, wobei der Ausbildung bereits angelegter Fähigkeiten eine besondere Rolle zukommt. Anhand verschiedener Aussagen sowohl des Gelehrten al-Djāḥiẓ als auch anderer Autoren vor und nach ihm wird das Spannungsfeld umrissen, in welchem sich der Mensch befindet, wenn er gottesfürchtig leben und zugleich seinen eigenen Handlungs- und Erkenntnisspielraum nutzen möchte.

Bereits im Koran finden sich drei Begriffe bzw. Bedeutungsfelder, die für den späteren Bildungsdiskurs im Islam von entscheidender Bedeutung waren: ‚arabisch' (*ʿarabī*), ‚klar/deutlich' (*mubīn*) und ‚Verstand/Einsicht' (*ʿaql/albāb*). Mehrfach heißt es, die Schrift sei „als ein arabischer Koran" herabgesandt bzw. zu einem solchen gemacht worden (z.B. Q 39:28; 41:3; 43:3). An vielen anderen Stellen wiederum ist von einem „deutlichen Koran" die Rede (z.B. Q 15:1; 36:69) bzw. von einer „klaren Schrift" (z.B. Q12:1; 43:2; 44:2). Und schließlich zieht sich durch den ganzen Koran hindurch die Aussage, dass die Offenbarung für diejenigen gedacht sei, die „verstehen" bzw. „begreifen" (*yaʿqilūna*), sowie die Hoffnung, dass die Zeichen Gottes von den Menschen verstanden werden mögen (z.B. Q 2:242; 3:118; 12:2; 13:4).

Damit ist eine Denkrichtung vorgegeben, die viele Gelehrte in den ersten islamischen Jahrhunderten zu weitergehenden eigenen Überlegungen inspiriert hat und vor allem Fragen wie diese berührte: Kann die göttliche Botschaft vom Menschen verstanden werden? Wenn ja, welche Wege und Mittel stehen dem Menschen dafür zur Verfügung? Ist jeder Mensch zur Gotteserkenntnis fähig? Wie ist der Umstand zu werten, dass der arabischen Sprache im Koran eine so große Bedeutung beigemessen wird? In welchem Zusammenhang stehen Sprachbeherrschung und Gotteserkenntnis?

Theologen, Philosophen und Literaten haben auf diese Fragen ganz unterschiedliche Antworten gefunden. Eine gemeinsame Tendenz ist jedoch bei fast allen Ansätzen zu beobachten, dass nämlich dem Menschen ein hohes Maß an Eigenverantwortung bei der Entschlüsselung der göttlichen Botschaft und der Sinngebung des eigenen Lebens zugestanden wird.

Als ein prominentes Beispiel mittelalterlicher arabischer Gelehrsamkeit sollen an dieser Stelle einige Denkansätze des ʿAmr ibn Baḥr al-Djāḥiẓ (gest. 868) vorgestellt werden, der in Basra und Bagdad wirkte. Er hat sich in etlichen seiner zahlreichen Schriften zu Fragen menschlicher Erkenntnisfähigkeit sowie zum Verhältnis von Gott und Mensch geäußert und steht stellvertretend für eine außerordentliche geistige Beweglichkeit sowie für die zentrale Bedeutung von Wissenserwerb und Persönlichkeitsbildung im Islam. Im Folgenden wird anhand der drei genannten Schlüsselkonzepte erläutert, wie al-Djāḥiẓ seinen Bildungsauftrag verstanden hat. Dabei handelt es sich nicht um eine vernachlässigbare Einzelmeinung. Vielmehr orientierte sich al-Djāḥiẓ beim Aufbau seiner Werke an den Kompilationsstandards und dem Diskussionsstand seiner Zeit und versuchte, ein möglichst breites Spektrum verschiedener Aussagen zum Thema zu sammeln, die er wiederum kontextualisierte und kommentierte.

Die arabische Sprache

Die Tatsache, dass der Koran in arabischer Sprache offenbart wurde und dass darauf auch im Koran selbst wiederholt hingewiesen wird, hat viele Traktate hervorgebracht, die daraus einen Vorzug des Arabischen gegenüber anderen Sprachen ableiten wollten. Zunächst ging es um den theologischen Beweis und die Begründung der Unnachahmlichkeit des Korans, wie sie auch im Koran selbst beschrieben wird (z. B. Q 17:88); eine Diskussion, an der sich gewissermaßen nur beteiligen konnte, wer des Arabischen mächtig war. Im Zuge der Neuordnung des Gemeinwesens unter islamischer Flagge wurde das Argument darüber hinaus für eine ethnische Superiorität der Araber genutzt; schließlich war das große islamische Herrschaftsgebiet ein Vielvölkerstaat, in dem um Ressourcen und Teilhabe, aber auch um einen möglichst historisch und kulturell verankerten Herrschaftsanspruch gerungen wurde. Während al-Djāḥiẓ einerseits die Besserstellung und vor allem die bessere Eignung der Araber propagiert, Gottes erwähltes Volk zu sein, führt ihn andererseits die Beschäftigung mit den Mechanismen von Spracherwerb und Kommunikation zu einer bemerkenswerten Horizonterweiterung.

Der Vorrang der arabischen Sprache wird von al-Djāḥiẓ dahingehend relativiert, dass es noch keinen Wert an sich darstelle, als Araber geboren zu sein. Dies wird einerseits durch Polemik gegen die als ungebildet geltenden arabische Beduinen illustriert und andererseits dadurch unterstrichen, dass auch die ungläubigen arabischen Zeitgenossen Muḥammads nicht in der Lage gewesen seien, die koranische Botschaft zu verstehen.

Vielmehr gehöre zu einem sinnvollen und gottesfürchtigen Leben das Bemühen, seine eigenen Anlagen bestmöglich auszubilden und zu nutzen. Das ist, so können wir einigen Passagen seines *opus magnum*, dem „Buch der Lebewesen“ (*Kitāb al-ḥayawān*), entnehmen, durchaus auch bei nichtarabischen Menschen und Gruppen vorstellbar.

Über Sprachfehler im Arabischen hat al-Djāḥiẓ sich mehrfach kritisch und abfällig geäußert. Insgesamt kommt er jedoch zu dem Schluss, dass sprachliches Unvermögen selten unabänderlich ist. Auch Menschen, die intellektuelle oder sprachliche Defizite aufweisen oder aber des Arabischen nicht oder nur bruchstückhaft mächtig sind, können im Rahmen des ihnen Möglichen an ihrer Vervollkommnung arbeiten. Je mehr sich al-Djāḥiẓ in das Feld der Kommunikation einarbeitet, desto abstrakter werden die Schlussfolgerungen. Gesteht er zunächst auch den Persern zu, ein Höchstmaß an sprachlicher Perfektion erreichen zu können, so gelangt er am Ende zu der Erkenntnis, die er sogar für manche Tiere gelten lässt, dass es weniger auf die konkrete Sprache ankomme, als vielmehr auf ein geglücktes Kommunikationserlebnis und vor allem ein entsprechendes Bemühen darum.

Klarheit und Differenz

Ausgehend von der koranischen Botschaft, dass Gottes Wort ‚deutlich‘ und ‚klar‘ (*mubīn*) sei, sind viele muslimische Gelehrte zu der Auffassung gelangt, dass es dem Menschen schlicht nicht möglich sei, eine solche göttliche Ebene des Ausdrucks und damit der Erkenntnis zu erreichen. Auch al-Djāḥiẓ beschreibt diese Form der Deutlichkeit (*bayān*) als einen Annäherungswert. Das heißt für ihn jedoch nicht, dass der Mensch auf den Versuch verzichten sollte, möglichst klare Erkenntnis zu erlangen. Dass dieser Versuch, der lebenslanges Lernen voraussetzt, durchaus auch Umwege und Irrtümer einschließt, wird von al-Djāḥiẓ nicht als notwendiges Übel betrachtet, sondern als Teil des menschlichen Seins. In seinem sprachkritischen Werk „Das Buch der Klarheit und der Verdeutlichung" (*Kitāb al-bayān wa-l-tabyīn*) schreibt er:

> Wenn Gott Seine Bücher so hätte herabsenden wollen und die Rede Seiner Propheten und die Hinterlassenschaft Seiner Gesandten derart hätte gestalten wollen, dass sie keines Kommentars bedürfen, dann hätte er das getan. Jedoch erblicken wir weder im Bereich der Religion noch im diesseitigen Leben irgendetwas, was uns in ausreichendem Maße gegeben worden wäre [...] wenn dies so wäre, dann gäbe es kein Wetteifern und keine Rivalität und kein Bemühen um Verbesserung; so aber hat Gott die Welt nicht erschaffen. (Bd. III, 376).

Im Grunde erleben wir hier ein Plädoyer für das wissenschaftliche Streitgespräch, durchaus auch im Bereich der Theologie, das uns auch aus anderen Quellen für diese Zeit bekannt ist. Salons und Gesprächskreise versammelten Menschen verschiedener Glaubensrichtungen und unterschiedlicher islamischer Auslegungsschulen, um sich in der diskursiven Auseinandersetzung zu messen. Ob es in diesen höfischen und akademischen Zirkeln tatsächlich so divers und vielstimmig zugegangen ist, wie die Berichte z.B. über den Kreis des Philosophen al-Sidjistānī (gest. ca. 985) suggerieren, sei dahingestellt. Viele Anekdoten der mittelalterlichen arabischen Literatur und Überlieferungen der islamischen Geschichtsschreibung künden jedoch davon, dass sowohl der öffentliche Disput als auch die ausführliche schriftliche Kommentierung und Gegenkommentierung zentrale Bestandteile des intellektuellen Lebens waren und sich nicht auf akademische Kreise beschränkten. Dissens wird dabei als inhärenter und keineswegs verwerflicher Bestandteil bewusster menschlicher Kommunikation beschrieben. Dazu führt al-Djāḥiẓ den abbasidischen Kalifen al-Ma'mūn (reg. 813–833) an, von dem es heißt, er habe gegenüber einem Kritiker die Deutungsdifferenzen im Islam verteidigt und den Interpretationsvorgang als menschliche Denkübung beschrieben (Bd. III, 376). Die Suche nach Klarheit und Deutlichkeit führt demnach über den gottgewollten Weg der Differenz, der unabgeschlossenen Suche einschließlich eines zuweilen recht großen Ermessensspielraums und der menschlichen Eigenverantwortung, die sich in einem kontinuierlichen Bildungsauftrag niederschlägt.

Verstand und Begabung

Obwohl al-Djāḥiẓ wie viele Gelehrte vor und nach ihm von einer Aufteilung der Gesellschaft in Elite (*khāṣṣa*) und Allgemeinheit (*ʿāmma*) ausging, hat ihn ganz grundsätzlich und schichtenübergreifend die Frage beschäftigt, wie man denn nun dem Ziel einer möglichst klaren Ausdrucks- und Erkenntnisfähigkeit näher kommen könne. Bereits in früheren Texten zur Dichtungstheorie haben Autoren wie z. B. Ibn Sallām al-Djumaḥī (gest. 846) über das Verhältnis von natürlicher poetischer Begabung (*ṭabʿ*) und zu erlernendem dichterischen Handwerkszeug (*ṣināʿa*) nachgedacht. Die Rolle von Inspiration und übermenschlicher Eingebung wurde dabei Schritt für Schritt zurückgestuft, um die mit Sprache und Dichtung befassten Wissenschaften im Sinne eines einzuübenden Spezialistentums aufzuwerten. Als Folge dieser Diskussion wurde die Grenze zwischen Elite und der breiten Masse unscharf, d. h. die Pflicht zur Bildung eröffnete die Möglichkeit, Schranken durch Herkunft zu überwinden und sozial aufzusteigen. Zentrales Element in kontroversen wissenschaftlichen Diskussionen ist der Verweis auf den bereits im Koran verankerten Auftrag an den Menschen, sich seines eigenen Verstandes zu bedienen. Al-Djāḥiẓ stellt in diesem Zusammenhang die rhetorische Frage: „Wozu hat Er ihm [dem Menschen] den Verstand (*ʿaql*) gegeben, wenn nicht zur erwägenden Betrachtung (*iʿtibār*) und zum Nachdenken (*tafkīr*)?" (*Kitāb al-ḥayawān*, Bd. V, 543) Und auch der Literaturtheoretiker al-Djurdjānī (gest. 1078) verleiht in seinem zentralen Werk „Geheimnisse der Wortkunst" (*Asrār al-balāgha*, 241) seiner Überzeugung Ausdruck, dass der Vernunftbegabte und Nachdenkende (*ʿāqil*) zu verstehen imstande sei, wenn er seinen Verstand (*ʿaql*) zum Nachdenken (*fikr*) nutze.

Die Argumentation schwankt dabei häufig zwischen zwei Polen: unverbildete Offenheit für Gottes Wort und eine als ursprünglich und natürlich gewertete intuitive Fähigkeit zum richtigen Verständnis oder passenden Verhalten werden einer Manieriertheit im Ausdruck und jeglichem Bildungsdünkel vorgezogen. Die in poetologischen Diskussionen kritisierte Affektiertheit und Zurschaustellung von Worthülsen vermeintlich Gebildeter werden von al-Djāḥiẓ an vielen Stellen spöttisch angegriffen. Seine Kritik spitzt er dahingehend zu, dass die Araber gerade deswegen so empfänglich für Gottes Wort gewesen seien, weil sie es ohne den Ballast jahrhundertelanger gekünstelter Tradition hätten vernehmen können. Auf der anderen Seite macht sich in seinen Augen schuldig, wer sein intellektuelles Potential nicht nutzt und die als zentral für die islamische Botschaft geltende Pflicht zur Bildung nicht ernst nimmt. Dabei geht er so weit zu behaupten, dass die von Gott geschaffene Welt der menschlichen Erkenntnis bedürfe, um existieren zu können. Verweigere sich der Mensch dieser Aufgabe – lehne er es also ab, an der Ausbildung seiner Gaben und Fähigkeiten zu arbeiten – mache er sich schuldig am Niedergang der Schöpfung. Bildung ist demnach ein Auftrag an jeden gottesfürchtigen Menschen, wobei die Wege und Mittel vielfältig sein können und auch die Ergebnisse dieses Erkenntnisweges nicht von vornherein festzustehen scheinen. Die Hindernisse auf dem Bildungsweg sind offenbar zahlreich, wie al-Djāḥiẓ mehrfach konstatiert. Da gibt es einmal die Neider und Besserwisser, von denen man sich jedoch nicht einschüchtern lassen solle:

> Wenn du Ausdrucksfähigkeit besitzt und spürst, dass du in der Vortragskunst und in der Beredsamkeit Wirkung erzielst, und wenn du die Kraft dieser Gabe bei festlichen Gelegenheiten fühlst, dann lass nicht davon ab, […] das höchste Maß an Deutlichkeit zu erzielen. Die Drohung der Dummen und die Einschüchterung der Feigen dürfen dich nicht abhalten […]. (*Kitāb al-bayān wa-l-tabyīn*, Bd. I, 200).

Wichtig sei es, den Rat erfahrener Lehrer zu suchen, allerdings sei man auch vor falschen Ratschlägen nie gefeit. Der größte Feind der Bildung jedoch ist für al-Djāḥiẓ die eigene Bequemlichkeit und Nachlässigkeit. Der Umgang mit Sprache und Ausdruck – im Sinne einer reflektierten Religiosität – ist für ihn der Schlüssel zu allen anderen Bereichen menschlicher Erkenntnisfähigkeit; gerade hier nütze kein Talent und kein göttlicher Funke, wenn der Mensch nicht selbst tätig wird:

> […] ich rate dir dringend, das Bemühen um den deutlichen Ausdruck und die Verdeutlichung nicht aufzugeben, wenn du glaubst, dass du dazu eine Veranlagung hast und dass sie zu dir passen und dir entsprechen; vernachlässige deine Begabung nicht, sonst beherrscht die Unachtsamkeit das Potential deines Talents und die schlechte Gewohnheit überwältigt es. (*Kitāb al-bayān wa-l-tabyīn*, Bd. I, 200).

Bildung im Islam, ob im persönlichen Streben nach Vervollkommnung oder im Rahmen der vielen Netzwerke und Institutionen, die den Lernwilligen bereits ab dem 9. Jahrhundert zur Verfügung standen, ist nach dieser Lesart eine moralische Verpflichtung für jeden, seine Gaben nicht brachliegen zu lassen; zugleich verweist sie auf etwas, das jenseits des menschlich Erfassbaren liegt, für das der Einzelne aber dennoch – oder gerade deshalb – existentielle Verantwortung trägt.

Literaturverzeichnis

Behzadi, Lale: *Sprache und Verstehen. al-Ǧāḥiẓ über die Vollkommenheit des Ausdrucks*. Wiesbaden 2009.

ʿAmr ibn Baḥr al-Djāḥiẓ: *Kitāb al-bayān wa-l-tabyīn*, hg. von ʿAbdessalām Muḥammad Hārūn, 4 Bde. Kairo 1968.

ʿAmr ibn Baḥr al-Djāḥiẓ: *Kitāb al-ḥayawān*, hg. von ʿAbdessalām Muḥammad Hārūn, 8 Bde. Kairo 1965–69.

Muḥammad ibn Sallām al-Djumaḥī: *Ṭabaqāt fuḥūl al-shuʿarāʾ*, hg. von Maḥmūd Muḥammad Shākir. Kairo 1974.

ʿAbdalqāhir al-Djurdjānī: *Kitāb asrār al-balāgha*, hg. von Hellmut Ritter. Istanbul 1954.

„Trage die Bildung wie ein Ehrenkleid!“

Ethik, Bildung und Ästhetik in der klassisch arabischen Literatur

Isabel Toral-Niehoff

Abstract: Der arabische Begriff *adab* wird in einer Bildungsenzyklopädie des 10. Jh.s. sowohl als feine Bildung wie auch als ethisches Ideal von Zwischenmenschlichkeit und Weisheit definiert. Ethik, Habitus und Ästhetik gingen folglich Hand in Hand. Religion spielte dabei eine wichtige Rolle, denn zwar gab es aus arabischer Sicht *adab* als eine Art *philosophia perennis* schon bei vorislamischen Völkern, aber als höchste Quelle des *adab* galten jedoch der Koran und der Prophetenhadith.

Was ist *adab*?

Bildung (*adab*) ist der erlesenste Edelstein, was seine Natur betrifft, und der kostbarste an Wert. Er erhöht das Ansehen von Menschen niedriger Herkunft; er hilft, erhabene Ziele zu erreichen; er gibt Kraft, wenn man einsam ist; und er macht die Helfer zahlreich, ohne dafür lästige Pflichten einzugehen. Trage die Bildung wie ein Ehrenkleid, nehme sie an als Zierde; sie wird dir Trost spenden in Momenten der Verlassenheit; und sie wird für dich einander feindliche Herzen versöhnen. (*ʿIqd*, 2, 410).

Der arabische Begriff *adab* wurde im vorangehenden Zitat zwar mit dem deutschen Wort „Bildung“ übersetzt, aber dies ist eine verkürzende Wiedergabe, denn *adab* umfasste in der klassischen arabischen Kultur sehr viel mehr Bedeutungsdimensionen. So bezog sich der Begriff sowohl auf eine zwischenmenschliche Ethik wie auch auf ein ästhetisches Verständnis von Menschlichkeit und feiner Lebensart (also auf ein *ethos*); andererseits bezeichnete er auch die Bildungsinhalte selbst (also Texte, in denen *adab* zum Thema gemacht wurde) und die Beschäftigung mit erhabener, schöner Rede und arabischer Sprache; schließlich wurde er zu der bis heute üblichen Bezeichnung für „schöne Literatur“.

Schauen wir in ein klassisches Kompendium des *adab*, nämlich in das „Einzigartige Halsband" (*ʿIqd al-farīd*) des andalusischen Autoren Ibn ʿAbd Rabbih (860–940). Er selbst rühmte sich, für sein Sammelwerk „die feinsten Perlen der Perlen des *adab* ausgesucht zu haben" (*ʿIqd*, 1, 16), das er somit nicht umsonst mit dem Titel „Halsband" zierte. Wir vermuten, dass sein Werk Teil des Bildungsprogramms der arabischen Elite im kalifalen Córdoba seiner Zeit war, denn wer dieses Buch las, konnte mit den feinen Kreisen in Bagdad auf gleicher Augenhöhe kommunizieren. Innerhalb dieses enzyklopädischen Werkes, das sich mit einer großen Bandbreite von Themen beschäftigt – denn ein Mensch mit *adab* sollte von allem „ein wenig" wissen, befasst sich der Autor in einem Teilkapitel monographisch mit *adab*; wir dürfen also davon ausgehen, dass sich hier die Quintessenz des *adab* findet (*ʿIqd* 2, 407–494; 3, 1–65). Welches Verständnis von *adab* finden wir hier?

Zunächst einmal befasst sich Ibn ʿAbd Rabbih mit dem *adab* Gottes, den dieser seinem Gesandten anvertraute. Dieser *adab* sei im Koran festgehalten:

> Gott der Erhabene, gesegnet sei er, hat für seinen Gesandten (Gott segne ihn) alle Worte in seinem ehrenwerten, eindeutigen Buch gesammelt, worin er alle guten, ethischen Maximen in drei Aussagen zusammenfassend anordnete: „*Übe Nachsicht, gebiete, was recht und billig ist, und wende dich ab von den Unwissenden*" (Q 7:199). Mit Nachsicht ist gemeint, sich mit demjenigen zu versöhnen, mit dem man gebrochen hat, und dem zu verzeihen, der einem Unrecht getan hat. Mit dem Gebot des Rechten ist gemeint, dass man hiermit Gottesfurcht zeigt, und seinen Blick von verbotenen Dingen abwendet und die Zunge vor der Lüge schützt; mit dem Gebot, sich von den Unwissenden abzuwenden, ist gemeint, dass man so seine Seele davor bewahrt, sich mit dem Blöden zu befassen und mit dem Stotterer zu streiten. (*ʿIqd* 2, 407).

Aber auch der Prophet hat seiner Gemeinde, der *umma*, einen *adab* vermacht. Dieser findet sich in der Prophetentradition, dem *Ḥadīth*, denn dort findet die Gemeinde eine Richtschnur für richtiges Verhalten. Ibn ʿAbd Rabbih zitiert nun zahlreiche *Ḥadīthe* (*ʿIqd* 2, 408–410), ohne eine Überliefererkette anzufügen, denn es kam ihn auf den Inhalt dieser Maximen an. Wichtige Themen sind hierbei das Gebot der Mäßigung, der Barmherzigkeit, Großzügigkeit, Milde, Mitmenschlichkeit und Bescheidenheit. Ein *Ḥadīth* fasst die „neun Gebote" dieser islamischen Ethik folgendermaßen zusammen (*ʿIqd* 2, 408):

> „Der Prophet sprach: Mein Herr hat mir neun Dinge geboten, und auch ich gebiete euch diese:

1. Ehrlichkeit im privaten wie im öffentlichen Leben
2. Gerechtigkeit, sowohl im Einverständnis wie auch im Zorn
3. Mäßigung im Reichtum wie in der Armut
4. Nachsichtigkeit mit dem, der dir Übles tut
5. Großzügigkeit mit dem, der dir geschadet hat
6. Liebe zu dem, der mit dir gebrochen hat
7. Nachdenklichkeit, wenn du schweigst
8. Gottesgedenken, wenn du sprichst
9. Bedachtheit, wenn du lehrreiche Beispiele nennst!“

Den größten Teil des Kapitels über *adab* macht allerdings der *adab* der Weisen und Gelehrten (*adab al-ḥukamāʾ wa-l-ʿulamāʾ*) aus (*ʿIqd* 2, 410 bis Ende). Hier finden sind zahlreiche Aphorismen, Gedichte und Anekdoten, die einerseits dem Propheten, den Prophetengenossen, Kalifen und Wesiren, andererseits aber auch vorislamischen und nicht-arabischen Weisen zugeschrieben werden: z. B. dem Aristoteles, den weisen persischen Königen Ardaschir und Anuschirwan, den Gestalten aus dem indischen Fabelbuch *Kalīla wa-Dimna* – und wir finden sogar Sprüche aus der Tora.

Dieser *adab* umfasst sehr viele Aspekte. Einerseits geht es um allgemein mitmenschliches und soziales Verhalten, das sich an den zuvor auch bei der Prophetentradition genannten Prinzipien der Mäßigung, Zurückhaltung, Großzügigkeit und Liebe orientiert. Dabei wird mehrfach der Zusammenhang zwischen *adab*, menschlichem Verstand (*ʿaql*), Lebenserfahrung und guten charakterlichen Anlagen betont. Ein besonders großer Raum gebührt dem ethischen Verhalten in der Rede:

> Es zeugt von feinem *adab*, jemanden in seiner Rede nicht übertrumpfen zu wollen. Wenn jemand anderes eine Frage gestellt bekommt, so antworte also nicht an dessen Stelle; wenn er über etwas erzählt, bestreite das nicht; unterbreche ihn außerdem nicht, und zeige ihm auch nicht, dass du ihn belehrst. Und wenn du mit deinem Gesprächspartner redest und dein Argument ihn komplett überzeugt, dann mache es schön für ihn, aus seiner eigenen Argumentation herauszukommen und zeige nicht deinen Sieg. Lerne, schön zuzuhören so wie auch schön zu reden. (*ʿIqd* 2, 419).

Wie an diesem Zitat abzulesen ist, geht es hier um das, was wir heute „emotionale Intelligenz“ in der Gesprächsführung nennen. Interessant ist allerdings, dass dieses Verhalten mehrfach als schön (*ḥasan* und *djamīl*) bezeichnet wird. In der Tat spielt Ästhetik eine große Rolle im *adab* – ethisch wünschenswertes Verhalten gilt zugleich als schön. So kommt es auch, dass schöne Sprache eine so eminente Rolle im *adab* spielt. Im genannten Kapitel des „Einzigartigen Halsbands“ finden sich lange Abschnitte zu den Themen angemessene Sprache, feine Ironie und subtile Anspielungen, aber auch zu Grammatik, seltenen Wörtern und Pedanterie in der Ausdrucksweise (*ʿIqd* 2, 440–494). Der hohe Wert ästhetisch ansprechender Rede zeigt sich auch darin, dass das Vermeiden „hässlicher Wörter" als besonders empfehlenswert gilt. So wird in lobender Bewunderung die Anekdote überliefert, nach welcher der fromme Kalif ʿUmar ibn ʿAbd al-ʿAzīz über einen Furunkel in der Leistengegend redete, ohne anstößige Wörter zu verwenden (*ʿIqd* 2, 460). Auch der Koran, der nach islamischer Auffassung von unnachahmlicher sprachlicher Schönheit ist, umschreibt „Hässliches" mit feinen Anspielungen (*ʿIqd* 2, 460). Sprache ist schließlich mächtig und kann auch destruktiv sein: „Manch eine Wunde durch ein Schwert wurde geheilt – aber es gibt keine Heilung für die Wunde, die durch die Zunge entstand" (*ʿIqd* 2, 441).

Adab betrifft aber auch das, was wir „gutes Benehmen" nennen würden. Dazu zählt z.B. das angemessene Verhalten beim Grüßen: „Der, der läuft, grüßt den, der sitzt; der, der reitet, grüßt den, der zu Fuß ist; der Jüngere grüßt den Älteren" (*ʿIqd* 2, 427) oder beim Küssen: „Ein Imam muss auf die Hand geküsst werden, ein Vater auf seinen Kopf, der Bruder auf die Wange, die Schwester auf die Brust, die Ehefrau auf den Mund" (*ʿIqd* 2, 444).

Interessant ist auch ein Abschnitt zum *adab* in Zusammenhang mit Kindern, die ja laut einem Prophetenḥadīth „die duftenden Kräuter Gottes" und der „Hauch des Paradieses" sind (*ʿIqd* 2, 433). Obwohl die Unterweisung in *adab* und somit das, was wir Erziehung nennen, zentral ist und das Kind erst zum vollwertigen Menschen werden lässt, werden hier vor allem auch Milde und Nachsicht empfohlen (*ʿIqd* 2, 430–437). Diese liebevolle Zuwendung sollte auch Töchtern zukommen, was teilweise umstritten war, wie in dieser Anekdote zum Ausdruck gebracht wird:

> ʿAmr ibn al-ʿĀṣ kam zum [Kalifen] Muʿāwiya, der seine Tochter ʿĀʾysha in den Armen hielt. „Wer ist das?" „Das ist der Apfel meines Herzens", sagte Muʿāwiya. „Lege sie weg," sagte ʿAmr, „denn, bei Gott: Frauen gebären Feinde, heiraten Fremde und lassen Neid entstehen". „Sag das nicht", sagte Muʿāwiya, „denn, bei Gott: Niemand sorgt besser für die Kranken, betrauert besser die Toten, oder spendet so gut Trost bei Sorgen. (*ʿIqd* 2, 433).

So gehört zum *adab* auch ein verantwortungsvolles, fürsorgliches Verhalten gegenüber der Familie. Hier wird ein Ḥadīth zitiert, nach dem

„derjenige, der sich um seine Familie und Kinder kümmert, so viel wert ist wie der Kämpfer im Dschihad" (*ʿIqd* 3, 29).

Verantwortliches Handeln wird auch im Umgang mit Besitz und Geld empfohlen. Das angestrebte Ziel ist hier nicht eine asketische Besitzlosigkeit, und so gilt Betteln auch als verwerflich (*ʿIqd* 3, 40–43). Vielmehr gelten ein maßvoller und verantwortlicher Umgang mit Vermögen als erstrebenswert und hilfreich beim Erreichen von ethischen Verhalten. So wird der enge Zusammenhang zwischen sozialem Ansehen, Besitz und Tugend betont: „Es ist nichts Gutes bei jemandem, der nicht Wohlstand anstrebt, um seine Ehre zu bewahren, seine Männlichkeit zu schützen und seinen Familienangehörigen zu helfen." (*ʿIqd* 3, 30). Denn: „Wisse, dass die fruchtbare Verwendung des Vermögens ein hilfreiches Mittel für edle Taten, für Frömmigkeit und für die Pflege von Freundschaften ist" (*ʿIqd* 3, 30).

Zuletzt ist noch zu betonen, dass das Streben nach Höherem und Absoluten empfohlen wird (*ʿIqd* 3, 19–24):

Der weise Mann erstrebt das Weltliche entweder bis zum Äußersten, oder er verlässt es in Gänze. Er muss auch in einem dieser beiden Orten sein: Entweder zusammen mit den Königen, diese ehrend, oder tugendhaft mit den frömmsten Dienern Gottes. Ein Verlust wird nämlich nicht als Verlust empfunden, wenn ein Gewinn damit verbunden ist, und ein Gewinn wird nicht als Gewinn empfunden, wenn ein Verlust damit verbunden ist. (*ʿIqd* 3, 20).

Zielstrebigkeit, Geduld und Belastbarkeit wie auch die Abkehr von quietistischen Stillstand werden als vorbildhaft dargestellt, denn schon in der Tora steht: „Ich habe dich, Sohn des Adam, aus der Bewegung für die Bewegung geschaffen. So bewege dich, und ich bin mit dir" (*ʿIqd* 3, 24).

Die Leichtigkeit, Eleganz und Ästhetik des *adab* findet sich auch in der Darstellungweise des „Halsbandes" selbst. Denn nicht nur die Sprache besticht durch ihren geschliffenen Stil, sondern auch Humor und Scherz helfen, das Belehrende des Textes zu vergessen. Die folgende Anekdote über den „Furz in der Moschee" ist somit zugleich ein Witz, eine Anspielung auf das islamische Ritualrecht (ein Furz macht rituell unrein für das Gebet) wie auch eine eine geistreiche Belehrung über soziales und kluges Verhalten:

Ein Mann furzte in der Moschee in der Gegenwart des Kalifen ʿUmar ibn ʿAbd al-Khattāb. Als die Gebetszeit kam, sagte ʿUmar: „Ich bitte dringend den ‚Herrn des Furzes', aufzustehen und die rituellen Waschungen zu vollziehen!". Aber keiner stand auf. Da sagte Djarīr ibn ʿAbdallāh: „Oh Gebieter der Gläubigen, bitte uns alle, aufzustehen, um die rituellen Waschungen zu vollziehen!" „Du hast recht!", sagte ʿUmar. „So kenne ich dich: Als Weiser in der vorislamischen Zeit und als Rechtsgelehrter im Islam. So steht auf und wascht euch alle!" (*ʿIqd* 2, 417).

Adab ist nach dem Verständnis des „Einzigartigen Halsbandes", das als ein klassisches Referenzwerk arabischer Literatur gilt, ein ethisches Ideal von Menschlichkeit und Bildung, das in seinem Universalismus und Diesseitsbezug nicht umsonst mit einem islamischen Humanismus in Verbindung gebracht worden ist. Das Verhältnis zur islamischen Religion bleibt allerdings komplex: obwohl es *adab* schon vor dem Islam gegeben hat, so dass er eine Art menschliche Universalie bildet, so sind es gerade der Koran und die Prophetentradition selbst, welche die zentrale Quelle von *adab* und schöner Rede bilden und für deren Definition grundlegend sind.

Literaturverzeichnis

Ibn ʿAbd Rabbih, Aḥmad: *al-ʿIqd al-Farid*. 7 Bde. Hg. von Aḥmad Amīn, bearbeitet von Ibrāhīm al-Ibyārī und ʿAbd al-Salām Tudmīrī. Beirut 1990.

Ibn ʿAbd Rabbih, Aḥmad: *The Unique Necklace*. [Englische Teilübersetzung] Translated by Issa J. Boullata, 3 Bde. Reading 2007–2013.

Fähndrich, Hartmut: „Der Begriff ‚adab' und sein literarischer Niederschlag". In: Wolfhart Heinrichs (Hg.): *Neues Handbuch der Literaturwissenschaft*, Bd. 5: *Orientalisches Mittelalter*. Frankfurt am Main/Wiesbaden 1990, 326–345.

Autorenverzeichnis

Dr. *Elisabetta Abate* (Judaistik)
Studium und Promotion im Bereich der Orientalistik mit Schwerpunkt Judaistik in Venedig, Granada und Wien. Von 2009–2010 Walter-Benjamin-Fellow bei Paideia, The European Institute for Jewish Studies in Schweden. Von 2010–2015 Wissenschaftliche Mitarbeiterin am Courant Forschungszentrum „Bildung und Religion" (EDRIS) der Georg-August-Universität Göttingen. Seit 2015 wissenschaftliche Mitarbeiterin im Nachwuchsprogramm des Sonderforschungsbereichs „Bildung und Religion in Kulturen des Mittelmeerraums und seiner Umwelt von der Antike bis zum Mittelalter und zum Klassischen Islam".

Prof. Dr. *Lale Behzadi* (Arabistik)
Studium der Arabistik, Islamwissenschaft, Iranistik und Deutschen Philologie in Halle/S., Göttingen und Kairo; 1995 Dissertation, 2004 Habilitation. 2005–2008 Gastwissenschaftlerin an der American University of Beirut; seit 2009 Professorin für Arabistik an der Universität Bamberg. Principal Investigator am Courant Forschungszentrum „Bildung und Religion" (EDRIS) der Georg-August-Universität Göttingen.

Dr. *David Bennett* (Philosophie)
Studium der Philosophie und Sprachen und Kulturen des Nahen Ostens; 2011 Promotion an der University of California, Los Angeles. Von 2013–2014 Wissenschaftlicher Mitarbeiter am Courant Forschungszentrum „Bildung und Religion" (EDRIS) der Georg-August-Universität Göttingen. Seit 2014 Wissenschaftlicher Mitarbeiter im Departement Philosophie, Linguistik und Wissenschaftstheorie der Universität Göteborg.

PD Dr. phil. *Dmitrij Bumazhnov* (Sprachen und Kulturen des Christlichen Orients)
Studium der klassischen Philologie und der Sprachen und Kulturen des Christlichen Orients in St. Petersburg und Tübingen. Seit 2008 Privatdozent für Sprachen und Kulturen des Christlichen Orients in Tübingen sowie seit 2011 Wissenschaftlicher Mitarbeiter am Courant Forschungszentrum „Bildung und Religion" (EDRIS) der Georg-August-Universität Göttingen.

Prof. Dr. *Reinhard Feldmeier* (Theologie)
Studium der Theologie in Neuendettelsau, München und Tübingen. Von 1984–1992 Pfarrer der Bayerischen Landeskirche, von 1992–1995 Professor für Altes und

Neues Testament an der Universität Koblenz, 1995–2002 Professor für biblische Theologie an der Universität Bayreuth. Seit 2002 Inhaber des Lehrstuhls für Neues Testament in Göttingen, Mitglied der Akademie der Wissenschaften zu Göttingen. Principal Investigator und seit 2014 Sprecher des Courant Forschungszentrums „Bildung und Religion“ (EDRIS) der Georg-August-Universität Göttingen.

Prof. Dr. *Therese Fuhrer* (Klassische Philologie, Latinistik)
Studium der Klassischen Philologie und Alten Geschichte in Bern, Basel, den USA (Irvine, Pittsburgh), Freiburg i. Br. und Oxford. Professuren in Trier, Zürich, Freiburg i. Br. und an der FU Berlin. Seit 2013 an der LMU München. Mitglied des Wissenschaftlichen Beirats des Courant Forschungszentrums „Bildung und Religion“ (EDRIS) der Georg-August-Universität Göttingen.

Prof. Dr. Dr. *Alfons Fürst* (Theologie)
Studium der Klassischen Philologie und der Katholischen Theologie in Regensburg. Von 1998–2000 Vertretung des Lehrstuhls für Kirchengeschichte an der Otto-Friedrich-Universität Bamberg. Seit 2000 Inhaber des Lehrstuhls für Alte Kirchengeschichte, Patrologie und Christliche Archäologie an der Westfälischen Wilhelms-Universität Münster. Gründer und Leiter der „Forschungsstelle Origenes“. Mitglied des Wissenschaftlichen Beirats des Courant Forschungszentrums „Bildung und Religion“ (EDRIS) der Georg-August-Universität Göttingen.

Prof. Dr. *Tobias Georges* (Kirchengeschichte)
Studium der Theologie in München, Marburg, Erlangen und Halle/Saale. Von 2007–2015 Juniorprofessor und Nachwuchsgruppenleiter am Courant-Forschungszentrum „Bildung und Religion“ (EDRIS) der Universität Göttingen, seit 2015 ebenda Universitätsprofessor für Kirchengeschichte.

Prof. Dr. *Peter Gemeinhardt* (Kirchengeschichte)
Studium der Evangelischen Theologie in Marburg und Göttingen. 2001 Promotion in Marburg, 2006 Habilitation in Jena. Seit 2007 Inhaber des Lehrstuhls für Kirchengeschichte an der Theologischen Fakultät der Universität Göttingen. Principal Investigator und 2010–2014 Sprecher des Courant-Forschungszentrums „Bildung und Religion“ (EDRIS) der Georg-August-Universität Göttingen. Seit 2015 Sprecher des Sonderforschungsbereichs „Bildung und Religion in Kulturen des Mittelmeerraums und seiner Umwelt von der Antike bis zum Mittelalter und zum Klassischen Islam“.

Prof Dr. *Sebastian Günther* (Arabistik und Islamwissenschaft)
Studium der Arabistik und Islamwissenschaft an den Universität Halle-Wittenberg. 1998–2008 Professor für Arabische Sprache und Literatur an der University of Toronto (Kanada); seit 2008 Inhaber des Lehrstuhls Arabistik und Islamwissenschaft in Göttingen. Principal Investigator und seit 2010 stellvertretender Sprecher des Courant-Forschungszentrums „Bildung und Religion“ (EDRIS) der Georg-August-Universität Göttingen.

Dr. *Stefanie Holder* (Alte Geschichte)
Studium der Alten Geschichte, Gräzistik, Philosophie und Neueren Geschichte in Jena und Wien. Von 2010 bis 2015 wissenschaftliche Mitarbeiterin am Courant Forschungszentrum „Bildung und Religion" (EDRIS) der Georg-August-Universität Göttingen. Seit März 2015 Assistentin am Lehrstuhl für Alte Geschichte an der Helmut-Schmidt-Universität Hamburg; im September 2015 Aufenthalt als Gastwissenschaftlerin an der Universität Leiden/NL.

Prof. Dr. *Rainer Hirsch-Luipold* (Evangelische Theologie und Klassische Philologie)
Studium der Evangelischen Theologie und Griechischen Philologie an den Universitäten Tübingen, München, Berlin und Cambridge (GB). 2001 Promotion; 2010 Habilitation. Seit 2011 Ordentlicher Professor für Neues Testament an der Universität Bern. Principal Investigator am Courant Forschungszentrum „Bildung und Religion" (EDRIS) der Georg-August-Universität Göttingen.

Dr. *Damien Janos* (Islamwissenschaft)
Studium der Islamwissenschaft (BA) an der McGill University und Islamische Kunst und Architektur (MA) an der Oxford University; 2009 Promotion an der McGill University. Wissenschaftlicher Mitarbeiter an der Universität Bochum. 2010–2013 Wissenschaftlicher Mitarbeiter am Courant Forschungszentrum „Bildung und Religion" (EDRIS) der Georg-August-Universität Göttingen. 2013–2014 Forscher am Max Planck Institut für Wissenschaftsgeschichte in Berlin. Seit 2015 unabhängiger Forscher in Kanada.

Dr. *Anna Lefteratou* (Klassische Philologie)
Studium der Antiken Griechischen Literatur in Athen (BA) und Paris (MA). 2004–2005 Gymnasiallehrerin für Altgriechisch und Latein (Athen); 2008–2009 Mitglied des „Oxford Outreach Projekts „Klassische Philologie für Schüler". 2006–2010 Promotion an der University of Oxford, Corpus Christi College. 2010–2015 Wissenschaftliche Mitarbeiterin und Dorothea Schlözer Research Fellow am Courant Forschungszentrum „Bildung und Religion" (EDRIS) der Georg-August-Universität Göttingen.

Prof. Dr. *Heinz-Günther Nesselrath* (Klassische Philologie)
Studium der Klassischen Philologie und der Alten Geschichte an der Universität zu Köln. 1981–1989 wissenschaftlicher Mitarbeiter am Institut für Altertumskunde der Universität zu Köln, 1989–1992 Heisenberg-Stipendiat der Deutschen Forschungsgemeinschaft, 1992–2001 Professor für Klass. Philologie (mit besonderer Berücksichtigung des Griechischen) an der Universität Bern, seit 2001 für Klassische Philologie an der Georg-August-Universität Göttingen. Mitglied der Akademie der Wissenschaften zu Göttingen. Principal Investigator am Courant Forschungszentrum „Bildung und Religion" (EDRIS) der Georg-August-Universität Göttingen.

Prof. Dr. *Angelika Neuwirth* (Arabistik)
Studium der Arabistik und Klassischen Philologie in Göttingen, Teheran, Jerusalem. Habilitation in München, Lehrtätigkeit in München, Amman, Bamberg, Kairo. Tätigkeit als Direktorin am Orient-Institut Beirut und Istanbul. Lehrstuhl für Arabistik an der Freien Universität Berlin. Emeritiert. Leiterin des Corpus Coranicum Projekts an der Berlin-Brandenburgischen Akademie der Wissenschaften. Mitglied des Wissenschaftlichen Beirats des Courant Forschungszentrums „Bildung und Religion" (EDRIS) der Georg-August-Universität Göttingen.

Gabriela Ryser (Klassische Philologie)
Studium der Lateinischen Sprache und Literatur, English Linguistics und der Griechischen Sprache und Literatur an der Universität Fribourg (Schweiz). Zusätzliche Ausbildung zur Gymnasiallehrerin in Latein und Englisch. 2010–2015 Wissenschaftliche Mitarbeiterin (Doktorandin) am Courant Forschungszentrum „Bildung und Religion" (EDRIS) und seit 2016 Doktorandin am Seminar für Religionswissenschaft – Schwerpunkt Europäische Religionsgeschichte der Georg-August-Universität Göttingen.

Prof. Dr. *Jens Scheiner* (Islamwissenschaft)
Studium der Islamwissenschaft, Wirtschafts- und Sozialgeschichte und des Öffentlichen Rechts an der Eberhardt-Karls-Universität Tübingen und der University of Edinburgh. 2008–2010 Wissenschaftlicher Mitarbeiter am Institut für Islamwissenschaft der Freien Universität Berlin. 2010–2016 Juniorprofessor und Nachwuchsgruppenleiter am Courant Forschungszentrum „Bildung und Religion" (EDRIS) der Georg-August-Universität Göttingen. Seit 2016 ebenda Professor für Islamwissenschaft.

Prof. Dr. Dr. h. c. *Günter Stemberger* (Judaistik)
Studium von Theologie und Judaistik in Innsbruck, Colchester, Lyon und Rom. 1977–2009 Professor für Judaistik an der Universität Wien. Emeritiert. Mitglied und Sprecher des wissenschaftlichen Beirats des Courant Forschungszentrums „Bildung und Religion" (EDRIS) der Georg-August-Universität Göttingen.

Prof. Dr. *Ilinca Tanaseanu-Döbler* (Religionswissenschaft)
Studium der Religionswissenschaft, Theologie und Philosophie in Bayreuth. 2009–2015 Juniorprofessorin und Nachwuchsgruppenleiterin am Courant Forschungszentrum „Bildung und Religion" (EDRIS) der Georg-August-Universität Göttingen. Seit 2015 ebenda Professorin für Religionswissenschaft – Schwerpunkt Europäische Religionsgeschichte.

PD Dr. *Isabel Toral-Niehoff* (Arabistik)
Studium der Geschichte und Islamkunde in Tübingen, 1997 Promotion und 2008 Habilitation an der FU Berlin im Fach Arabistik. 1997–2002 Mitarbeiterin am SFB „Identitäten und Alteritäten" in Freiburg i. Br.; 2004–2007 DFG Forschungsprojekt zum spätantiken Irak. Weitere Forschungsprojekte in Berlin (DFG 2009–12) und London (Marie Curie 2012–2014). Seit 2014 Wissenschaftliche Mitarbeiterin am

Courant Forschungszentrum „Bildung und Religion“ (EDRIS) der Georg-August-Universität Göttingen.

Prof. Dr. *Tor Vegge* (Neues Testament)
Studium der Theologie und Gräzistik in Oslo. Seit 2013 Professor für Neues Testament an der Universität Agder. Mitglied des wissenschaftlichen Beirats des Courant Forschungszentrums „Bildung und Religion“ (EDRIS) der Georg-August-Universität Göttingen.

Prof. Dr. *Konrad Vössing* (Alte Geschichte)
Studium der Geschichte, der Klassischen Philologie und der Archäologie in Berlin und Bordeaux. Seit 2005 Professor für Alte Geschichte an der Rheinischen Friedrich-Wilhelms-Universität Bonn. Mitglied des wissenschaftlichen Beirats des Courant Forschungszentrums „Bildung und Religion“ (EDRIS) der Georg-August-Universität Göttingen.

Dr. *Monika Winet* (Islamwissenschaft)
Studium der Islamwissenschaft und Iberoromanischen Sprach- und Literaturwissenschaft an den Universitäten Zürich, Basel und Freiburg i. Br.; 2001 Promotion; 1996–2009 Assistenz und Oberassistenz am Orientalischen Seminar der Universität Basel sowie 2009 Geschäftsleitung ad interim des Seminars. 2001–2002 Wissenschaftliche Mitarbeiterin an der Universität Freiburg i. Br.; 2009–2015 Koordinatorin/Wissenschaftliche Mitarbeiterin am Courant Forschungszentrum „Bildung und Religion“ (EDRIS) der Georg-August-Universität Göttingen.

Abkürzungen

Altes Testament

Gen	Genesis
Ex	Exodus
Lev	Leviticus
Num	Numeri
Dtn	Deuteronomium
Jos	Josua
Ri	Richter
Rut	Rut
1 Sam	1. Buch Samuel
2 Sam	2. Buch Samuel
1 Kön	1. Buch der Könige
2 Kön	2. Buch der Könige
1 Chr	1. Buch der Chronik
2 Chr	2. Buch der Chronik
Esra	Esra
Neh	Nehemia
Tob	Tobit
Jdt	Judit
Est	Ester
1 Makk	1. Buch der Makkabäer
2 Makk	2. Buch der Makkabäer
Hiob	Hiob
Ps	Psalmen
Spr	Buch der Sprüche
Koh	Kohelet
Hld	Das Hohelied Salomos
Weish	Die Weisheit Salomos
Sir	Jesus Sirach
Jes	Jesaja
Jer	Jeremia
Klgl	Die Klagelieder Jeremias
Bar	Das Buch Baruch
Ez	Ezechiel
Dan	Daniel
Hos	Hosea
Joel	Joel

Am	Amos
Obd	Obadja
Jona	Jona
Mi	Micha
Nah	Nahum
Hab	Habakuk
Zef	Zefanja
Hag	Haggai
Sach	Sacharja
Mal	Maleachi

Neues Testament

Mt	Matthäusevangelium
Mk	Markusevangelium
Lk	Lukasevangelium
Joh	Johannesevangelium
Apg	Apostelgeschichte
Röm	Römerbrief
1 Kor	1. Korintherbrief
2 Kor	2. Korintherbrief
Gal	Galaterbrief
Eph	Epheserbrief
Phil	Philipperbrief
Kol	Kolosserbrief
1 Thess	1. Thessalonicherbrief
2 Thess	2. Thessalonicherbrief
1 Tim	1. Timotheusbrief
2 Tim	2. Timotheusbrief
Tit	Titusbrief
Phlm	Philemonbrief
Hebr	Hebräerbrief
Jak	Jakobusbrief
1 Petr	1. Petrusbrief
2 Petr	2. Petrusbrief
1 Joh	1. Johannesbrief
2 Joh	2. Johannesbrief
3 Joh	3. Johannesbrief
Jud	Judasbrief
Offb	Offenbarung des Johannes
Apk	Apokalypse

Koran

Q XX:YY	Koran, Sure XX: Vers YY

Geographisches Verzeichnis

Africa

Gebiet an der nordafrikanischen Mittelmeerküste, das nach der endgültigen Niederlage Karthagos 146 v. Chr. römische Provinz wurde und zur Zeit seiner größten Ausdehnung in etwa den Norden des heutigen Tunesiens sowie Tripolitanien umfasste.

Alexandrien

Die Stadt in Ägypten wurde 331 v.Chr. von Alexander dem Großen gegründet. Sie entwickelte sich zu einem wichtigen Zentrum der hellenistischen Welt sowie des römischen und byzantinischen Ägypten. Nach der Islamischen Eroberung Ägyptens 641 n.Chr. und mit der Gründung von Kairo verlor sie ihre Bedeutung.

Antochia (am Orontes)

Stadt im antiken Syrien und eines der Zentren des Antiken Christentums (heute Antakya in der Türkei). In römischer Zeit war sie neben dem ägyptischen Alexandria und (später) Konstantinopel eine der größten und bedeutendsten Städte im östlichen Mittelmeerraum.

Athen (in der Antike)

Seit der Jungsteinzeit besiedelt, war die Stadt eine wichtige griechische Polis und ein intellektuelles Zentrum der griechischen Welt. Athen ist der Entstehungsort der attischen Demokratie. Auch nach der Einverleibung in das Römische Reich 86 v.Chr. blieb Athen kulturell bedeutend. Sie war bis 529 Sitz der griechischen Philosophenschulen (Platonische Akademie, Aristotelischer Peripatos, Stoa und der Garten des Epikur).

Bagdad

Die Stadt wurde zu Ufern des Tigris im mittleren Irak 762 vom Abbasidenkalif al-Manṣūr als neue Hauptstadt des Kalifats gegründet. Die Stadt entwickelte sich bald zum wirtschaftlichen, kulturellen und politischen Zentrum in der islamischen Welt, Ort zahlreicher Bibliotheken und Übersetzungsaktivitäten. 1258 von den Mongolen erobert, verlor sie allmählich an Bedeutung.

Basra

638 gegründete islamische Stadt im Süden Iraks nahe des Persischen Golfes und wichtiges Gelehrten- und Handelszentrum bis zur Mongolenzeit im 13. Jahrhundert.

Cordoba
Stadt in Andalusien zu Ufern des Guadalquivir. Die Stadt ist schon seit vorrömischer Zeit bezeugt und entwickelte sich in römischer Zeit zu einem wichtigen urbanen Zentrum Südspaniens. 711 von den Muslimen erobert, wurde sie 756 Hauptstadt des umayyadischen Emirats, und ab 929 des Kalifats von Cordoba. Nach 1031 (Zusammenbruch des Kalifats) verlor sie allmählich an Bedeutung.

Dalmatien (Dalmatia)
War ab etwa 8 v. Chr. eine Provinz des Römischen Reiches. Sie umfasste weite Teile Kroatiens, Bosniens, der Herzegowina, Serbiens, Montenegros und des nördlichen Albaniens.

Damaskus
Liegt 15 Kilometer östlich der Grenze Syriens zum Libanon. Die Stadt ist seit über 3000 Jahren kontinuierlich besiedelt; überregionale Bedeutung erlangte sie vorübergehend in islamischer Zeit als Hauptstadt des Umayyadenkalifats (661–750). Aber auch nach der Gründung Bagdads 762 blieb Damaskus eines der wichtigsten urbanen und intellektuellen Zentren Syriens.

Hippo
Antike Küstenstadt im heutigen östlichen Algerien. Der Kirchenvater Augustinus war dort Bischof von 396 bis zu seinem Tod 430.

Jerusalem
Eine Stadt in den judäischen Bergen zwischen Mittelmeer und Totem Meer. 1000 v. Chr. wurde Jerusalem Hauptstadt des Königreichs Juda (Israel Nordreich, Hauptstadt Samaria) und Sitz des Tempels Salomos. Die Stadt blickt auf eine wechselvolle Geschichte von zahlreichen Eroberungen zurück (Babylonier, Perser, Römer, Araber, Kreuzfahrer). Ihre Bedeutung beruht auf ihrer Rolle als Heilige Stadt für Juden, Christen und Muslime, war sie doch Wirkungsstätte verschiedener Patriarchen, Propheten, Priester und Könige.

Konstantinopel
Stadt am Bosporus (Türkei), heutiges Istanbul. 660 v. Chr. unter dem Namen Byzantion gegründet. 330 n.Chr. machte sie der Römische Kaiser Konstantin zur Hauptresidenz, 337 wurde sie in Constantinopolis umbenannt. Bis zur osmanischen Eroberung 1453 Haupstadt des Byzantinischen Reiches, danach als Istanbul Hauptstadt des Osmanischen Reiches.

Konya
Siebtgrößte Stadt der Türkei, ca. 200 km südlich von Ankara. Der ursprüngliche Name der Stadt „Ikonion" ist seit dem 4. Jhd. vor Christus nachgewiesen. Die Stadt gilt als Geburtsort der Heiligen Thekla und wird im Zusammenhang mit Paulus in der Bibel (Apg) erwähnt. Blühende Hauptstadt des unabhängigen Seldschuken-Sultanats (11.–14. Jhd.), später Teil des Osmanischen Reiches. In osmanischer Zeit war Konya ein bedeutendes religiöses Zentrum.

Mailand (Milano)
Stadt im Norden Italiens, wichtiges urbanes Zentrum seit der Römerzeit, in der Spätantike nach Rom die wichtigste Stadt des Westens. Wichtiges Bistum, dort wirkte Bischof Ambrosius, der den Kirchenvater Augustin 387 taufte. Im Mittelalter entwickelte sich Milano zu einer zentralen italienischen Kommune.

Maranga am Tigris
Ort einer Schlacht 363 zwischen den Sassaniden und dem Kaiser Julian, in der Nähe des heutigen Samarra im nördlichen Irak.

Mekka
Stadt im westlichen Arabien, Geburtsort und erste Wirkungsstädte des Propheten Muḥammad. Die Stadt gilt den Muslimen als heilig, sie beherbergt die heilige Kaaba, ist Ziel der obligaten islamischen Pilgerfahrt und bestimmt die Gebetsrichtung der Muslime.

Mesopotamien
Historische Landschaft, die von den Flüssen Tigris und Euphrat geprägt war, Griechisch: das „Land zwischen den Flüssen".

Ninive
Eine mesopotamische Stadt im heutigen Irak, am linken Ufer des Tigris, an der Stelle des heutigen Mosul, Hauptstadt des neuassyrischen Reiches. In der Spätantike Sitz eines Bistums.

Oberpannonien
Historische Landschaft in Westungarn.

Palästina
Historische Landschaft an der südöstlichen Küste des Mittelmeers. Name einer Römischen Provinz.

Panopolis (heutiges Achmin)
Stadt in Oberägypten.

Rom
Stadt im mittleren Italien von überragender historischer Bedeutung als Hauptstadt des Römischen Imperiums und ab der Spätantike als Sitz des Papstes.

Personenverzeichnis

Abū Bakr al-Shiblī (gest. 946)
Persischer Sufi aus Persien. Bevor er den mystischen Pfad beschritt war er ein hoher Beamter in Bagdad. Er war ein Schüler von Djunayd.

Abū Naṣr al-Sarrādj (gest. 988)
Persischer Sufi und Gelehrter.

Agrippina (gest. 59)
Ehefrau des Kaisers Claudius und Mutter des Nero.

Alarich (gest. 410)
Westgotischer Heerkönig, unter seiner Führung wurde Rom 410 geplündert.

Albertus Magnus (gest. 1280)
Gelehrter, Theologe und Kirchenmann, Wegbereiter des christlichen Aristotelismus des Mittelalters. Lehrer des Thomas von Aquin.

Al-Bukhārī siehe Bukhārī

Al-Djāḥiẓ siehe Djāḥīẓ

Al-Djurdjānī siehe Djurdjānī

Alexander von Aphrodisias (um 200)
Griechischer Philosoph, zählt zu den Peripatetikern. Er gilt als der bedeutenste Aristoteles Kommentator der Antike.

Al-Ghaz(z)ālī siehe Ghaz(z)ālī

Al-Ḥasan al-Baṣrī siehe Ḥasan al-Baṣrī

ʿAlī (ibn Abī Ṭālib) (gest. 661)
Vetter und Schwiegersohn des Propheten Muḥammad. Von 656–661 vierter Kalif für die Sunniten. Schiitische Muslime betrachten ihn hingegen als den rechtmäßigen Erben des Propheten, dessen Vorrecht missachtet wurde; sie sehen ihn als den ersten Imam. Auch dessen Söhne Ḥasan und Ḥusayn spielen eine wichtige

Rolle für die Schia. Das *Nahdj al-Balāgha* ist eine Sammlung von Überlieferungen zu *'Alī*, die in der arabischen Literatur eine wichtige Rolle spielte.

Al-Kindī siehe Kindī

Alkinoos (2 Jhd.)
Griechischer Philosoph, bekannter Mittelplatoniker. Verfasser eines Handbuchs mittelplatonischer Philosophie (*Didaskalikos*).

Al-Ma'mūn siehe Ma'mūn

Al-Naẓẓām siehe Naẓẓām

Al-Qushayrī siehe Qushayrī

Al-Sidjistānī siehe Sidjistānī

Al-Suhrawardī siehe Suhrawardī

Al-Sulamī siehe Sulamī

Al-Tirmidhī siehe Tirmidhī

Ambrosius von Mailand (gest. 397)
Bischof, einer der vier lateinischen Kirchenväter. Kämpfte gegen den Arianismus. Beeinflusst von den Lehren des Philo von Alexandrien und des Origenes.

Ammianus Marcellinus (gest. ca. 400)
Bedeutenster lateinischer Geschichtsschreiber der Spätantike. Diente als Soldat unter Kaiser Constantius II und Kaiser Julian, viele Ereignisse schildert er aus der Augenzeugenperspektive. Sein erhaltenes Werk umfasst 17 Bücher und schildert die Zeit von 353 bis 378.

Ammonios Sakkas (gest. um 242)
Neuplatoniker aus Alexandrien und Lehrer von Origenes und Plotin.

'Amr ibn al-'Āṣ (gest. 664)
Gefährte des Propheten Muḥammad und Politiker.

Annaeus Cornutus (1. Jhd.)
Stoischer Philosoph aus der Zeit des Kaisers Nero.

Anuschirwan (gest. 579)
Auch Chosrau (I.) Anuschirwan, sassanidischer Grosskönig, reg. 531–579.

Ardaschir (gest. 242)
Begründer des Sassanidenreiches im Iran (224–651), reg. 224–249/40.

Aristoteles (gest. 322)
Griechischer Philosoph, gehört zu den einflussreichsten Philosophen der Geschichte. Schüler von Platon, entwickelte er sich eigenständig und beschäftigte sich mit Wissenschaftstheorie, Logik, Ethik, Metaphysik, Staatstheorie und Dichtungstheorie.

Augustin/Augustinus (gest. 430)
Einer der einflussreichsten Theologen und Philosophen der christlichen Spätantike und einer vier latenischen Kirchenväter. Seine Lehre vereint platonische und christliche Elemente. Zunächst heidnischer Rhetor in Thagaste, Karthago, Rom und Mailand, konvertierte er unter dem Einfluss des Ambrosius von Mailand von 395. Seine bedeutendsten Schriften sind seine Autobiographie (*Confessiones*) und sein Monumentalwerk „Der Gottesstaat" (*De civitate Dei*).

Augustus (gest. 14)
Erster Römischer Kaiser, von 31 v. Chr. bis 14 n. Chr. betrieb er die Verwandlung der Republik in eine Monarchie, das Prinzipat. Expansionskriege und innerer Frieden prägten seine Herrschaft.

Avicenna (lat. Form von arab. *Ibn Sīnā*) (gest. 1037)
Berühmter islamischer Arzt und Philosoph von prägendem Einfluss im Islam und im europäischem Mittelalter. Zu seinen zentralen Werken gehören der *Kanon der Medizin* und zahlreiche Schriften zu Metaphysik und Logik. Er war beeinflusst von Aristoteles und vom Neuplatonismus.

Bion von Borysthenes (gest. vor 252 v. Chr.)
Griechischer Philosoph, Kyniker. Seine Schriften sind verloren.

al-Bukhārī (gest. 870)
Berühmter islamischer Gelehrter und Traditionarier. Verfasser einer der sechs kanonischen Ḥadīthsammlungen.

Caius Caesar (gest. 4)
Enkel des Augustus und adoptierter Sohn, bis zu seinem frühen Tod als Nachfolger bestimmt. Älterer Bruder des Lucius Caesar.

Caligula (gest. 41)
Römischer Kaiser der julisch-claudischen Dynastie, reg. 37–41. Wird in den historiographischen Quellen als wahnsinniger Gewaltherrscher dargestellt.

Calpurnius Piso Licianus (gest. 69)
Römischer Senator und kurz Mitkaiser 69.

Cassius Dio (gest. ca. 229)
Römischer Politiker und Historiker. Seine umfangreiche, annalistisch aufgebaute *Römische Geschichte* ist nur fragmentarisch erhalten; wertvolles Material enthält sie zur späten Republik und frühen Kaiserzeit.

Celsus (gest. 50)
Römischer Enzyklopädist und Medizinschriftsteller.

Chrysipp (gest. 4 v. Chr.)
Griechischer Philosoph, einer der bedeutendsten Vertreter der Stoa.

Cicero (gest. 43 v. Chr.)
Römischer Politiker, Schriftsteller, Rhetor und Philosoph; wichtiger Vermittler griechischer Philosophie an Rom. Zahlreiche Reden, Briefe, philosophische und Rhetorische Schriften erhalten, seine Texte gelten bs heute als lateinisches Stilvorbild.

Claudius (gest. 54)
Römischer Kaiser der julisch-claudischen Dynastie, reg. 41–54.

Constantius I (gest. 306)
Röm. Kaiser (293–305 Caesar, 305/6 Augustus). Vater des Kaisers Konstantin.

Damaskios (gest. nach 538)
Neuplatoniker, letzter Leiter der platonischen Akademie in Athen.

Diogenes Laertios (3. Jhd.)
Antiker Philosophiehistoriker. Er hat eine Geschichte der antiken Philosophie in zehn Bänden verfasst.

Diogenes von Sinope (gest. ca. 323 v. Chr.)
Griechischer Philosoph, Kyniker. Zum historischen Diogenes ist wenig bekannt.

Dion von Prusa (gest. vor 120)
Griechischer Redner, Schriftsteller und Philosoph. Achtzig seiner Reden sind überliefert.

Dionysos Aeropagita (frühes 6. Jhd.)
Unbekannter christlicher Autor des frühen sechsten Jahrhunderts und Kirchenvater. Er benutzt als Pseudonym den Namen „Dionysius Areopagita" (nach Apg 17,34). Seine Lehre vereint christliche Theologie und Neuplatonismus.

al-Djāḥiẓ (gest. 869)
Arabischer Literat und Denker, dem mehr als zweihundert Werke zugeschrieben werden (ca. 50 sind erhalten) und welcher der islamischen Denkrichtung der *Muʿtazila* („rationalistische Theologie") nahestand. Er gilt als hervorragender Stilist und Schöpfer arabischer Prosa.

Djalāl al-Dīn Rūmī (gest. 1273)
Persischer Sūfī-Dichter, Jurist, Gelehrter und Theologe. Er war eine der bedeutendsten Autoritäten in der islamischen Mystik. Sein wichtigstes poetisches Werk ist das *Mathnawi* mit ca. 25.000 Verszeilen. In Konya begraben. Sein Sohn und seine Anhänger gründeten den Orden der Mevleviyye.

Djarīr ibn ʿAbdallāh (7. Jhd.)
Gefährte des Propheten Muḥammad.

Djunayd, Abū l-Qāsim (gest. 910)
Persischer Mystiker aus Bagdad.Gilt bis heute als eine der wichtigsten Autoritäten im Sufismus. Er hatte viele Schüler und Studenten.

al-Djurdjānī (gest. 1078)
Berühmter islamischer Gelehrter, Sprachtheoretiker, Rhetoriker und Grammatiker.

Domitian (gest. 96)
Römischer Kaiser der flavischen Dynastie, reg. 81–92. Wurde als Tyrann ermordet.

Dracontius (spätes 5. Jhd.)
Spätantiker lateinischer Dichter, in Karthago tätig.

Epiktet (gest. ca. 138)
Griechischer Philosoph und wichtiger Vertreter der späten Stoa.

Farīd al-Dīn ʿAṭṭār (gest. 1220)
Islamischer Mystiker und persischer Dichter. Verfasste u. A. ein umfangreiches Sammelwerk von Sufi-Biographien, das sehr einflussreich für spätere Generationen wurde, die *Tadhkirat al-awliyāʾ*.

Gaius Helvidus Priscus (gest. ca. 75)
Stoischer Philosoph und Politiker.

Gaius Vethius Aquilinus Juvencus (gest. 337)
Christl. Dichter aus Hispanien. Verfasste eine Evangelienharmonie als Epos in 3200 Hexamteren, das im Mittelalter viel rezipiert wurde.

Galba (gest. 69)
Römischer Kaiser, reg. 69 (sog. Vierkaiserjahr).

al-Ghaz(z)ālī, Abū Ḥāmid Muḥammad (gest. 1111)
Einer der bedeutendsten religiösen Denkern des Islams. In seiner Philosophie vertrat er einen religiös motivierten Skeptizismus, der die Wahrheiten des Glaubens und der Offenbarung mit den Mitteln des philosophischen Zweifels gegen den Wahrheitsanspruch der Philosophie verteidigt. Seine Werke trugen zu einer Wiederbelebung der islamischen Theologie bei, indem er letztere mit den Lehren des Sufismus in Vereinbarung brachte.

Ḥāfiẓ (gest. 1389)
Einer der bedeutendsten und bekanntesten persischen Dichter, Verfasser zahlreicher Liebesgedichte und Weinverse, die im Islam zumeist mystisch gelesen werden. Sein *Dīwān* wurde früh ins Deutsche übersetzt und beeinflusste Goethes *West-Östlicher Divan* (1819).

al-Ḥasan al-Baṣrī (gest. 728)
Islamischer Prediger und Asket aus der Frühzeit des Islams.

Ḥasan Ḥanafī (geb. 1935)
Zeitgenössischer ägyptischer Philosoph.

Henry More (gest. 1687)
Englischer Philosoph und Dichter. Gehörte zur Gruppe der „Cambridger Platoniker".

Hesiod (ca. 700 v. Chr.)
Früher griechischer Dichter und Verfasser von didaktischen Epen, die *Theogonie* und die *Werke und Tage*.

Homer (vermutlich 8.–7. Jhd. v. Chr.)
Gilt in der Überlieferung als Autor der großen griechischen Epen *Ilias* und *Odyssee* und als frühester Dichter des Abendlandes.

Hostilianus (gest. 251)
Römischer Kaiser, reg. 251.

Ibn ʿAbd Rabbih (gest. 940)
Islamischer Dichter und Literat aus dem andalusischen Cordoba. Verfasste eine umfangreiche Bildungsenzyklopädie, das „Einzigartige Halsband".

Ibn ʿAsākir (gest. 1176)
Berühmter islamischer Gelehrter und Historiker. Sein bekanntestes Werk ist eine monumentale Gelehrtengeschichte von Damaskus genannt *Taʾrīkh Madīnat Dimashq* (70 Bde.).

Ibn al-Khaṭīb, Lisān al-Dīn (gest. 1374)
Islamischer Gelehrter, Historiker, Philosoph, Politiker und Dichter aus Andalusien. Einige seiner Gedichte zieren die Alhambra.

Ibn Sallām al-Djumaḥī (gest. 846)
Islamischer Traditionarier und Philologe aus Basra.

Ibn Ṭufayl (gest. 1185):
Islamisch andalusischer Philosoph und Arzt. Er ist der Autor eines philosophischen Entwicklungsromans, des Traktats von Ḥayy ibn Yaqẓān.

(Hazrat) Inayat Khan (gest. 1927)
Indischer Sufi, ausgebildet in der Čīshtiyya-Tradition und Gründer des *Internationalen Sufi-Ordens* (gegr. 1910). Bedeutender indischer Musiker, ausgezeichnet mit dem höchsten Titel (*Tansen*), den es für die Musik in der damaligen Zeit gab. Von seinem Meister in den Westen geschickt um die Botschaft des Sufismus zu verbreiten. Er lebte mehrere Jahre in den USA, England, Paris und Genf.

Isaak von Ninive (gest. ca. 700)
Syrischer Bischof, Autor, Heiliger und Asket. Verfasste zahlreiche Schriften zur christlichen Mystik. Seine Theologie ist stark neuplatonisch beeinflusst.

Julian (Apostata) (gest. 363)
Röm. Kaiser (361–363), von den Christen „der Abtrünnige" *Apostata* genannt. Enkel von Constantius und Neffe des Konstantin. Versuchte das im Reich privilegierte Christentum zu verdrängen und förderte das Heidentum.

Justin der Apologet (gest. 165)
Christlicher Märtyrer, Kirchenvater und Philosoph.

Kelsos (2. Jhd.)
Antiker Philosoph und Platoniker. Verfasste die erste bekannte Schrift gegen das Christentum.

al-Kindī (gest. 873)
Arabischer Philosoph, Musiktheoretiker und Arzt. Stark beeinflusst von Aristoteles, Platon und Johannes Philoponos. Seine Abhandlungen wurden breit im Islam und im europäischen Mittelalter rezipiert.

Klemens von Alexandrien / Clemens von Alexandria (gest. ca. 215)
Griechischer Theologe und Kirchenschriftsteller, beeinflusst vom Mittelplatonismus. Bemühte sich, Christentum und Philosophie in Einklang zu bringen. Lehrer des Origenes.

Lartidianus
Vetter von Augustin.

Libanios (gest. nach 393)
Größter griechischer Redner der Spätantike, vorbildlich für die byzantinische Rhetorik und sehr einflussreich in der Renaissance.

Licentius
Schüler von Augustin.

Lucius Caesar (gest. 2)
Enkel des Augustus und adoptierter Sohn, bis zu seinem frühen Tod als Nachfolger bestimmt. Jüngerer Bruder des Caius Caesar.

Lukian von Samosata (gest. 180)
Bekannter griechischer Satiriker von großem Einfluss auf die europäische Literatur. Ihm werden ca. 70 Werke zugeschrieben.

al-Ma'mūn (gest. 833)
Abbasidischer Kalif, reg. 811–833. Er hatte persönlich großes Interesse an den Wissenschaften und ließ zahlreiche Werke zu Logik, Mathematik, Medizin und Astronomie aus dem Griechischen, Syrischen und Mittelpersischen ins Arabische übersetzen. Er förderte zudem die Denkrichtung der *Muʿtazila* („rationalistische Theologie").

Mark / Marc Aurel (gest. 180)
Römischer Kaiser (161–180). Verfasste ein autobiographisches Werk auf Griechisch, die *Selbstbetrachtungen*, das seine von der Stoa beeinflussten philosophischen Gedanken reflektiert.

Marcus Aurelius Antoninus (gest. 222)
218–222 römischer Kaiser. Der Name Elagabal (Name des von ihm verehrten Gottes) wurde ihm lange nach seinem Tod beigelegt. Politisch isoliert und verhasst wurde er ermordet.

Maximos von Tyros (2 Jhd.)
Antiker Redner und Philosoph, wird zum Mittelplatonismus gezählt.

Meister Eckhart (gest. 1328)
Theologe, Philosoph und Mystiker. Sein Gedankengut hatte großen Einfluss auf die spätmittelalterliche Spiritualität im deutschen und niederländischen Raum.

Menipp von Gadara (erste Häfte 3. Jhd. v. Chr.)
Griechischer Dichter und Philosoph. Kyniker. Seine Schriften sind verloren.

Monnica
Mutter von Augustinus.

Muʿāwiya (gest. 680)
Erster Kalif der Umayyadendynastie, reg. 661–680. Er galt als bedeutender und umsichtiger Politiker.

Mucianus (1. Jhd.)
Röm. General und Politiker.

Muḥammad / Mohammed (gest. 632)
Prophet und Religionsstifter des Islam. Sein erstes Wirken begann in seiner Geburtsstadt Mekka, im Jahre 622 (zugleich Beginn der islamischen Zeitrechnung) zog er nach Medina (= die sogenannte *Hidjra*), wo er die erste islamische Gemeinde gründete. Neben dem Koran bildet die Prophetentradition (*Ḥadīth*) über sein

Leben und Wirken die wichtigste religiöse Inspiration und ethische Richtschnur für die Muslime.

Musaios (ca. 500)
Spätantiker griechischer Dichter und Grammatiker.

Muslim ibn al-Hadjdjädj (gest. 875)
Berühmter islamischer Gelehrter und Traditionarier. Verfasser einer der sechs kanonischen Ḥadīthsammlungen.

Musonius Rufus (gest. 101/2)
Römischer Philisoph, Vertreter der späten Stoa.

Nadia Tazi (geb. 1953)
Französisch-marrokanische Publizistin.

al-Naẓẓām (gest. ca. 835/45)
Islamischer Theologe und Philosoph, Vertreter der frühen Muʿtazila (frühe islamische Theologie bzw. *kalām).* Seine Werke sind nur fragmentarisch erhalten.

Nero (gest. 68)
Röm Kaiser der julisch-claudischen Dynastie, Sohn der Agrippina.

Nonnos (5 Jhd.)
Byzantinischer Dichter aus Panopolis (Ägypten). Verfasser der *Dionysiaka*, das letzte große Epos der Antike, das den Siegeszug des Dionysos in Indien in 21.300 Versen besingt.

Origenes (gest. 254)
Einflussreicher Kirchenvater, christlicher Exeget, Philosoph und Theologe. Seine (teilweise später als häretisch verdammte) Lehre orientiert sich vor allem am Platonismus, mit Einflüssen der Stoa und Gnosis.

Orosius (gest. 418)
Spätantiker Historiker und Theologe. Sein berühmtestes Werk ist seine Weltchronik *Historia adversos paganos*, die umfangreich rezipiert wurde und auch ins Arabische übersetzt wurde.

Otho (gest. 69)
Römischer Kaiser, reg. 69 (sog. Vierkaiserjahr).

Parmenides (gest. ca. 460 v. Chr.)
Vorsokratischer griechischer Philosoph.

Paulus von Tarsus (gest. ca. 64)
Missionar des Urchristentums und einer der ersten und einflussreichsten christlichen Theologen der Geschichte. Seine Briefe bilden einen wichtigen Teil des Neuen Testaments.

Pertinax (gest. 193)
Röm. Kaiser, reg. 193.

Peter Abaelard (gest. 1142)
Bedeutender Theologe und Philosoph der Frühscholastik. Lebte in Frankreich und verfasste zahlreiche Schriften zur Logik und eine autobiographische Darstellung, die *Historia Calamitatum*.

Phidias (gest. ca. 420 v. Chr.)
Griechischer Bildhauer, prominenter Vertreter der hochklassischen griechischen Kunst.

Philo(n) von Alexandrien (gest. ca. 40)
Einflussreicher jüdischer Philosoph und Theologe. Gilt als wichtigster Vertreter der Synthese zwischen Hellenismus und Diaspora-Judentum. Wurde vor allem einflussreich im Christentum. Auf ihn geht die allegorische Exegese der Bibel zurück.

Platon (gest. 346/47 v. Chr.)
Schüler des Sokrates, gilt neben Aristoteles als der bedeutenste griechischer Philosoph der Antike, Begründer des Platonismus. Von seine Werken sind vor allem die Dialoge erhalten.

Plotin (gest. 270)
Antiker Philosoph, Begründer und bekanntester Vertreter des Neuplatonismus. Er verstand sich als ein Interpret Platons, nicht als ein Begründer einer neuen Lehre. Sein wichtigster Schüler war Porphyrios, der seine Lehre darlegte, herausgab und massgeblich für dessen Rezeption wurde.

Plutarch (gest. 125)
Griechischer Philosoph und Universalgelehrter. Seine Parallelbiographien (Vitae) bilden einen Höhepunkt antiker Biographik und wurden breit rezipiert. Er war lange Zeit Priester in Delphi.

Proklos (gest. 485)
Spätantiker Philosoph und Gelehrter. Einflussreicher Wortführer des Neuplatonismus.

al-Qushayrī, Abū l-Qāsim (gest. 1073)
Sufi, Theologe und Koranexeget. Sein Lehrer war der Mystiker al-Sulamī. Er gründete eine eigene Madrasa in Bagdad und verfasste ein klassisches Handbuch über die Sufik.

Rabbi Adda bar Chanina
Lehrer der jüdischen Mischna.

Rabbi Aqiva (gest. ca. 135?)
Bedeutender Lehrer der jüdischen Mischna der zweiten Generation. Zeitgenosse des Rabbi Jischmael. Er wurde vermutlich von den Römern wegen der Unterstützung des Bar-Kochba-Aufstandes im Jahr 135 hingerichtet.

Rabbi Jischmael (gest. ca. 135?)
Lehrer der jüdischen Mischna der dritten Generation. Zeitgenosse des Rabbi Aqiva.

Rābiʿa al-ʿAdawiyya (gest. 801)
Frühe islamische Mystikerin, Asketin und Dichterin aus der Stadt Basra im heutigen Irak, die eine Schule für weibliche Asketen hatte. Die meisten Geschichten über sie sind durch Farīd al-Dīn ʿAṭṭār überliefert.

Rusticus
Vetter von Augustin.

Safawiden, safawidisch
Fürstendynastie in Persien, die von 1501–1722 regierte, die Ausbreitung des schiitischen Islam im Iran förderte und diesen als Staatsreligion etablierte.

Sedulius (gest. ca. 450)
Lateinisch-christlicher Dichter. Sein Hauptwerk ist eine Nacherzählung der Evangelien in Hexametern in fünf Büchern.

Septimius Severus (gest. 211)
Römischer Kaiser der Severerdynastie, reg. 193–211.

Severus Alexander (gest. 235)
Römischer Kaiser der Severerdynastie, reg. 222–235.

Shaqīq al-Balkhī (gest. 809/810)
Früher islamischer Mystiker aus Khorasan / Ostiran.

al-Sidjistānī (gest. 985)
Arabischer Philosoph in Bagdad.

Sokrates (gest. 399 v. Chr.)
Griechischer Philosoph und Lehrer des Platon. Hinterliess keine schriftlichen Werke, seine Lehre ist nur durch Schriften seiner Schüler überliefert.

Søren Kierkegaard (gest. 1855)
Dänischer Philosoph und Theologe. Gilt als Wegbereiter der Existenzphilosophie.

Sporus (gest. 69)
Junger Sklave des Nero, wurde kastriert, von ihm geheiratet und als Ehefrau präsentiert.

Sueton (gest. 122)
Römischer Historiker. Sein bedeutendestes Werk sind die Kaiserviten, die von Caesar bis Domitian reichen.

al-Suhrawardī, Yaḥyā (gest. 1191)
Persischer Philosoph und Mystiker. Lebte in Aleppo / Syrien. Seine Lehren über die Lichttheologie finden sich in ca. 50 Werken. Er wurde hingerichtet.

al-Sulamī, Muḥammad ibn al-Ḥusayn (gest. 1021)
Persischer Mystiker. Gründete in Nischapur einen eigenen Konvent. Das auf ausgedehnten Reisen gesammelte Wissen über Sufi-Heilige verarbeitete er in mehreren Werken, u. A. den *Ṭabaqāt al-ṣūfiyya*.

Tacitus (gest. 120)
Bedeutender römischer Historiker und Senator, galt als stilbildend. Wichtige Werke sind seine *Annalen* und *Historien* sowie seine Schrift *Germania*.

Tatian (gest. ca. 170)
Ostyrischer christlicher Apologet und Schüler des Julian Apologet. Sein einflussreichstes Werk ist das *Diatessaron*, eine harmonisierte, vereinheitlichte Version der vier Evangelien.

Terenz (gest. 158 v. Chr.)
Römischer Komödiendichter, beliebte Schullektüre bis in die Neuzeit.

Theodosios I. (gest. 395)
Oströmischer Kaiser (379–394), mit dem die endgültige Teilung des Römischen Reiches in Verbindung gebracht wird. Erklärte das nicäische Christentum 380 als die maßgebliche Lehre und verbot 391/2 die heidnischen Kulte und ihre Ausübung.

Theon von Alexandria (gest. 405)
Astronom und Mathematiker. Theons bedeutenste Arbeit war die Herausgabe der Werke des großen Mathematikers Euklid aus dem 3. Jhd. v. Chr.).

Thomas von Aquin (gest. 1274)
Einer der einflussreichsten Philosophen und Theologen des Mittelalters, Hauptvertreter der Scholastik. Seine Argumentationen stützen sich größtenteils auf die fruchtbare Rezeption des Aristoteles. Schüler des Albertus Magnus.

Tiberius (gest. 37)
Römischer Kaiser der julisch-claudischen Dynastie, reg. 14–37.

Tiberius Gemellus (gest. 37/38)
Enkel des Kaisers Tiberius. Wurde von seinem Vetter Caligula zum Nachfolger bestimmt, aber von ihm später hingerichtet.

al-Tirmidhī (gest. 892)
Islamischer Gelehrter und Traditionarier. Verfasser einer der sechs kanonischen Ḥadīth-Sammlungen.

Titus (gest. 81)
Römischer Kaiser der flavischen Dynastie, reg. 79–81. Wurde als idealer Herrscher gerühmt.

Trigentius
Schüler von Augustin.

ʿUmar ibn ʿAbd al-ʿAzīz (gest. 720)
Achter Kalif der Umayyadendynastie, reg. 717–720. Er galt als besonders vorbildlicher frommer Herrscher.

ʿUmar ibn ʿAbd al-Khaṭṭāb (gest. 644)
Zweiter Kalif, reg. 634–644. Schiitische Muslime erkennen ihn nicht als rechtmäßigen Kalifen an. Unter seiner Regierung fanden die Eroberungen Syriens und des Iraq statt.

Vergil (st. 19 v. Chr.)
Röm. Dichter und Epiker, gilt als wichtigster Autor der klassischen römischen Antike und ist ein Klassiker der lateinischen Schullektüre. Eins seiner wichtigsten Werke ist die *Aeneis*, ein Epos von der Flucht des Aeneas aus dem brennenden Troja und seinen Irrfahrten, die ihn schließlich nach Latium führen, wo er zum Stammvater der Römer wird.

Vespasian (gest. 79)
Römischer Kaiser der flavischen Dynastie, reg. 69–79.

(Pir) Vilayat Inayat Khan (gest. 2004)
Sohn von Hazrat Inayat Khan. Sufi und Musiker. In London geboren, studierte er Psychologie, Philosophie und Musik. Führte den Orden seines Vaters weiter.

Xenophanes (gest. ca. 470 v. Chr.)
Vorsokratischer griechischer Philosoph und Dichter.

Yaḥyā (ibn Muʿādh) (gest. 871)
Persischer Sufi und Prediger.

Zeno(n) von Kition (gest. 261 v. Chr.)
Hellenistischer Philosoph und Begründer der Stoa. Seine Lehre ist vor allem über die Biographie von Diogenes Laertios bekannt.